METZ · GLAUBE IN GESCHICHTE UND GESELLSCHAFT

WELT DER THEOLOGIE

JOHANN BAPTIST METZ

Glaube in Geschichte und Gesellschaft

Studien zu einer praktischen Fundamentaltheologie

MATTHIAS-GRÜNEWALD-VERLAG · MAINZ

Die Deutsche Bibliothek – CIP-Einheitsaufnahme

Metz, Johann Baptist:
Glaube in Geschichte und Gesellschaft: Studien zu einer praktischen Fundamentaltheologie/Johann Baptist Metz. – 5. Aufl., Nachdr. der 4. Aufl. 1984 mit einem neuen Vorw. des Autors. – Mainz: Matthias-Grünewald-Verl., 1992
ISBN 3-7867-1575-0

5. Auflage 1992, Nachdruck der 4. Auflage 1984 mit einem neuen Vorwort des Autors.

Umschlag: Peter Offenburg Grafik
DTP: Manfred Werkmeister, Mainz
Druck und Bindung: Clausen & Bosse, Leck

ISBN 3-7867-1575-0

INHALT

Teil III
KATEGORIEN

Vorwort zur 5. Auflage

Der vorliegende Band ist erstmals vor 15 Jahren (1977) erschienen. Eine Neubearbeitung müßte ihn durch Ergänzungen und Modifikationen überlasten. So wird er in dieser 5. Auflage unverändert wiedergegeben und muß auch heute noch für sich selbst stehen. In ihm werden die Ansätze einer neuen politischen Theologie aus den 60er Jahren[1] in ihrer fundamentaltheologischen Relevanz entfaltet.

Worum geht es der neuen politischen Theologie in der »Welt der Theologie«? Darauf will ich in diesem Vorwort – knapp und ohne Ehrgeiz auf Vollständigkeit – eine Antwort versuchen, eine Antwort, die über die hier vorliegenden Texte hinausführt und jene Gesichtspunkte benennt, die inzwischen für diese Art fundamentaler Theologie wichtig geworden sind. Dabei darf ich wohl Verständnis dafür erwarten, daß ich mich bei den Literaturhinweisen auf eigene (in Deutsch zugängliche) Texte beschränke; schließlich möchte ich ja eine Auskunft darüber geben, wie sich »Glaube in Geschichte und Gesellschaft« in meinen eigenen Überlegungen fortgebildet und im Unzulänglichen und Verkürzenden nach Kräften korrigiert hat.[2]

Worum also geht es dieser neuen politischen Theologie, sofern sie schließlich nichts anderes sein will als dies: Theologie, Rede von Gott in dieser Zeit? Sie hat eingesetzt als eine Art Korrektiv, als Korrektiv gegenüber einer situationsfreien Theologie, gegenüber allen idealistisch geschlossenen oder immer wieder sich schließenden theologischen Systemen. Sie betrachtet sich in diesem Sinne als »nachidealistisch«.[3] Sie

[1] Vgl. die in meinem Buch »Zur Theologie der Welt« (Mainz 1968 u.ö.) erstmals zusammengefaßten Überlegungen zu einer neuen politischen Theologie; dazu auch den von H. Peukert herausgegebenen Band »Diskussion zur ›politischen Theologie‹«, Mainz/München 1969.

[2] Immerhin möchte ich dankbar auf die Werke jener Autoren verweisen, die sich auch in dem von E. Schillebeeckx herausgegebenen Band »Mystik und Politik. Theologie im Ringen um Geschichte und Gesellschaft« (Mainz 1988) zusammengefunden haben. Bei ihnen zeigen sich viele Berührungspunkte und zusätzliche Anregungen in einer gemeinsam verfolgten theologischen Aufgabe.

[3] In diesem Sinn habe ich in meinem Beitrag »Unterwegs zu einer nachidealistischen Theologie« (in: J. Bauer, Hrsg., Entwürfe der Theologie, Graz/Wien/Köln 1985, 209–232) von drei konkurrierenden Paradigmen in der zeitgenössischen katholischen Theologie gesprochen – von einem neuscholastischen, einem transzendental-idealistischen und einem nachidealistischen Ansatz – und dabei die neue politische Theologie wie auch den theologischen Kern der Befreiungstheologie dem nachidealistischen Ansatz zugeordnet. Vgl. dazu auch mein Vorwort zur Neuausgabe der »Theologie der Befreiung« von G. Gutiérrez (Mainz 1992).

nährt sich aus einer gewissen Beunruhigung, ja aus einem gewissen Erschrecken, aus einer Erfahrung von Nichtidentität, über die noch näher Auskunft zu geben sein wird. Zunächst läßt sich die Situation, die in den Logos der Theologie eingeht und seine Verantwortungsfähigkeit prüft, durch eine äußerst großflächig (und daher kaum unmißverständlich) formulierte Triade kennzeichnen: einmal die unabgegoltene Auseinandersetzung mit den Prozessen der Aufklärung, dann die Erfahrung der Katastrophe von Auschwitz und schließlich die Vergegenwärtigung der nichteuropäischen, der Dritten Welt in der »Welt der Theologie«.[4] Führt aber eine solche »Situierung« nicht zu einer kläglichen Relativierung aller theologischen Aussagen? Nein, sie verpflichtet allerdings die Theologie, sie selbst, diese Situation in ihr theologisches Gewissen aufzunehmen und sich von ihr und an ihr in intellektueller Redlichkeit einen theologischen Begriff zu bilden. An diese Aufgabe hat sich die neue politische Theologie anfänglich gemacht; das kennzeichnet ihr Anliegen als fundamentale Theologie.

Diese neue Situation signalisiert zumindest drei Einbrüche oder Unterbrechungen, drei Erfahrungen von Nichtidentität im Ansatz der Theologie.

1. Der Einbruch gesellschaftlicher und praktischer Fragestellungen in die systematische Theologie geschieht eigentlich schon im Prozeß der europäischen Aufklärung mit ihrem Primat der praktischen Vernunft bei der Behandlung metaphysischer Fragen. Er konkretisiert sich in der Ideologiekritik und Religionskritik seit dem vergangenen Jahrhundert. »Wer treibt – wann und wo – für wen und in welcher Absicht Theologie?« Das sind nun keine arbeitsteilig zu behandelnden Zusatzfragen mehr, sondern Konstitutionsfragen der systematischen Theologie. Die Theologie, sie selbst – als Rede von Gott – gerät unter den Primat von Subjekt, Praxis und Alterität.[5] Nur so läßt sich z.B. auch

[4] In »Unterwegs zu einer nachidealistischen Theologie« (Anm. 2) war auch ausdrücklich von der marxistischen Herausforderung an die Theologie die Rede. Zur Auseinandersetzung der politischen Theologie mit marxistischen Grundpositionen vgl. neben diesem Text u.a. meinen Beitrag »Nochmals: die marxistische Herausforderung«, in: Gottes Zukunft – Zukunft der Welt (FS J. Moltmann), München 1986, 414-422, und »Politische Theologie und die Herausforderung des Marxismus«, in: P. Rottländer (Hrsg.), Theologie der Befreiung und Marxismus, Münster [2]1987, 175-186.

[5] Von der hier skizzierten Fragestellung, speziell im Blick auf Subjektbezogenheit und Kontextualisierung, sind meine Überlegungen in »Jenseits bürgerlicher Religion« (München/Mainz 1980 u.ö.), in »Unterbrechungen. Theologisch-politische Perspektiven und Profile« (Gütersloh 1982) und in meinem gemeinsam mit F.-X. Kaufmann veröffentlichten Band »Zukunftsfähigkeit. Suchbewegungen im Christentum« (Freiburg 1987) mit je unterschiedlichen Akzentuierungen geprägt. Weitere Differenzierungen der Subjektfrage im ekklesiologischen Bereich in meinem Beitrag »Das Konzil – ›der Anfang eines Anfangs‹?« (in: K. Richter, Hrsg., Das Konzil war erst der Anfang, Mainz 1991, 11-24) und

ausmachen, was theologisch mit Ich, mit Existenz und Individualisierung, kurzum mit gläubiger Existenz gemeint ist.[6]

Mit dieser Fragestellung gibt die Theologie nicht eine auf Wahrheit gerichtete vernünftige Verantwortung des Glaubens und seiner Traditionen preis. Sie entzieht sich nicht einfach dem klassischen Problem des Verhältnisses von Glaube und Vernunft. Sie sucht vielmehr der Tatsache Rechnung zu tragen, daß dieses Problem seit den Prozessen der Aufklärung auf einem neuen Niveau verhandelt werden muß: Der Glaube muß sich nun angesichts einer Vernunft bewähren und sich über eine Vernunft mitteilen, die ihrerseits als subjekthafte Freiheit immer auch als Freiheit der Anderen und damit als Gerechtigkeit praktisch werden und zu sich selbst kommen will. Wie kann christlicher Glaube in diesem Sinn fides quaerens intellectum sein? Diese Frage zielt auf die »politische« Figur der sog. Glaubensbegründung, sie kennzeichnet den fundamentaltheologischen Ansatz der neuen politischen Theologie. Der gibt nicht vor, die Aufklärung überwunden zu haben, ohne durch sie ungesenkten Hauptes hindurchgegangen zu sein. Gegenüber transzendental oder kommunikativ orientierter Vernunft betont er den Primat erinnerungsbegabter, also anamnetischer Vernunft, ohne deren Vermissungswissen nicht nur das authentische (d.h. auf Gott gerichtete) religiöse Bewußtsein, sondern auch das Freiheitswissen und der Gerechtigkeitssinn schließlich ins Leere fallen würden.[7] Entsprechend kritisch sucht dieser Ansatz auch auf die Wi-

auch in meiner Einführung zur Neuausgabe von K. Rahner, Strukturwandel der Kirche als Aufgabe und Chance, Freiburg 1989.

[6] Zum »Ichwerden an und mit den Anderen« als anthropologische Prämisse der (nachidealistischen) Theologie, zur Gleichursprünglichkeit von Selbstwahrnehmung und Wahrnehmung der Anderen, von Selbstannahme und Annahme der Anderen, also zu einem jeweils den Anderen geschuldeten Verständnis von Ich-Identität vgl. jetzt z.B. J.B. Metz/T.R. Peters, Gottespassion, Freiburg 1991, 39 ff. – Hier liegt übrigens auch ein Unterschied in den anthropologischen Prämissen gegenüber dem transzendentaltheologischen Ansatz vor: In K. Rahners anthropologischen Grundlagenreflexionen gibt es kein Intersubjektivitäts- oder gar Alteritätstheorem. Die »absolute Nächstenliebe« taucht bei ihm erst in der Christologie auf – und auch hier nicht etwa im Ansatz seiner mit unvergleichlicher spekulativer Kraft entfalteten Theologie der Menschwerdung Gottes. Zwar spricht hier Rahner vom anderen, von jenem »anderen, an dem der unveränderliche Gott selbst veränderlich sein kann«. Doch dieses »andere« (das nicht nur terminologisch an Hegel erinnert) darf im Sinn der Argumentation Rahners gerade nicht als personhaftes Anderssein, nicht als subjekthafte Alterität zu Gott gedacht werden!

[7] Vgl. meinen Beitrag »Anamnetische Vernunft«, in: Honneth/McCarthy/Offe/Wellmer (Hrsg.), Zwischenbetrachtungen im Prozeß der Aufklärung (FS J. Habermas), Frankfurt 1989, 733–738; dazu »Die Verantwortung der Theologie in der Krise der Geisteswissenschaften«, in: H.P. Müller, Hrsg., Wissen als Verantwortung, Stuttgart 1991, 113–126; Solidarische Freiheit, in: Concilium 1992/H. 2.

dersprüche, auf die Verwerfungen zu reagieren, die sich gegenwärtig in den konkreten gesellschaftlichen und geistig-kulturellen Prozessen der Aufklärung zeigen: drohender Verlust des Subjekts, sekundäre Unmündigkeit, neue Mythenfreudigkeit und Religion ohne Gott.[8]

2. Spät (zu spät?) bildete sich die neue politische Theologie ein Bewußtsein davon, daß sie »Theologie nach Auschwitz« ist, daß diese Katastrophe zur inneren Situation der christlichen Gottesrede gehört. Auschwitz soll damit keineswegs zu einem negativen Mythos stilisiert werden. Ganz im Gegenteil! Dieser Situation »nach Auschwitz« standzuhalten heißt nämlich nichts anderes als dies: den Einbruch der konkreten Geschichte in den Logos der Theologie und die damit verbundene theologische Erfahrung von Nichtidentität endlich zu akzeptieren. Angesichts von Auschwitz kann sich die Theologie, sie selbst – als Rede von Gott – ihre geschichtliche Unschuld nicht bewahren: weder dadurch, daß sie dieses Thema arbeitsteilig aussondert in die Kirchengeschichte, noch durch die übliche abstrakte und entsprechend verblüffungsfeste Rede von der Geschichtlichkeit des Menschen (als eine Art anthropologischer Konstante) noch schließlich durch einen antlitzlosen, quasi menschenleeren Geschichtsuniversalismus, durch eine Art Geschichtsidealismus, der mit hohem Apathiegehalt ausgestattet ist gegenüber dem Unglück der jeweils Anderen, gegenüber geschichtlichen Katastrophen und Untergängen.

Als »Theologie nach Auschwitz« will dieser theologische Ansatz auf etwas aufmerksam machen, was in der Art, wie das Christentum zur Theologie wurde, immer mehr in Vergessenheit geriet[9]: daß nämlich auch der Logos der christlichen Theologie nicht einfach von subjekt- und geschichtslosen Ideen, sondern wurzelhaft von einem Eingedenken geprägt ist – nicht von ungefähr wurde die »gefährliche Erinnerung« zu einer Zentralkategorie der politischen Theologie –, das die Leidensgeschichte der Menschen nicht verdrängen und vergessen bzw. idealistisch aufheben kann. Eine neue Theodizee-Empfindlichkeit, von der noch die Rede sein soll, gehört auf die Tagesordnung theologischer Diskurse. Vielleicht darf ich sagen, daß die politische

[8] Hierher gehören vor allem folgende Texte: Wohin ist Gott, wohin denn der Mensch?, in: Kaufmann/Metz, Zukunftsfähigkeit (Anm. 5); Wider die Zweite Unmündigkeit, in: Rüsen/Lämmert/Glotz (Hrsg.), Zukunft der Aufklärurg, Frankfurt 1988, 81–87; Theologie gegen Mythologie, in: Herder Korrespondenz, April 1988, 187–193; Gottespassion (Anm. 6), 22ff.

[9] Zur frühen »Halbierung des Geistes des Christentums« und zu dem damit zusammenhängenden Problem der sog. »Hellenisierung des Christentums« vgl. außer meinem Beitrag über »anamnetische Vernunft« (Anm. 7) auch »Löscht den jüdischen Geist nicht aus«, in: Krüggeler/Junker/Möhler (Hrsg.), Löscht den Geist nicht aus! (FS N. Greinacher), München 1991, 59-64; Einschlägiges zur inneren Gefährdung bei der Theologiewerdung des Christentums auch in den Texten unter Anm. 18.

Theologie hierzulande den Schrei der Opfer von Auschwitz in der christlichen Theologie, in ihr selbst, unvergessen machen will – als Zeichen des Abschieds von jeder idealistisch sich schließenden Theologie und ihrem Vergessen des Vergessens, das m.E. in deren Wahrheits- und Gottesbegriff steckt.

In einer Reihe von Beiträgen habe ich mich inzwischen mit dem Thema »Theologie und Kirche nach Auschwitz« und den daraus resultierenden Fragen an die christliche Theologie, an das gesuchte neue Verhältnis zum jüdischen Erbe im Christentum, an einen latenten metaphysischen Antisemitismus usw. beschäftigt.[10] Hier sei nur noch dies hervorgehoben: Solange es um »Religion« geht (was immer das in unserer mythenfreudig und in diesem Sinn religionsfreundlich gestimmten postmodernen Welt heißt), mag man ja auf Israel und die jüdischen Traditionen verzichten können. Wenn es aber um »Gott« geht und um »Gebet«, ist dieses Erbe unverzichtbar, nicht nur für die Juden, auch für uns Christen. Das biblische Israel, geächtet und verfolgt, ist und bleibt die Wurzel für uns Christen, wie übrigens auch für den Islam. Und »Auschwitz« ist und bleibt somit ein Attentat auf alles, was uns hätte heilig sein müssen.[11]

3. Schließlich sucht die politische Theologie dem Einbruch der sog. Dritten Welt wie der nichteuropäischen Welt überhaupt in die »Welt der Theologie« Rechnung zu tragen – nicht nur pastoral, sondern im strikt theologischen Sinn, als Herausforderung an die Gottesrede. Einmal rückt dadurch die soziale und wirtschaftliche Zerrissenheit in der Welt, der sog. Nord-Süd-Konflikt, der ja durch die Befriedung des sog. Ost-West-Konfliktes nicht ausgeräumt ist und der sich mitten durch die Kirche zieht, ins Zentrum theologischer Aufmerksamkeit. Verhältnisse, die dem Evangelium direkt widersprechen – wie Entwürdigung, Ausbeutung, Rassismus – werden zu Provokationen des Kerns der Botschaft. Sie verlangen die Formulierung der christlichen Gottesrede auch in Kategorien des Widerstands und der Veränderung. Sehr früh sprach die politische Theologie deshalb von der Kirche als einer »Insti-

[10] Vgl. hierzu vor allem meinen Beitrag in dem von E. Kogon und mir herausgegebenen Band »Gott nach Auschwitz«, Freiburg 1979 u.ö., 121–144; dann »Im Angesicht der Juden. Christliche Theologie nach Auschwitz«, in: Concilium 1984/H. 5, 382–389 und »Kirche nach Auschwitz«, in: Marcus/Stegemann/Zenger, Hrsg., Israel und Kirche heute (FS E.L. Ehrlich), Freiburg 1991, 110–122 (gekürzte Fassung auch in: Kirche und Israel 1990/H. 2). – Schon das Synodendokument »Unsere Hoffnung. Ein Bekenntnis zum Glauben in dieser Zeit« (1975) hatte auf die einschneidende Bedeutung der Katastrophe von Auschwitz für kirchliches und theologisches Bewußtsein hingewiesen.

[11] Vgl. hierzu außer »Gottespassion« (Anm. 6) auch »Der Kampf um jüdische Traditionen in der christlichen Gottesrede«, in: Kirche und Israel 1987/H. 1, 14–23, und »Die Synagoge als Gotteslehrerin«, in: Schottroff/Thiele (Hrsg.), Gotteslehrerinnen (FS D. Sölle), Stuttgart 1989, 15–22.

tution der gesellschaftskritischen Freiheit des Glaubens« und von einer diesem theologischen Ansatz korrespondierenden Veränderungsethik.[12] Diese »Veränderung« – in der Befreiungstheologie wird sie zur »Befreiung«[13] – schließt freilich den Begriff der Schuldfähigkeit und Umkehrbedürftigkeit aller geschichtlichen Subjekte ein. Dies muß nicht zu einer politikfernen Romantisierung führen; es soll nur den politischen Veränderungen die Basis des Hasses und der Gewalt entziehen.

Zum anderen brechen nun neue Kulturwelten – im Übergang von einer kulturell mehr oder minder monozentrischen Kirche Europas zu einer kulturell polyzentrischen Weltkirche[14] – in die Theologie selbst ein, und die politische Theologie versucht dieser Erfahrung von Nichtidentität, diesem Verlust der ethnisch-kulturellen Unschuld der Gottesrede Rechnung zu tragen. Im Diskurs um die sog. Inkulturation wie überhaupt im Blick auf die neue, ethnisch-kulturell vielfach verwurzelte Ausgangslage der Kirche bemüht sie sich um eine nachidealistische hermeneutische Kultur der Gottesrede, um die Kultur der Anerkennung der Anderen in ihrem Anderssein und um die Aufdeckung der »Spur Gottes« in der Erfahrung ihrer Alterität.[15] Und im Zusammenhang damit um die Ablösung einer herrschaftsgeleiteten Anthropologie durch eine anerkennungsgeleitete Anthropologie.[16] Freilich, damit solches Anerkennungsdenken nicht in einem vagen Relativismus der Kulturwelten endet, darf die Spannung zwischen der Authentizität dieser Kulturwelten und dem zunächst in den europäischen Traditionen beheimateten Universalismus der Vernunft und der auf sie gegründeten Menschenrechte – im Sinne des oben unter 1. Gesag-

[12] Vgl. dazu schon die unter Anm. 1 genannten Texte.

[13] Zum Verhältnis zwischen politischer Theologie und Befreiungstheologie in meiner Sicht vgl. neben dem in Anm. 3 zitierten Vorwort zur Neuausgabe der »Theologie der Befreiung« von G. Gutiérrez z.B. meine »Thesen zum theologischen Ort der Befreiungstheologie«, in: J.B. Metz (Hrsg.), Die Theologie der Befreiung – Hoffnung oder Gefahr für die Kirche?, Düsseldorf ²1987; dazu meinen Beitrag in P. Rottländer (Anm. 4), meine Einführung in den Band von J.B. Metz/P. Rottländer (Hrsg.), Lateinamerika und Europa, München/Mainz 1988 sowie die einschlägigen Passagen in: J.B. Metz/H.-E. Bahr, Augen für die Anderen. Lateinamerika als theologische Erfahrung, München 1991.

[14] Dazu meine Beiträge in »Zukunftsfähigkeit« (Anm. 8) wie auch, weiterführend, die Überlegungen zu »Das Konzil – ›der Anfang eines Anfangs‹?« (Anm. 5).

[15] Neben den unter Anm. 14 genannten Texten vgl. vor allem: Einheit und Vielfalt. Probleme und Perspektiven der Inkulturation, in: Concilium 1989/H. 4, 337–342; vor allem auch: Die Eine Welt als Herausforderung an das westliche Christentum, in: Una Sancta 1989/H. 4, 314–322.

[16] Dazu z.B.: Lateinamerika mit den Augen eines europäischen Theologen gesehen, in: Concilium 1990/H. 6, 519–523 und das Vorwort zu Metz/Bahr (Anm. 13).

ten – nicht preisgegeben werden. Dieser »Eurozentrismus umwillen der Anderen« will bedacht sein, er hat schließlich auch das Thema »Europa« neu in die Aufmerksamkeit der politischen Theologie gerückt.[17]

In den letzten Jahren versuchte ich so etwas wie eine »theologische Reduktion« der einzelnen Elemente dieses gesamten Projekts. Zu schnell? Zu gewaltsam? Zu undifferenziert? War das Ganze bisher nicht ohnehin empirisch und analytisch unterernährt? Ist also die neue politische Theologie wirklich mehr und anderes als eine Art politischer Metaphysik? Wie aussagekräftig und differenzierungsfähig ist hier das Wort »politisch«? Ich will diese Fragen nicht in den Wind schlagen. Indes, neben den Überlegungen, die ich dazu bereits in § 1 dieses Buches angedeutet habe, Überlegungen zur Theologie in der modernen Wissenschaftswelt, möchte ich dies noch zu bedenken geben: Wo die Theologie in ihren Aussagen nicht nur eine postmoderne Religion der psychologisch-ästhetischen Seelenverzauberung vertreten will, wo sie Religion nicht nur als Kompensation für verlorene Transzendenz anbieten will, wo sie vielmehr immer noch auf der Rede von Gott beharrt, wie sie ihr die biblische Tradition auferlegt[18], gerät sie wissens- und wissenschaftstheoretisch allemal in eine prekäre Situation. In dieser Situation habe ich versucht, auf die Kategorie des (von anamnetischer Vernunft gestützten) Vermissungswissens aufmerksam zu machen.[19] Dieses Vermissungswissen ist theologisch vor allem in den Traditionen negativer Theologie beheimatet. Für mich ist es aus jenem Erschrecken genährt, von dem eingangs die Rede war, dem Erschrecken darüber, daß man der christlichen Gottesrede üblicherweise die himmelschreiende Leidensgeschichte der Schöpfung so wenig ansieht und anhört. Kein Hauch von Unversöhntheit liegt über der Theologie! Keine Erfahrung von Nichtidentität, in der die ach so ge-

[17] Vgl. dazu jetzt: Solidarische Freiheit. Krise und Auftrag des europäischen Geistes (Anm. 7); auch: Geist Europas – Geist des Christentums, in: P. Neuner/ H. Wagner (Hrsg.), In Verantwortung für den Glauben. Beiträge zur Fundamentaltheologie und Ökumene (FS H. Fries), Freiburg/Basel/Wien 1992.

[18] Zum biblischen(!) Monotheismus, der nicht als machtpolitischer, sondern weit eher als pathischer Monotheismus zu begreifen ist und den es seit Anbeginn immer wieder gegen die quasi konstitutionelle (»gnostische«) Versuchung zum Dualismus zwischen Heil und Zeit und zwischen Schöpfung und Erlösung zu schützen gilt, vgl. vor allem: Theologie gegen Mythologie (Anm. 8), ausführlicher unter dem Titel »Theologie versus Polymythie oder Kleine Apologie des biblischen Monotheismus«, in: O. Marquard (Hrsg.), Einheit und Vielheit. XIV. Deutscher Kongreß für Philosophie (1987), Hamburg 1990, 170–186. Dazu auch die einschlägigen Passagen in »Gottespassion« (Anm. 6) und – vor allem – in den beiden Theodizee-Texten (Anm. 20).

[19] Vgl. vor allem den Text »Die Verantwortung der Theologie in der Krise der Geisteswissenschaften« (Anm. 7) und die Texte unter Anm. 20.

wisse Rede über Gott in die ratlose Rede zu Gott umschlägt! Ich weiß, solche negative Theologie widerstrebt dem verbreiteten Postmodernismus unserer Herzen mit seinem Hang zur unmittelbaren Affirmation und mit seiner Provinzialisierung der Problemwelten. Aber ohne dieses Erschrecken, ohne den Schmerz über die Widersprüche in der Schöpfung läßt sich der Grundimpetus der hier vorgelegten Theologie schwerlich nachvollziehen. Sie ist von einer besonderen Theodizee-Empfindlichkeit geprägt.[20] Und sie weiß sich in allen Aussagen über Gott, seinen Christus und die Welt einer Eschatologie verpflichtet, der die Vision von der befristeten Zeit noch nicht abhanden gekommen ist – weder durch einen wissenschaftlich-zivilisatorisch gespeisten Evolutionismus noch durch die Inthronisierung der unbefristeten Zeit als Majestät des Seins wie bei Friedrich Nietzsche.[21]

Das Buch soll all jenen gewidmet bleiben, denen es von Anfang an zugedacht war – und damit auch wiederum Karl Rahner, dem unvergessenen Lehrer und Freund, von dem ich selbst dort noch lernte und Ansporn erhielt, wo ich theologisch zu widersprechen begann.

Im Winter 1991/92 Johann Baptist Metz

[20] Theodizee ist hier nicht verstanden im Sinn einer rationalen Rechtfertigung Gottes, sondern im Sinn der Frage, wie überhaupt von Gott zu reden sei angesichts der Leidensgeschichte der Welt, »seiner« Welt. Dazu: Theologie als Theodizee?, in: W. Oelmüller (Hrsg.), Theodizee – Gott vor Gericht?, München 1990, 103–118, und: Plädoyer für mehr Theodizee-Empfindlichkeit in der Theologie, in: W. Oelmüller (Hrsg.), Wovon man nicht schweigen kann. Neuere Diskussionen zur Theodizeefrage, München 1992. – Zu einer theodizee-empfindlichen Gottesrede in der Welt der Massenmedien vgl. »Was ist mit der Gottesrede geschehen?«, in: Herder Korrespondenz, September 1991, 418–422.

[21] Dazu, daß es zentral um das theologisch zumeist verdrängte Zeit-Thema geht (weil alle biblischen Seinsaussagen, genau besehen, einen Zeitindex tragen), vgl. vor allem »Theologie versus Polymythie oder Kleine Apologie des biblischen Monotheismus« und »Theologie gegen Mythologie« (beide Anm. 18). Zur Auseinandersetzung mit Nietzsche vgl. außer diesen beiden Texten auch »Wohin ist Gott, wohin denn der Mensch?« (Anm. 8) und – explizit in bezug auf das Zeit-Thema – »Ohne Finale ins Nichts. Die Herrschaft der endlosen Zeit und die Angst« (bisher als Vorabdruck einer Rede bei den Frankfurter Römerberg-Gesprächen 1991 in der FAZ 1991/Nr. 160 vom 13.7.1991).

Teil I
KONZEPT

§ 1 Zwischen Evolution und Dialektik
Zur Ausgangslage einer zeitgenössischen Fundamentaltheologie

Als »Apologie einer Hoffnung« ließen sich Intention und Auftrag jeder christlichen Theologie bestimmen.[1] »Seid stets bereit, einem jeden Rechenschaft zu geben, der euch fragt nach dem Grund eurer Hoffnung« (1 Petr 3,15). Von welcher Hoffnung ist die Rede? Von jener solidarischen Hoffnung auf den Gott der Lebenden und der Toten, der alle Menschen ins Subjektsein vor seinem Angesichte ruft. Bei der Apologie dieser Hoffnung geht es nicht um den Streit zwischen subjektlosen Ideen und Konzeptionen. Es geht vielmehr um die konkrete geschichtlich-gesellschaftliche Situation von Subjekten, um ihre Erfahrungen, um ihre Leiden und Kämpfe und ihre Widersprüche.

1. Notwendigkeit und Besonderheit einer Situationsvergewisserung

Deshalb ist vorweg eines gefordert[2]: eine Situationsvergewisserung, eine Art Gegenwarts- und Zeitanalyse, die weder aus der Theologie noch aus einer standardisierten Philosophie vorgegeben bzw. vorgeleistet sein kann. In den folgenden §§ 2 und 3 kommt die historische Dimension dieser Vergewisserung zur Sprache, im § 4 werden die Dominanten der gegenwärtigen gesellschaftlichen Ausgangslage einer Fundamentaltheologie ausführlicher erläutert. Um die Kennzeichnung der Situation und die theologische Reflexionsarbeit nicht doch wieder künstlich zu trennen, sind konkrete Elemente einer solchen Situations-

[1] »Rechenschaft über unsere Hoffnung« scheint überhaupt zu einem der Leitworte für das christliche Bekenntnis heute geworden zu sein. So hat die Synode der deutschen Bistümer ein »Glaubensbekenntnis in dieser Zeit« unter dem Titel »Unsere Hoffnung« verabschiedet und dabei einleitend die »Rechenschaft über unsere Hoffnung« als »Aufgabe der Kirche« gekennzeichnet. Der Ökumenische Rat der Kirchen bereitet seinerseits ein Dokument über den Glauben der Christen unter diesem Stichwort der »Rechenschaft über die Hoffnung« vor.

[2] Dabei bleibt hier ein anderes Postulat noch außer acht, das sich aus diesem Verständnis von »Apologie« ergibt: die Überprüfung nämlich der Frage, wer denn diese Apologie leiste, der Frage also nach dem angemessenen Subjekt einer solchen apologetischen Apologie bzw. nach der Funktion des »Berufstheologen« in einem solchen apologetischen Prozeß, der sich nicht zwischen subjektlosen Ideen abspielt, sondern inmitten der Erfahrungen und Leiden menschlicher Geschichte. Dazu wird Ausführlicheres zu sagen sein unter § 4, 1.

analyse jeweils in die thematischen Abhandlungen (in Teil II) eingelagert. Hier sei nur in allgemeiner Weise auf zwei folgenreiche Merkmale einer solchen Situationsanalyse oder, weniger anspruchsvoll, einer solchen Situationsvergewisserung hingewiesen.

1. Eine solche Vergewisserung über die gesellschaftliche Ausgangslage und Situation einer christlichen Apologie der Hoffnung kann heute nicht anders als *im Weltmaßstab* geschehen. Wegen der wachsenden Interdependenzen der gesellschaftlich-politischen und ökonomischen Verhältnisse kann eine Situation gar nicht mehr konkret bestimmt werden, ohne diesen »globalen« Aspekt. Abstrakt im bedenklichen Sinne sind alle jene Versuche, die Konkretheit gewinnen wollen im Absehen von diesen globalen Zusammenhängen.

Unaufrichtig wäre es deshalb, wenn wir z.B. den lateinamerikanischen Kirchen und Theologien eine andere Situationsanalyse mit entsprechend anderen Resultaten empfehlen würden als jene, die wir für uns selbst, für die sog. Nordregionen der Welt, entwickeln. Der heute vielbesprochene Nord-Süd-Konflikt ist nicht mehr regional zu definieren und zu lösen; er kann von Theologie und Kirche auch nicht als ein »rein politisch-ökonomischer« neutralisiert werden, er schlägt nämlich als folgenreicher Konflikt inmitten der einen Weltkirche durch. Was dies im einzelnen bedeutet, soll im Verlauf unserer Überlegungen – besonders im § 4 – näher erläutert werden.

In diesem Zusammenhang wäre es gut, wenn die europäische Theologie endlich jene Herausforderung annähme, die ihr etwa durch die »Theologie der Befreiung« längst erwachsen ist.[3] Es kann ja nicht mehr

[3] Deutlich werden sich im Verlaufe unserer Überlegungen Berührungspunkte und Angebote zum kritischen Austausch zwischen der politischen Theologie und der Theologie der Befreiung herausstellen. Das gilt m.E. nicht nur für das gemeinsame Insistieren auf einer Situationsanalyse im Weltmaßstab, sondern das gilt auch hinsichtlich wichtiger Elemente der hier zu entfaltenden theologischen Konzeption: im Blick etwa auf den Primat der Praxis, auf die Basiskategorie Solidarität wie auch hinsichtlich einer politischen Theologie des Subjekts, die geleitet ist vom Gedanken des solidarischen Subjektwerdens aller Menschen vor Gott. In diesem Sinne ist die Entfaltung einer praktisch-politischen Fundamentaltheologie, die sich ihrerseits die Frage nicht nur nach Situation und Ausgangslage, sondern auch nach den Interessen und den Trägern einer solchen Theologie stellt, der Versuch, über die mitteleuropäische Binnenstruktur des Theologietreibens hinauszukommen oder doch dessen Grenzen und Bedingtheiten deutlicher als bisher zu erfassen. Als Versuch, in politischer Theologie diese Weltmaßstäbe ernst zu nehmen und zur Geltung zu bringen, bleibt wichtig: L. Rütti, Zur Theologie der Mission, Mainz–München 1972. – Zu den Arbeiten, die sich im Umkreis politischer Theologie um eine Interpretation und kritische Vermittlung der Intentionen der »Theologie der Befreiung« bemühen, vgl. F. Castillo (Hrsg.), Theologie aus der Praxis des Volkes, Mainz–München 1978 (mit Beiträgen von R. Almeida-Cunha, L.A. De Boni, F. Castillo, G.P. Süss); G.P. Süss, Volkskatholizismus in Brasilien, Mainz–München 1978. – Wichtig zum Verhältnis von Theologie der Befreiung und politischer Theologie:

darum gehen, sie einfach in jene Länder zu exportieren; inzwischen gibt es dort ja auch kaum mehr Abnehmer und Interessenten für sie. Es kommt m.E. darauf an, daß gerade unsere europäische Theologie versucht, sich selbst im Zusammenhang weltweiter Prozesse zu reflektieren und dadurch auch ihre eigene situative Bedingtheit im Kontext mitteleuropäisch-bürgerlicher Gesellschaft ernst zu nehmen.
2. Weiterhin ist es wichtig, von vornherein darauf zu achten, daß jene Welt, deren wir uns in einer solchen Analyse vergewissern wollen und die wir üblicherweise unsere Erfahrungswelt nennen, selbst schon eine »*sekundäre Welt*« ist, gewissermaßen eine Meta-Welt, d.h. eine Welt, die in ihrem Ansich, in ihrer Realität selbst schon von Theorien und Systemen durchprägt ist und die deshalb auch nur in und durch diese Theorien bzw. Weltsysteme erfahren und womöglich geändert werden kann. Wer das vergißt, verfällt leicht einem unkritischen Begriff von »Praxis«. Eine Praxis, die diese Komplexität der Welt bzw. Welterfahrung, die Struktur dieser Welt als einer »sekundären« nicht berücksichtigt, bleibt zwangsläufig sporadisch und unwirksam; sie steht allenfalls symbolisch für eine gesuchte neue Realität, ohne diese selbst bewirken zu können, weil diese Praxis von den in Geltung gesetzten Weltsystemen und -theorien wieder absorbiert wird.
Die Welttheorien, bzw. Weltsysteme und Weltinterpretationen, *innerhalb* derer Welterfahrung geschieht, werden im folgenden ausführlicher zur Sprache kommen. Hier seien sie zunächst in geraffter Kürze so charakterisiert: Es ist einmal das System einer evolutionistischen bzw. evolutionslogischen Interpretation von Welt und Wirklichkeit, die ihre historische Verwurzelung in der Aufklärung einerseits und in der westlich-bürgerlichen Zivilisation anderseits hat; es ist zum anderen die materialistische Geschichtsdialektik, die sich historisch durchaus auch als bestimmte Form der Realisierung von Aufklärung begreifen läßt[4] und die ihre geschichtlich-soziale Manifestation vor allem in den östlich-sozialistischen Gesellschaftsformen gefunden hat.

2. Vom »apologetisch«-praktischen Charakter einer zeitgenössischen Fundamentaltheologie

Diese formale Charakterisierung einer der Theologie heute vorgegebenen Situation ist folgenreich. Anders als im Zeitalter der Metaphysik bzw. im Zeitalter von Gesellschaften, die selbst nochmals durch ein

F.P. Fiorenza, Political Theology and Liberation Theology: an inquiry into their fundamental meaning, in: Th.M. McFadden (ed.), Liberation, Revolution, and Freedom: Theological Perspectives, New York 1975, 3-29.
[4] Vgl. dazu L. Goldmann, Der christliche Bürger und die Aufklärung, Neuwied 1968.

religiöses Endziel definiert waren, kann eine an den theoretischen Grundlagen christlichen Glaubens interessierte Fundamentaltheologie die heute wirksamen und in Geltung gesetzten Theorieansätze nicht einfach übernehmen bzw. sich ihrer zur Erläuterung ihrer eigenen Sache bedienen. Beide Theorieansätze, auf die sich alle heute wirksamen Theorien mehr oder minder unmittelbar zurückführen lassen, sind nämlich im Verhältnis zu Religion und Christentum und damit auch im Verhältnis zur Theologie keineswegs unschuldig-neutral. Sie begreifen sich – mit unterschiedlicher Ausdrücklichkeit – als sog. Metatheorien zu Religion und Theologie, d.h. für sie ist Religion prinzipiell rekonstruierbar bzw. aufhebbar und auf ein umgreifenderes Theoriesystem hin durchschaubar.[5]
So begegnet die christliche Apologie der Hoffnung einerseits jenen Versuchen, Religion auf dem Boden einer evolutionistischen Welttheorie, wie sie eigentlich alle analytisch ansetzenden Wissenschafts-, Handlungs- und Sprachtheorien durchprägt, zu rekonstruieren, sie quasi entwicklungslogisch adäquat einzuordnen und so in ihrem öffentlichen Geltungsanspruch zu relativieren. »Evolution« ist dabei kein erkenntnisleitendes Symbol mit begrenzter, etwa auf Naturwissenschaften eingeschränkter Relevanz; sie ist hier vielmehr als Grundsymbol von Erkenntnis und Logik überhaupt wirksam mit einem in seiner totalisierenden Tendenz ungeklärten theoretischen Status. Entsprechend darf, dies sei hier ausdrücklich vermerkt, »Entwicklung« nicht in ihrer alltagssprachlichen Bedeutung verstanden werden. Es handelt sich hier keineswegs um eine »gerichtete« Entwicklung im Sinne von Teleologie, also etwa im Sinn eines undialektischen Stufengangs im Fortschritt der Menschheit. »Entwicklung« ist hier vielmehr eine selbst nicht mehr zu legitimierende Grundannahme technischer Rationalität, innerhalb derer sich zwar Strukturen und Tendenzen, Phänomene höherer und niederer Komplexität aufweisen und sortieren lassen, die aber als ganze der weiteren Aufhellung nicht mehr fähig ist und die damit eigentlich als quasi religiöses Symbol wissenschaftlicher Erkenntnis fungiert.[6] Weithin wirksam ist dieses »evolutive Bewußtsein« dadurch, daß es als eine Art »Lebensgefühl« bereits

[5] Zu einer eindringlichen Auseinandersetzung mit (analytischen) Metatheorien zur Theologie, auch unter Weiterführung von Intentionen der politischen Theologie, vgl. H. Peukert, Wissenschaftstheorie – Handlungstheorie – Fundamentale Theologie, Düsseldorf 1976.

[6] Entsprechend kann z.B. eine entwicklungslogisch orientierte Systemtheorie (die man in ihrer Breitenwirkung durchaus als eine Art Metaphysikersatz ansehen kann) Religion in ihrer streng privatisierten Gestalt durchaus systemfunktional einordnen in die gesellschaftlichen Prozesse – etwa im Interesse der Absorption von Widerständen und Enttäuschungen, die den Ablauf (letztlich subjektloser) gesellschaftlicher Prozesse gefährden könnten.

ins vorwissenschaftliche Bewußtsein abgesunken ist und die Gestalt der alltäglichen Selbsterfahrung des »modernen Menschen« prägt. Dessen Identitätsbewußtsein wird im Zuge des »Fortschritts« immer schwächer und verletzlicher. Ausgesetzt einem finster gesprenkelten Weltall, eingeschlossen in das unendliche Kontinuum einer überraschungsfreien Zeit, spürt er sich hineingerissen in die Woge einer anonymen Evolution, die alle unbarmherzig von hinten überrollt. Eine neue »Kultur« bereitet sich angesichts dieser Erfahrung fragiler Identität vor; ihr Vorname ist Apathie, Fühllosigkeit. Es ist wichtig, die Tiefenwirkungen des evolutiven Bewußtseins, das eine ganze Welttheorie durchstimmt und trägt, ins Auge zu fassen.

Anderseits erhebt der historisch-dialektische Materialismus gegenüber der christlichen Religion den Anspruch, ihre streng religiösen Gehalte als Überbau durchschaut und ihre Befreiungsintentionen (in der säkularisierten Gestalt der Utopie) erfolgreich beerbt zu haben. Freilich, dieser dialektische Materialismus wird am Ende selbst zur Beute einer subjektlosen evolutionistischen Logik, wenn und insofern er seine Befreiungsinteressen, seine universalen Befreiungsintentionen schließlich auf nichts anderes gründen kann als auf eine der Materie bzw. der Natur selbst angesonnene Freiheitsteleologie. Von dieser kritischen Vermutung wird noch die Rede sein.[7] Immerhin wären Religion und Dialektik einander insofern nahe, als sie einen gemeinsamen Gegner haben, nämlich jenes evolutionistisch gestimmte Bewußtsein, das schließlich Geschichte, Subjekt und Befreiung als authentische Wirklichkeiten immer mehr stillstellt. Auch darüber wird ausführlicher und anschaulicher zu reden sein.[8] Hier seien nur zwei entscheidende Gesichtspunkte für Gestalt und Ausarbeitung einer zeitgenössischen Fundamentaltheologie festgehalten:

1. Eine Fundamentaltheologie, die sich als Grundlagenforschung für Theologie versteht, hat nicht beiläufig und quasi als historisches Relikt, sondern wesentlich einen apologetischen Zug. Sie muß gegenüber jenen Theoriesystemen, die sich als Metatheorien zur Theologie verstehen, die Sache der Theologie, die Authentizität von Religion »verteidigen«, »rechtfertigen«, sie muß über sie »Rechenschaft ablegen«, d.h. sie muß genau das tun, was mit dem Terminus »Apologie« ursprünglich gemeint ist.[9]

2. Eine solche Fundamentaltheologie kann sich angesichts dieser um-

[7] Zu dieser evolutionistischen Zersetzung einer Befreiungsdialektik vgl. z.B. den jüngsten Versuch von J. Habermas, den historischen Materialismus auf dem Boden der Entwicklungslogik zu »rekonstruieren«.

[8] Über »Evolution« als »Lebensgefühl«, das resignativ und apathieerzeugend modernes Bewußtsein unterströmt, vgl. die Überlegungen im § 4 und § 10.

[9] Vgl. den nächsten Abschnitt über die neutestamentliche Bedeutung von »Apologie« sowie die theologiegeschichtliche Bestimmung in § 2.

fassenden Theorien nicht dadurch begründen und rechtfertigen, daß sie ihrerseits nochmals eine umgreifendere Theorie, sozusagen eine theologische Metatheorie zu jenen Welttheorien entwickelt. Sie muß diese Rechtfertigung und Legitimation von Theologie, will sie nicht einen spekulativen regressus in infinitum riskieren, im Rückgang auf die Subjekte und deren Praxis leisten; sie muß sich also selbst als eine praktische Begründungsdisziplin verstehen: als *praktische* Fundamentaltheologie. Als solche muß sie eine Praxis anrufen und beschreiben, die allen evolutionslogischen Versuchen zur Rekonstruktion ebenso widersteht wie dem Versuch, religiöse Praxis als selbständige bzw. das religiöse Subjekt als authentisches im Prozeß einer materialistischen Geschichtsdialektik »aufzuheben«.

Aus diesen beiden Gesichtspunkten läßt sich dies folgern: Gerade eine Theologie, die theorieintensiv, weil begründungsinteressiert ist, muß apologetisch sein und bleiben: sie kann sich nämlich nicht einfach den herrschenden Theorietypen unterwerfen, um ihre eigene Sache zu erläutern. Gerade eine Theologie, die theorieintensiv, weil begründungsinteressiert ist, muß praktisch sein, geleitet von einer neuen Theorie-Praxis-Dialektik: sie kann nämlich die Versuche zur entwicklungslogischen Rekonstruktion bzw. zur totalen gesellschaftlichen Konditionierung von Religion nur dadurch unterlaufen, daß sie sich auf eine diese Interpretationssysteme aufbrechende Praxis bezieht. Fundamentaltheologie hat deshalb gerade als begründende einen wesentlich apologetisch-praktischen Charakter. Nur so kann sie die von ihr vertretene und veröffentlichte Sache des Glaubens in ihrer Authentizität retten und zur Geltung bringen.[10]

3. Apologie, biblisch

Wer aber möchte schon ein Apologet sein? Quasi ein Pflichtverteidiger der Kirche? Steht ein solches Unternehmen nicht längst unter dem Verdacht taktischer Unaufrichtigkeit, unter dem Verdacht der Recht-

[10] In meinem Beitrag »Apologetik« (in: Sacramentum Mundi I, Freiburg 1967, 266-276) sind diese Gesichtspunkte noch nicht vorherrschend; gleichwohl heißt es auch dort schon: »Apologetik ist nicht Anpassung. Sie dient auch nicht dazu, den christlichen Glauben in ein fertiges, wenn auch noch so formalisiertes universales Verstehensmuster einzutragen – sei es kosmologisch-metaphysischer oder aber auch transzendentaler, existentialer oder personalistischer Art. In ihrer Verantwortung des Glaubens sucht sie vielmehr gleichzeitig alle Verstehensmuster dieses Glaubens kritisch befreiend aufzubrechen – in beständigem Blick auf jenen ›Gegenlogos‹ (D. Bonhoeffer) des Kreuzes und der Auferwekkung Jesu Christi, der sich nicht als reine Idee bewahrheiten läßt, sondern nur in einem an seinen eschatologischen Verheißungen orientierten (geschichtlichen) Tun.«

haberei, der ieologischen Kurzschlüssigkeit, des Formalismus im Argumentieren? Unter dem Verdacht der Lernunfähigkeit und Lernunwilligkeit und dementsprechend einer routinierten Verblüffungsfestigkeit gegenüber der Spontaneität kritischer Fragen und der Herausforderung durch neue Situationen? Doch dieser praktisch-apologetische Zug an der Fundamentaltheogie macht diese keineswegs unempfänglich für Theorie und schlechthin unkritisch. Im Gegenteil, nichts ist – und dies ist weiter unten ausführlich zu besprechen – unkritischer als das Insistieren auf »reiner Theorie«! Die Betonung des apologetisch-praktischen Zugs an der Fundamentaltheologie führt deshalb auch nicht zu einer hilflos-ohnmächtigen Aufspreizung der Theologie, einer Art irrationaler Selbstversteifung und Rechthaberei gegenüber den herrschenden Theorieansätzen. Praktische Fundamentaltheologie arbeitet sich aporetisch an diesen Ansätzen ab und sucht ihrerseits zu zeigen, daß diese umgreifenden Theoriesysteme ihre metatheoretischen Erklärungsansprüche gegenüber Religion nicht einlösen können bzw. ihrerseits mit unausgewiesenen Voraussetzungen operieren. Sichtbares Zeichen dafür ist die irrationale Vorherrschaft des Evolutionssymbols.[11]

Daß die Sache des Glaubens nie rein theoretisch verteidigt, daß Religion nicht gerettet werden kann ohne »apologetische Praxis« – genau dies entspricht dem biblischen Befund von »Apologie«. Es gilt, zwei fundamentale Kennzeichnungen dieser Apologie im neutestamentlichen Kontext herauszustellen, die sie gleichzeitig als Begriff der praktischen Vernunft ausweisen.

1. Es ist wichtig, darauf zu achten, daß Apologie, wie sie im neutestamentlichen Sprachgebrauch auftaucht, ursprünglich der Rechtssprache entstammt.[12] Diese Herkunft aus der juristischen Sphäre teilt die Apologie mit anderen theologisch relevanten Begriffen wie z.B. dem der Satisfaktion, der Emanzipation, der Autonomie oder Mündigkeit. Diese Herkunft aus der Rechtssprache macht darauf aufmerksam, daß unter Apologie neutestamentlich jene eigentümliche Prozeßsituation angesprochen ist, in der der Christ sich immer wieder befindet und in der er seine Hoffnung praktisch zu rechtfertigen hat. Dabei hat diese Apologie den Charakter einer öffentlichen »Verantwortung«, eines Rede-und-Antwort-Stehens in Sachen christlicher Hoffnung. Daß eine solche forensische Verteidigungsrede durchaus zu einer Sache auf Leben und Tod werden konnte, wissen wir aus der Geschichte der frühen Christenheit. Justinos z.B. war Apologet und Märtyrer zugleich.

[11] Vgl. dazu vor allem § 10, auch schon § 6.

[12] Vgl. dazu G. Ebeling, Erwägungen zu einer evangelischen Fundamentaltheologie, zuerst in: ZThK 67 (1970) – mit wichtigen Gesichtspunkten zur theologiegeschichtlichen Entwicklung des Begriffs.

Das mag uns zu der Annahme berechtigen, daß – ohne daß dies sprachgeschichtlich eindeutig nachzuweisen wäre – Apologie immer dem nahe ist, was neutestamentlich »Nachfolge« heißt.[13] Schließlich sehen die Evangelien auch Jesus selbst in einer ähnlichen Prozeßsituation: sie sprechen von der Begegnung Jesu und seiner Zeugen mit der politisch-staatlichen Welt und deren Instanzen. Vor ihnen legt er Rechenschaft ab in und durch seine Passion.[14]

An solche Wurzeln reicht der biblische Begriff der Apologie, auch wenn das üblicherweise nicht geläufig und wenn die synonyme Verwendung von Apologie und Nachfolge nicht unmittelbar belegbar ist. Um es chassidisch auszudrücken: Als ein alter Rabbi bei einer der blutigen Judenverfolgungen als letzter vor das Tribunal geschleppt wurde und man ihm vorhielt: »Womit rechtfertigst du eure religiöse Praxis?«, antwortete er schließlich: »Wie sollte ich euch überzeugen können, wenn euch all diese Leiden nicht überzeugen!«[15]

2. Apologie steht neutestamentlich durchaus in einem eschatologisch-apokalyptischen Horizont. Schließlich geht es in dieser Apologie im ursprünglichen Sinn um den Verteidigungsprozeß des Menschen vor dem endzeitlichen Tribunal Christi selbst. »Müssen wir doch alle offenbar werden vor dem Richterstuhl Christi, damit ein jeder erhalte, was er bei Lebzeiten getan, so wie er es getan hat, Gutes oder Böses.« (2 Kor 5,10) In diesem Zusammenhang läßt sich offensichtlich Apologie am ehesten mit dem Wort »Verantwortung« übersetzen.[16] Wiederum geht es dabei nicht um eine rein intellektuelle Rechenschaft über die Hoffnung, sondern um eine Praxis. »Verantwortung« ist, ähnlich wie Rechtfertigung, Rechenschaft geben usw., ein Begriff der praktischen Vernunft.

Was aber könnte es schon heißen, Verantwortung zu übernehmen in einem eschatologisch-apokalyptischen Zusammenhang? Ist durch die Weite dieses eschatologisch-apokalyptischen Horizonts, der jeweils das Ganze von Geschichte und Gesellschaft sichtbar macht, nicht jede konkrete Verantwortung von vornherein paralysiert? Kommt es da nicht zwangsläufig zu gefährlichen Konfusionen? Erweist sich ein derartig von universalen Perspektiven geleiteter Begriff nicht a priori als

[13] Zum Bedeutungsgehalt von »Nachfolge« im Sinn von »apologetischer Praxis« ließen sich vergleichen meine Überlegungen in: »Zeit der Orden? Zur Mystik und Politik der Nachfolge«, Freiburg 1977.

[14] Vgl. H. Schlier, Besinnung auf das Neue Testament, Freiburg 1964, 193.

[15] Das hier vorzulegende Konzept einer praktischen Fundamentaltheologie ist tatsächlich auch von der Absicht geleitet, das verdrängte Erbe jüdischer Religion (wie es durch das exegetische Studium alttestamentlicher Texte keineswegs abgegolten werden kann) aufzunehmen und geradezu systematisch zur Geltung zu bringen. Vgl. dazu das Vorwort zu § 10.

[16] Vgl. dazu G. Picht, Wahrheit – Vernunft – Verantwortung, Stuttgart 1969, 318-342.

untauglich für praktische Orientierungen? Anderseits kann gerade in der heutigen Menschheits- und Weltsituation deutlich werden, daß ein solcher Begriff in seiner spezifischen Universalität durchaus eine reale gesellschaftliche und politische Entsprechung in den Verhältnissen selbst hat. Gibt es heute nicht eine Fülle von Aufgaben universalen Ausmaßes, von Aufgaben sozusagen im Weltmaßstab, die man bereits relativ gut beschreiben und bezeichnen kann, für die es aber gerade (noch) keine angebbaren Subjekte der Verantwortung zu geben scheint?[17]

4. Exterritorial gegenüber dem System

Nimmt die Fundamentaltheologie diesen praktisch-apologetischen Zug ernst, wird sie also als praktische Fundamentaltheologie zu einer politischen Theologie des Subjekts, dann hat das seine Folgen für das theologische Selbstverständnis einer solchen Disziplin. Sie kann sich dann nicht einfach als subjektloses Begründungssystem entwickeln. Sie kann sich ihre Themen nicht aus sich selbst vorgeben und die Härte der Prüfung und die Schwere der Herausforderung nicht von vornherein systematisch kalkulieren. Ihr Bewährungsfeld ist exterritorial zum vorgefaßten theologischen System. Es wird durch die geschichtlich-gesellschaftliche Situation, mit all ihren leidvollen Widersprüchen, »definiert«. Eine solche Theologie bleibt durchgehend an eine Praxis gebunden, die sich allen Versuchen zur radikalen gesellschaftlichen Konditionierung von Religion bzw. zu ihrer abstrakten theoretischen Rekonstruktion widersetzt: an die Praxis des Glaubens in ihrer mystisch-politischen Doppelverfassung.

In diesem Sinne muß sich Fundamentaltheologie selbst systematisch unterbrechen lassen von einer solchen Praxis. Deshalb auch kann und darf sie eigentlich keine reine Buch-Theologie und keine reine Kollegen-Theologie sein – gerade um ihres Begründungsanspruches willen. Sie muß neue Erfahrungen und neue Praxis in sich aufnehmen, um zu verhindern, daß sie zur Reproduktion der Begriffe früherer Erfahrungen und früherer Praxis wird.

Dabei wird nicht jegliche innertheologische Kontinuität zur Disposition gestellt. Die innertheologische Kontinuität wahrt oder gewinnt praktische Fundamentaltheologie dadurch, daß sie sich als Korrektiv gegenüber bestehenden theologischen Ansätzen und Systemen versteht und deren Substanz und Intention gerade im kritisch-korrektivischen Verhältnis zu ihnen rettet und weitergibt. Im übrigen dürfte die Form des Korrektivs ohnehin die uns heute vergönnte und zugemute-

[17] Vgl. dazu nochmals G. Picht, a.a.O. – Zu Weltkirche als »Subjekt« vgl. § 8.

te Weise sein, in der der Theologie überhaupt »rein theologische« Kontinuität gelingt.[18]
Es ist nun zunächst im folgenden § 2 zu zeigen, wie sich eine solche praktische Fundamentaltheologie aus der theologiegeschichtlichen, kirchengeschichtlichen und gesellschaftsgeschichtlichen Situation des Christentums ergibt. Im § 3 ist dieser Ansatz zu bewähren als Kritik einer privatisierten bürgerlichen Religion, die ihrerseits das religiös verstandene Subjekt in die Krise drängt. Im § 4 soll dann die Gesamtkonzeption dieser praktischen Fundamentaltheologie als einer politischen Theologie durchsichtig gemacht und als Basis für die theologische Arbeit erläutert werden.

[18] So kann man m.E. die transzendentale Theologie Karl Rahners nur dadurch »kontinuierlich« fortsetzen, daß man im kritischen Korrektiv gegen sie angeht, gespeist mit Erfahrungen und einer Praxis, die aus dem bisherigen System nicht abzuleiten sind. Schließlich war die transzendentale Theologie ihrerseits solange dramatisch und auch in jeder Hinsicht frei von dem Verdacht, womöglich am Ende doch tautologisch zu sein, solange sie selbst korrektivisch wirksam war, d.h. solange sie sich an ihren eigenen theologischen Gegnern abarbeitete. Dieser Gegner hieß im Ansatz der Transzendentaltheologie »Neuscholastik«. Identitätskrisen der Transzendentaltheologie traten m.E. erst auf, als dieser Gegner in den starken Armen der Transzendentaltheologie schließlich ermattet zusammenbrach... Auch die rigorose Deus-dixit-Theologie des frühen K. Barth war eigentlich Korrektivtheologie. Sein kompromißloses »Einsetzen bei Gott« – mit dem, wie Barth selbst betonte, jede Theologie beginnen muß und doch nicht beginnen kann – war nur deswegen kein schlechtverhüllter Offenbarungspositivismus, weil es kritisch-korrektivistisch gegen die dominierende Szene der liberalen Theologie anging.

§ 2 Umwege zu einer praktischen Fundamentaltheologie Versuch einer historischen Selbstvergewisserung

Apologie ist und bleibt der Grundzug eigentlich jeder genuin christlichen Theologie: Als ganze ist sie ein Unternehmen der Verantwortung christlicher Hoffnung und insofern genauso alt wie die Geschichte des christlichen Glaubens und seiner Bestreitungen.[1] An der Fundamentaltheologie wird ein Grundzug der theologischen Vernunft überhaupt besonders deutlich: Sie hat es mit Erfahrungen, Einsichten und Theorien zu tun, deren theologischer Charakter eben nicht a priori feststeht bzw. feststellbar ist, sondern der jeweils neu, in einer Art geschichtlich-experimenteller Synthese gefunden werden muß. Nicht von ungefähr hat die Fundamentaltheologie ständig kognitive Fremdbestimmungen bei sich. Insofern sie dieses Experiment theologischer Vernunft darstellt, befindet sie sich auch sozusagen systematisch im Umbau.

Der klassische Kanon der Fundamentaltheologie in seiner Dreiteilung (Religion – Jesus Christus – Kirche) und im inneren Aufbau seiner Teile kann längst in seiner geschichtlichen Situationsverhaftetheit durchschaut werden. Z.B. blieben Anlage und Aufbau des Kirchentraktats bis in die Gegenwart durch die kontroverstheologischen Streitigkeiten der Nachreformationszeit geprägt; die meisten Fragen im Traktat über Religion und Jesus Christus sind Reaktionen auf die Bestreitung der metaphysischen und historischen Grundlagen des Christentums, wie sie in der Zeit der Aufklärung geschah; dieser Zeit und ihren Infragestellungen entspringt schließlich das klassische Problem- und Begriffsrepertoire der Fundamentaltheologien bis heute: sowohl der Begriff der Religion wie die mit ihm verbundene Unterscheidung von Religion und Offenbarung wie auch die damit zusammenhängende Problematik einer »natürlichen Theologie«. Gefragt wird hier allemal auf dem Boden einer vermeintlich ungeschichtlichen, geradezu subjektlosen Rationalität nach der Möglichkeit und den Bedingungen von Offenbarung überhaupt. Dieser un- bzw. übergeschichtliche, rationale Zugang ist *historisch* bedingt und relativierbar; er führt – obwohl er die Fundamentaltheologie bis heute strukturiert – gerade nicht zu den Schwerpunkten jener Fragestellungen, die einer *zeit*genössischen Fundamentaltheologie aufgegeben sind.

[1] Vgl. J.B. Metz, »Apologetik«, in: Sacramentum Mundi. – Zur Geschichte der Fundamentaltheologie als theologischer Disziplin vgl. B. Welte, Auf der Spur des Ewigen, Freiburg 1965; dazu, aus dem Bereich der evangel. Theologie, G. Ebeling. Vgl. § 1 Anm. 12.

Überhaupt entsteht die »Apologetik« als eigene theologische Disziplin erst gegen Ende der Aufklärungszeit: als theologische Reaktionsfigur auf die dort heraufgeführten Probleme. Während im Zeitalter der Nachreformation und des Barock nahezu ausschließlich interkonfessionelle, sog. kontroverstheologische Dispute stattfinden (die Zeit der großen Auseinandersetzungen mit den »gentes«, etwa in der »Summa contra gentiles« bei Thomas von Aquin, ist längst vorbei!) – und zwar innerhalb eines gemeinsam anerkannten christlichen Kosmos[2] –, bringt die Aufklärungszeit hier zwei folgenschwere Wandlungen der Situation des kirchlichen Christentums und der Theologie mit sich. Es zerfällt zum einen die bis dahin mehr oder weniger fraglos geltende Identität von christlichem Glauben und religiösem Bewußtsein: der christliche Glaube sieht sich nun einem allgemeinen, kritischen Religionsbegriff konfrontiert und ihm gegenüber zur Verantwortung, zur Apologetik herausgefordert. Es zerbricht zum anderen, anhebend bereits in der frühen Aufklärung in Frankreich, die bis dahin selbstverständliche Einheit von Religion und Gesellschaft, von religiöser und gesellschaftlicher Existenz. Das Christentum erscheint im Verhältnis zu seiner gesellschaftlichen Mitwelt erstmals als partikular, als Moment an einem umgreifenden, das allgemeine Bewußtsein immer mehr determinierenden gesellschaftlichen und geschichtlichen Zusammenhang der Welt.

Damit sind die Voraussetzungen geschaffen für eine Gestalt der Religionskritik, der Religionsbefragung und -infragestellung, die bis heute dominiert: sie ist erstmals Ideologiekritik, d.h. sie sucht speziell die christliche Religion in einen Determinationszusammenhang mit gesellschaftlichen Prozessen zu bringen und Religion als Funktion – später wird es heißen: als ideologischen Überbau – bestimmter Verhältnisse, bestimmter Subjekte der Gesellschaft zu entlarven. Das religiöse Subjekt soll dechiffriert werden als das seiner selbst noch nicht zureichend bewußte gesellschaftliche Subjekt oder, anders ausgedrückt: als das gesellschaftliche Subjekt mit falschem Bewußtsein.

Theologie ist im folgenden zu prüfen auf ihre Fähigkeit hin, »Aufklärung« als epochales Ereignis ernst zu nehmen und kritisch zu verarbeiten. In einem ersten Schritt soll dabei typologisierend untersucht werden, wie sich die Theologie des beginnenden und ausgehenden Vatikanum I den von der Aufklärung selbst reflektierten Themen: Tradition, Autorität, Vernunft, stellte, bzw. gerade nicht stellte (1). In ei-

[2] Thematisiert werden in dieser kontroverstheologischen Polemik weder die Grundlagen des christlichen Glaubens noch die Christologie oder gar die Trinität, sondern die Kirche. Es ist deshalb kein Zufall, daß das erste fundamentaltheologische Lehrbuch nicht eigentlich der Systematik, sondern der Kanonistik entstammt. Es handelt über die Kirche und wurde bekanntlich von Bellarmin verfaßt.

nem zweiten Schritt sind – ebenfalls in typologisierender Absicht – die Versuche der neueren Theologie zu behandeln, die Aufklärung im Geleite etwa des deutschen Idealismus oder einer bestimmten »Säkularisierungsthese« zu überwinden (2). Der in diesen beiden ersten Schritten versuchte Durchgang durch die apologetische und die neuere Theologie wird in einem dritten Schritt noch einmal insgesamt in Frage gestellt, d.h. unter dem kritischen Aspekt behandelt, ob Theologie und Kirche – und zwar sowohl die des ersten wie die des zweiten Vatikanums – eigentlich hinreichend realisiert haben, was seit der Aufklärung faktisch-politisch geschehen ist; ob sie also fähig waren, nicht nur die von der Aufklärung selbst reflektierten und thematisierten Fragen aufzugreifen, sondern auch deren Verwurzelung im Aufgang eines »neuen Menschen«: des Bürgers bzw. des bürgerlichen Subjekts und dessen Verhältnis zu Religion und Glauben, zu erkennen (3). Dieser dritte, im Konzept einer praktischen Fundamentaltheologie besonders wichtige Schritt wird zu gewissen Umwertungen im gängigen Urteil über das apologetische Denken und die neuere Theologie führen; nicht zuletzt auch zu gewissen Korrekturen unseres eigenen bisherigen Beitrags zur Ausarbeitung einer politischen Theologie. Er bereitet seinerseits die Wiederholung der Auseinandersetzung mit Aufklärung vor, wie sie im § 3 unter dem Titel: »Politische Theologie des Subjekts als theologische Kritik der bürgerlichen Religion« versucht wird. Beide Paragraphen, der hier behandelte, wie der erwähnte 3., sind deshalb auch als Argumentationseinheit zu verstehen und zu werten.

1. Die apologetische Front

Eine gewisse Ausnahme bildet, angesichts der dann folgenden Selbstdarstellung der Theologie, sogleich jene erste und wohl theoretisch brillanteste Apologetik im katholischen Raum: die Tübinger Schule.[3] Diese Frühapologetik des ausgehenden 18. Jahrhunderts (etwa bei J.S. Drey, J.B. Hirscher, J.A. Möhler und J.E. Kuhn) ist im besten Sinne des Wortes eine antwortende Theologie: sie ist noch nicht – wie das später geschehen wird – isoliert vom Ganzen der systematischen und historischen Bemühungen in der Theologie. Sie wird vielmehr aus deren Mitte heraus betrieben: »Die unmittelbare Selbstdarstellung seines Geistes ist die einzig wahre Apologetik des Christentums« (F.A. Staudenmaier). Auch ist diese Apologetik noch nicht von der Philosophie und

[3] Vgl. besonders die einschlägigen Studien J.R Geiselmanns; dazu: H. Fries/G. Schwaiger (Hrsg.), Katholische Theologen Deutschlands im 19. Jahrhundert, Band 2, München 1975.

Wissenschaft ihrer Zeit isoliert. Im Gegenteil: Die Schwäche dieser offensiven und »interdisziplinären« Apologetik lag geradezu in ihrer ganz auf der Höhe des damaligen wissenschaftlichen Fortschritts stehenden Auffassung, daß die Probleme der Aufklärung durch Idealismus und Romantik bereits überwunden bzw. durch sie zu überwinden seien. Sie berücksichtigt, um es anders zu formulieren, zu wenig jenes Kernproblem der Aufklärung, das Kant angeschnitten und das später dann folgenreich besonders im Marxismus thematisiert wurde: den Primat praktischer Vernunft.

a) Man könnte es eine Tragödie der Theologiegeschichte nennen, daß gerade in der Zeit, in der eine zweite große Bestreitung der Grundlagen des Christentums einsetzt: bei Feuerbach, Marx, Nietzsche und anderen, und in der die Religionskritik sich vor allem in der Figur der Ideologiekritik entfaltet: daß in dieser Zeit die antwortende und im besten Sinne des Wortes apologetische Kraft des Christentums und speziell der Theologie immer mehr zu erlöschen scheint bzw. sich manifestiert in einer separierten, rein apologetischen Theologie. Dies ist die Zeit, die wir üblicherweise unter dem Stichwort »Neuscholastik« behandeln. Ihre Hegemoniestellung reicht aus der zweiten Hälfte des neunzehnten bis etwa in die dreißiger Jahre dieses Jahrhunderts.
Es ist die Form der neuscholastischen Apologetik, die das Gesicht der apologetischen Theologie und jedes Versuchs, auf die Fragen der Zeit theologisch antwortend einzugehen, bis heute nachhaltig geprägt hat. Die Neuscholastik, deren Verdienste und deren große Namen nicht einfach übersehen werden sollen dies wird im folgenden noch ausdrücklich zur Sprache kommen! –, ist in einer erkennbaren Weise regressiv. Sie zieht sich zurück aus den Problemen neuzeitlicher Philosophie, neuzeitlicher Wissens- und Lebensformen. In einer Zeit, in der aller Boden unter den Füßen der Theologie zu wanken droht, sucht sie gesicherten Grund in der Vergangenheit, im unvermittelten Rückgriff auf vorneuzeitliche Traditionen. Klassischen Ausdruck findet diese Theologie verräterischerweise in Kleutgens »Theologie der Vorzeit«.
Die in der Neuscholastik sich vollziehende kognitive und geistespolitische Isolierung entspricht einer Zeit, in der sich, soziologisch gesehen, die Lebensbereiche der katholischen Christen absondern: Katholiken schließen sich zu einem festen, nicht zuletzt politischen corpus catholicum zusammen – einer etwas schwächlichen Imitation des großen corpus christianum des Mittelalters. Apologetik wird zur Polemik in einem umfassenden, bis in die gesellschaftlichen Vollzüge hineinreichenden Sinn (Kulturkampf!). Auch das Verhältnis der Konfessionen untereinander, das in einer ersten Phase der Apologetik durchaus

fruchtbar war[4], sinkt ab in eine isolierende Defensive und teilweise in aggressive Verneinung. Intendiert zu sein scheint immer das eine: Isolierung und Immunisierung zum Zwecke einer neuen Stabilisierung.

»Isolierung« kennzeichnet das apologetische Geschäft auch gegenüber der Gesamttheologie. Die neuscholastische Apologetik begibt sich an die »Ränder« des Glaubensbewußtseins und der Glaubenslehre. Sie wird zur Theorie der praeambula fidei. Sie ist kein Vermittlungs-, sondern ein Verteidigungskonzept. In der Folge dieses Ansatzes droht die gesamte Theologie in ein behauptendes und ein verteidigendes Denken auseinanderzufallen. Dogmatik und Apologetik stehen beziehungslos nebeneinander: die eine entschlägt sich der Pflicht zur Glaubensverantwortung, die andere verliert die lebendigen Inhalte des Glaubens aus den Augen und kann sie daher auch nicht mehr sachgerecht, d.h. kraft ihrer immanenten Intelligibilität verteidigen. Folgenreich ist es also, wenn die neuscholastische Theologie zunächst objektivistisch Inhalte vorträgt, um sie dann mit den starren Waffen ihrer Apologetik abzuschirmen vor den kritischen Fragen der Zeit.

Eine solche, von reiner Verteidigungsmentalität geprägte Apologetik ist schließlich auch unfähig zur ständigen redlichen Selbstkritik und Selbstkorrektur, die aus der Mitte des christlichen Bekenntnisses erwächst. Sie sucht die Ursachen für theologisches und kirchliches Elend darum immer eher und viel mehr bei »den anderen«.

b) Da Religion und Gesellschaft durch die Aufklärung immer mehr auseinandertreten, büßen Kirche und Theologie ihre gesellschaftliche Plausibilität, Universalität und Normativität ein. Das Verhältnis zur Gesellschaft – bisher in der Dogmatik einbeschlossen und mitgelöst – muß nun eigens zum Problem werden, und zwar eben gerade unter der Voraussetzung, daß die.»Doctrina christiana« oder gar die »Doctrina catholica« nicht mehr unbefragte Zustimmungsgrundlage für soziales Verhalten und Handeln darstellt. Diesen Verlust an Normativität und Universalität sucht die Kirche über die im Laufe des 19. Jahrhunderts ansatzweise sich entwickelnde »kirchliche Soziallehre« zu kompensieren Dies belegen die Enzykliken der Päpste des 19. Jahrhunderts, wie überhaupt die römischen Verlautbarungen zu sozialen und politschen Fragen der damaligen Zeit.[5]

[4] So ist z.B. die Tübinger Schule (Drey) nicht zuletzt von Schleiermacher abhängig und hat den Dialog mit seiner »philosophischen Theologie«, die nichts anderes sein sollte als »theologische Grundwissenschaft«, bewußt gesucht. Vgl. R. Stalder, Grundlinien der Theologie Schleiermachers, 1. Bd., Wiesbaden 1969.

[5] Vgl. hierzu besonders R. Mate, El ateísmo, un problema político, Salamanca 1973.

Auch diese kirchliche Soziallehre gehört, wie die Neuscholastik, zu dem, was hier versuchsweise das apologetische Syndrom genannt werden soll. Wie die neuscholastische Apologetik einen Wall um die Dogmatik aufwirft, um sie abzuschirmen gegen historische, philosophische und generell wissenschaftliche Invektiven und Fragestellungen, so wird über die Soziallehre ein Entlastungsangriff gegen die politische Herausforderung der Zeit geführt. Anders ausgedrückt: Die Auseinandersetzung mit der bürgerlichen Demokratie, mit dem Liberalismus und schließlich auch dem Marxismus wird erneut im Vorfeld geführt: in der sog. reinen Sozialethik. Wieder soll die theologische und dogmatische Substanz des Christlichen aus der gesellschaftlichen Auseinandersetzung herausgehalten werden. Ein weiterer, indirekter Versuch also, die (immer auch »politischen«!) Grundprobleme und Grundfragen des Glaubens und der Theologie an den Bestreitungen der Zeit vorbeizuretten.
Festzuhalten ist, daß die Auseinandersetzung mit den jeweiligen politisch-ökonomischen und den theoretischen Systemen nicht einfach apologetisch, an den Rändern über Neuscholastik und kirchliche Soziallehre, sondern daß sie aus der Substanz des christlichen Credo zu führen ist. Auf dieser Erkenntnis jedenfalls beruht die hier verfolgte politische Theologie.[6]

c) Prototypisch für die gesamte bisher besprochene apologetische Front ist schließlich jenes politische sowie theologie- und kirchengeschichtliche Phänomen, das unter dem zunächst historischen Begriff des »Traditionalismus« bekannt ist.
Der Traditionalismus ist eine vor allem staats- und gesellschaftstheoretische Richtung im Frankreich des ausgehenden 18. und beginnenden 19. Jahrhunderts, also in der Zeit unmittelbar nach der Französischen Revolution. Er entwickelt sich als kritische, meist verneinende Auseinandersetzung mit dieser politisch-revolutionären Form von Aufklärung. Zu den profiliertesten Vertretern gehören neben de Bonald vor allem Lamennais und de Maistre. Nicht nur in Frankreich ist die Traditionalistenbewegung vorrangig von Laien getragen: das gilt von dem englischen Staatstheoretiker Burke ebenso wie von Donoso Cortez in Spanien oder den Deutschen J. Görres, F. von Baader und dem jungen Pilgram.
Anders als in der Neuscholastik oder der kirchlichen Soziallehre wird bei den Traditionalisten ganz allgemein erkannt und festgehalten, daß man die Identität christlicher Religion nicht einfach ohne den gesell-

[6] Über die hier im Themenbereich (II) behandelten Inhalte des christlichen Credo hinaus soll das für das gesamte christliche Glaubensbekenntnis ausgeführt werden in meinem demnächst erscheinenden Buch: »Der Glaube der Christen«.

schaftlichen Kontext, in dem sie stehen, reflektieren, geschweige retten kann. Insofern war der Versuch der gesellschaftlichen Vermittlung von Glaubensinhalten (Erbsünde, göttliche Autorität, Vorsehung) auch ein Versuch der Rettung ihrer Substanz.

Indem sie die Erkenntniskraft der natürlichen Vernunft bezweifeln (sie verweisen hier immer wieder auf die schwächende Kraft der Erbsünde) und deren gänzliche Untauglichkeit für einen eigenen Zugang zum Gottes- oder Offenbarungsgedanken hervorheben (hier wird auf die Notwendigkeit einer sog. Uroffenbarung rekurriert), treten die Traditionalisten als adversarii innerhalb der Theologie des 19. Jahrhunderts und der Kirche des ersten vatikanischen Konzils auf. In seiner Lehre über das Verhältnis von ratio und fides sowie über Offenbarung und Offenbarungserkenntnis wendet sich das Konzil betont gegen sie.

Später (im dritten Schritt), anhand einer Fragestellung, die sich erst am Ende dieses Durchgangs durch die Problemgeschichte der Fundamentaltheologie aufdrängt, wird es möglich sein, Legitimes, ja theologisch und kirchlich durchaus Unverzichtbares an diesem Traditionalismus zu erkennen und seine apologetische Leistung in differenzierterem Licht zu sehen. Im Augenblick sei zunächst die Kritik am traditionalistischen Syndrom als einer gesellschaftlich-politischen Figur von Apologetik formuliert.

Die Denunzierung der Vernunft und des allgemeinen öffentlichen Gebrauchs von Vernunft gehört bei den Traditionalisten in einen unmittelbar politischen Interessenzusammenhang. Sie geschieht, um deren kritischen Anspruch gegenüber der herrschenden staatlichen Autorität und ihren Trägern zurückzudrängen und um die als Erzsündenfall der Französischen Revolution verstandene Idee der Selbstregierung des Menschen systematisch aufzulösen. Problematisch ist dieses Verfahren, weil es die Gefahr, und in vieler Hinsicht die klar erkennbare Tatsache einer Funktionalisierung der christlichen Religion und ihrer dogmatischen Gehalte auf die Restauration eines früheren politischen Systems hin enthält: Die traditionalistische Geringschätzung der Vernunft steht nicht primär in einem theologischen Interessenzusammenhang, sondern dient fast ausschließlich dem Interesse, eine monarchische Souveränitätsauffassung gegen den Gedanken der bürgerlichen Demokratie wieder in Geltung zu setzen, die sich ihrerseits auf die in der menschlichen Vernunft basierende Autonomie aller berief. Um politische Vorstellungen und Systeme zu restituieren und die als unmündig empfundenen Massen beherrschbar zu halten (Erbsünde!), werden also theologische Gehalte benutzt und relativiert.

Hier zeigt sich etwas Grundsätzlicheres: die Hypostasierung politischer Macht; die Rückführung politischer Autorität auf religiöse Autorität, um jene teilhaben zu lassen an der Immunität und Stabilität von

Religion überhaupt. Wieder geht es nicht primär um die theologische Frage, wie sich politische Autorität zum Autoritätsanspruch Gottes verhalte. Durch den Erweis von Autorität als Ausdruck einer heiligen, göttlichen Ordnung soll vielmehr eine ganz bestimmte politische Autoritätsvorstellung, eben die monarchische, wiederbelebt, gesichert und unangreifbar gemacht werden.
Diese Souveränitätstheorie war offensichtlich nicht ohne Einfluß auf die praktischen Vorstellungen von Primat und Infallibilität auf dem Vaticanum I, das diesen Traditionalismus gleichwohl in seinen dogmatisch unmittelbar identifizierbaren Aussagen (Uroffenbarung, Denunzierung der natürlichen Vernunft) verurteilte. Hier wird das Verhängnisvolle der bereits oben erwähnten Arbeitsteilung zwischen Theologie (als dogmatischer) und Sozialtheorie deutlich: Während der theologisch-dogmatische Traditionalismus verurteilt wird, kommt der staats- und gesellschaftstheoretische im praktischen Selbstverständnis (höchster) kirchlicher Autorität zur Geltung.

2. Auflösung der apologetischen Front in der neueren Theologie

In gebotener Kürze und zum Teil wiederum in rigoroser Vereinfachung wird im folgenden der Weg jener neueren Theologie verfolgt, die die starre apologetische Front durchbricht, bzw. unterläuft und den christlichen Glauben nun in einer Art konstruktiven Umgangs mit neuzeitlichen Traditionen zu verteidigen sucht. Ging es im ersten Schritt um die Darstellung der theologisch wirksamen Strömungen im Umkreis des Vaticanum I, so geht es jetzt um die theologische Aufbruchsphase im Zusammenhang des jüngsten Konzils.
Diese Phase des Aufbruchs, die hier ganz allgemein charakterisiert werden soll, wird eingeleitet etwa in den zwanziger, dreißiger Jahren dieses Jahrhunderts, besonders in der französischen und deutschen Theologie. Ausgearbeitet wird sie vor allem nach dem 2. Weltkrieg.

a) Das Getto der Neuscholastik mit seinem Frontdenken und seinen Immunisierungstendenzen wird durchstoßen. Die im Prinzip rein oder doch betont defensive Haltung der neuscholastischen Apologetik gegenüber den philosophischen und wissenschaftlichen Traditionen der Neuzeit wird aufgegeben. Es beginnt sich die Einsicht durchzusetzen, daß dieses sog. neuzeitliche Bewußtsein eben jenes geschichtlich vermittelte Ganze unserer Welt darstellt, von dem man einen theologisch-kritischen Begriff auszuarbeiten hat, wenn man in einem verantwortlichen Sinn von Gott und seiner Geschichte mit den Menschen reden will. Insofern wird das seit der Tübinger Schule mehr oder minder rigoros abgebrochene Gespräch mit den großen Traditionen neuzeitlichen Denkens wiederaufgenommen, und zwar eben nicht defensiv, sondern mit jenem Willen zur kritischen und produktiven Assimilation, der auch frühere Perioden christlicher Theologie auszeichnete. Bezeichnenderweise setzt der Versuch der neueren Theologie fast nahtlos wieder dort ein, wo er durch die Neuscholastik abgebrochen war: bei der Auseinandersetzung mit der idealistischen Philosophie, vor allem bei Kant, ihrem vermeintlichen Vorläufer, und seiner Kritik der reinen Vernunft. Der transzendentale Kant also wird aufgegriffen, nicht – das sei bereits hier kritisch vermerkt – der Kant der Geschichtsphilosophie, nicht der Kant, dessen Denken unter dem Primat der praktischen Vernunft steht. Das Gedankengut des deutschen Idealismus wird dabei in der Linie ganz bestimmter (rechtshegelianischer) Traditionen aufgenommen: auf dem Wege über Phänomenologie, Existentialismus und einen neuen Personalismus. In diesen Denkformen scheint idealistische Tradition weithin auch noch die gegenwärtige systematische Theologie und Apologetik zu bestimmen, selbst und gerade dort, wo sie das wenig reflektiert.

Die angedeutete Entwicklung betrifft nicht nur die Apologetik im engeren Sinne, sondern eigentlich die gesamte systematische Theologie. Das ist nicht zufällig. Denn typisch für den theologischen Aufbruch dieses Jahrhunderts ist es, daß die Apologetik selbst wieder stärker in ihrem genuin theologischen Charakter hervortritt: als eine theologische Disziplin im engeren Sinn, nicht, wie im Frontdenken der Neuscholastik, als Vorhut der Dogmatik, mit arbeitsteiliger Aufgabenstellung. D.h. die Apologetik wird Fundamentaltheologie, beschäftigt sich mit Grundlagenproblemen des Glaubens selbst und nicht nur mit Verteidigungsstrategien.

Prägend für die hier behandelte Aufbruchsphase der Theologie des 20. Jahrhunderts war die sog. Immanenzapologetik, die sich besonders in Frankreich, im Anschluß an die Philosophie Blondels und in Auseinandersetzung mit den verschiedenen Strömungen des französischen Modernismus, entfaltete. Im deutschen Sprachraum kommt es zu einem Verständnis von Fundamentaltheologie als einer Art theologischer Prinzipienforschung, als theologischer Grundlagendisziplin schlechthin.[7] Am deutlichsten und mit nachhaltigster Wirkung drückt sich die Rückkehr der apologetischen und fundamentaltheologischen Tradition in den Innenraum der Theologie in Karl Rahners Unterscheidung einer »formalen« und »fundamentalen« Theologie aus, die er im Aufriß seiner Dogmatik von Anfang an mitberücksichtigt hat. Danach sind in der Fundamentaltheologie die formalen Strukturen des dog-

[7] Vgl. hier die (unterschiedlich akzentuierten) fundamentaltheologischen Arbeiten vor allem von G. Söhngen, B. Welte und H. Fries.

matischen Glaubens zu behandeln; Fundamentaltheologie ist gewissermaßen formale Dogmatik, wie umgekehrt die Dogmatik nur sinnvoll bleibt, wenn sie zur materialen Fundamentaltheologie wird, d.h. wenn sie die in ihr dargestellten Inhalte des Dogmas immer auch im Zusammenhang mit den Fragen der Zeit artikuliert: »Hörer des Wortes« in einem theologischen Sinn kann nur sein, wer gleichzeitig die Objektionen der Zeit hört und die Probleme der Mitwelt teilt. In dieser konziliaren Aufbruchsphase, für die der Name Karl Rahners paradigmatische Bedeutung hat[8], werden also die Inhalte christlichen Glaubens mobilisiert für die kritische Verantwortung eben dieses Glaubens, d.h. für die im eigentlichen Sinne apologetische Aufgabe der Theologie.

b) Hinzuweisen wäre noch auf die ökumenische Bedeutung dieses Aufbruchs. Speziell auf die Tatsache, daß die Retheologisierung der Apologetik auch die interkonfessionelle Konfrontation und Polemik im Verständnis der apologetischen Aufgabe der Theologie zurückzudrängen begann.[9]
Hier soll indes eine andere Entwicklung der apologetischen Theologie betont werden. Nachdem die neuscholastische Front in der neueren Theologie erfolgreich durchbrochen und die Auseinandersetzung mit dem neuzeitlichen Denken vorbehaltlos wiederaufgenommen worden war, rückte auch die Aufklärung wieder ins Zentrum theologischen Interesses. Und zwar in Form eines Verdachts: daß diese durch Idealismus und Romantik bzw. deren Erben in Phänomenologie, Existentialismus und Personalismus gerade noch nicht hinreichend bewältigt sei. Diese sowohl in der Tübinger Schule wie in der jüngeren Theologie entweder vergessene oder verdrängte Problemstellung begann nun die fundamentaltheologische Aufgabenstellung mitzuprägen.
Das, was da unabgegolten blieb und in vieler Hinsicht unerörtert, zumindest unbewältigt bis heute, ist der seit der Aufklärung akute Problembereich einer nicht-idealistischen Kritik an Metaphysik und Christentum. Diese Kritik erschüttert gegenwärtig in den verschiedensten Varianten positivistischer oder marxistischer Religionskritik die Grundlagen der Theologie und der Religion überhaupt.[10]

[8] Dabei darf nicht übersehen werden, daß Karl Rahner immer auch an der legitimen Funktion klassischer Apologetik und ihrer rational-historischen Argumentationen festgehalten hat. Zur Auseinandersetzung mit Karl Rahners Transzendentaltheologie vgl. § 4 dieses Teils, sowie § 9 aus dem Themenbereich.

[9] In diese ökumenische Richtung zielen vor allem die theologischen Arbeiten von H. Fries. – Nicht von ungefähr gibt es seit neuerer Zeit Überlegungen und Ansätze zu einer evangelischen Fundamentaltheologie. Vgl. dazu die in Anm. 1 zitierte Arbeit G. Ebelings; dazu auch die Fundamentaltheologie von W. Joest, Stuttgart 1974.

[10] Vgl. dazu Metz/Moltmann/Oelmüller, Kirche im Prozeß der Aufklärung,

Zunächst jedoch suchte man der in der Aufklärung zu historischem Bewußtsein ihrer selbst gekommenen Autonomie von Vernunft und Welt in der sog. »Säkularisierungsthese« gerecht zu werden. Die Säkularisierungstheologie muß in diesem historischen Durchgang durch die Problemgeschichte der Fundamentaltheologie besonders beachtet werden, nicht nur, weil sie sich quer durch die Konfessionen erstreckt und insofern die erwähnte ökumenische Dimension der neuen Apologetik unterstreicht, sondern vor allem, weil sie – nach den eben besprochenen Theologien transzendentaler, existentialer oder personalistischer Provenienz – diejenige gegenwartstheoretische Figur der jüngeren Theologie darstellen dürfte, die am meisten diskutiert wurde und in der einen oder anderen Weise wohl auch die relativ größte Zustimmung erhielt.
Da ist einmal jene Version der Säkularisierungstheologie, in der das Christentum nicht als Opfer oder Kontrahent, sondern als Urheber der Säkularisierungsprozesse erscheint; in der z.B. Inkarnation, Annahme der Welt durch Gott in seinem Sohn, gerade als radikalste Freigabe der Welt an sie selbst interpretiert wird, so daß geradezu das Inkarnationsprinzip zum Säkularisierungsprinzip wird.[11] Christlicher Glaube gibt hier die Welt an sie selbst frei, entläßt sie aus den unmittelbaren normativen Ansprüchen der religiösen Traditionen und bewirkt so ihre fundamentale Säkularität.[12] Er bezahlt dies mit einer eigentümlichen Weltlosigkeit. Verbunden bleibt er mit diesen Prozessen der Weltwerdung nämlich nur dadurch, daß er sie wirkungsgeschichtlich mitkonstituiert hat.
In »Zur Theologie der Welt« nahm ich meine eigenen, in diese Richtung zielenden Überlegungen nochmals auf; bereits im selben Band aber wurde die Kritik an dieser Säkularisierungsthese durch eine politische Theologie der Welt ausdrücklich formuliert. Gefragt wurde, ob die Säkularisierungsthese in der eben beschriebenen Form tatsächlich zur Konstitution theologischer Vernunft in den Verhältnissen der Neu-

Mainz–München 1970 – Zur Krise der metaphysischen Vernunft vgl. auch den folgenden § 3.

[11] Ich habe diese Auffassung erstmals in meinem Aufsatz »Weltverständnis im Glauben. Christliche Orientierung in der Weltlichkeit der Welt heute«, in: Geist und Leben 35 (1962), 165-184, entwickelt. Vgl. Zur Theologie der Welt, 11-45. Ähnliche Auffassungen werden in den theologischen bzw. religionsphilosophischen Arbeiten von K. Rahner, H. Fries und H.R. Schlette vertreten.

[12] F. Gogarten hat diese Säkularisierungsthese bereits in seinem Buch »Verhängnis und Hoffnung der Neuzeit. Die Säkularisation als theologisches Problem«, Stuttgart 1958, anhand der reformatorischen Unterscheidung von Gesetz und Evangelium entwickelt und dabei die vielzitierte Unterscheidung zwischen Säkularisierung und Säkularismus eingeführt. Vgl. auch die im Anschluß an Gogarten und Bonhoeffer entwickelte Säkularisierungsthese von H. Cox, besonders in: Stadt ohne Gott, Stuttgart [5]1969.

zeit führt oder ob sie nicht vielmehr deren Auflösung bzw. privatistische Beliebigkeit initiiere; ob dort, wo die Weltlosigkeit des Glaubens geradezu die Voraussetzung von Säkularisierung sei, nicht zwangsläufig die bestimmte, kritisch-befreiende Kraft des Christentums im Verhältnis zu Geschichte und Gesellschaft vergessen oder doch wenigstens verborgen werde. So gewann die These der neueren politischen Theologie (für mich) zunehmende Plausibilität: daß ein rigoros weltlos konzipierter Glaube in den Verdacht gerät, durch seine privatistische Isolierung zur ideologischen Überhöhung oder zur symbolischen Paraphrase *jedes* geschichtlich-gesellschaftlichen Prozesses der Welt werden zu können; daß er eine ad-hoc-Konstruktion zur Bewältigung der Gegenwart sei, ohne auch nur das Geringste zu ihrer wirklichen Veränderung beitragen zu können; daß seine mutige Weltlichkeit im Grunde nichts anderes als eine neuerliche Form der Immunisierung des Christlichen darstelle, d.h. schlechte Apologetik im sublimsten Sinne des Wortes.[13]

Im Unterschied zu dieser Form von Säkularisierungstheologie entwikkelte sich aus den Traditionen liberaler Theologie des 19. Jahrhunderts eine andere – eben liberale – Version einer »Theologie der Welt«, die weit über die Anhänger einer traditionellen »liberalen Theologie« hinaus bis jetzt vor allem im Protestantismus Verbreitung hat.[14] Für sie gilt als christlich, was im Zuge der Aufklärung und ihres »kritischen Zeitalters« als vernünftig angesprochen wird. Das christliche und theologische Interesse wird hier identisch mit den historisch greifbaren neuzeitlichen Interessen an Emanzipation, Mündigkeit, Freiheit. Das Christliche besteht in der Affirmation der neuzeitlichen Prozesse selbst. Säkularisierung wird als Christianisierung gefaßt.

Diese forsche Vorwärts-Apologetik führt (und führte bereits!) m.E. zur Selbstauflösung theologischer Vernunft in die abstrakt-emanzipatorische Vernunft der Neuzeit. Ihr Credo beruht auf der Kanonisierung der faktischen Entwicklung und der tatsächlichen Tendenzen der neuzeitlichen Aufklärungsgeschichte. Die theologische Bewältigung der Aufklärung scheint hier in nichts anderem zu bestehen als in dem nun

[13] Ohnehin dürfte verständlich sein, wieso eine »Theologie der Welt« unter dem Primat der Säkularisierungsthese für ein bestimmtes Kirchenverständnis akzeptabler ist als die kritische Form der politischen Theologie: Besteht im Verein mit jener doch die Möglichkeit, die nicht selten heimlich ersehnte Emigration der Kirche aus der Gesellschaft zu betreiben und den Glauben im leicht zu verteidigenden Getto zu etablieren: unangefochten durch die Einreden einer weltlich gewordenen Welt. Indes, »Reinheit« der Verhältnisse und Zuständigkeiten ist keine christliche oder gar biblische Kategorie. Biblisch ist sie eher eine »Pilatuskategorie«: eine Kategorie der Beschwichtigung.

[14] Die theologisch-argumentativ anspruchsvollste Figur dieser Art von Säkularisierungsthese findet sich in der sog. Christentumstheorie T. Rendtorffs.

endlich zugelassenen Triumph der Aufklärung über das kirchliche Christentum, d.h. seiner Ersetzung durch sie.
Daß es eine innere Dialektik von Emanzipation, Aufklärung und Säkularisierung gibt, daß die Aufklärung also Probleme aufgeworfen hat über das hinaus, was sie selbst zum Problem erhoben, als Frage auf die Tagesordnung gepreßt und zu reflektieren vermocht hat, wird kaum gesehen. Zugegeben allerdings: es ist dies eine schwierige, auch in der neueren politischen Theologie nicht von Anfang an präsente Erkenntnis. Sie zu formulieren ist eines der wichtigen Ziele dieses Bandes.

3. Pyrrhussieg über die Aufklärung – oder: Das heimlich inthronisierte bürgerliche Subjekt in der Theologie

a) Gegenüber jener Apologetik, mit der Neuscholastik, kirchliche Soziallehre und Traditionalismus Front machten gegen Aufklärung und neuzeitliches Denken überhaupt, hat sich in der zuletzt behandelten progressiv-liberalen Apologetik des Christentums das Blatt völlig gewendet: Aufklärung ist nicht mehr der Inbegriff antikirchlicher und antitheologischer Provokation, sondern sie ist nun locus theologicus, der Ort also, an dem Christentum als es selbst allgemein vernünftig und damit auch weltgeschichtlich universal wird. In der einen oder anderen Form sind mehr oder minder alle z.Zt. als fortschrittlich bzw. modern geltenden Theologien durchstimmt von der Genugtuung über diesen späten Sieg: Gegen Tradition und Autorität wird jetzt, im verhaltenen Pathos der Aufklärung, plädiert für Demokratie, Öffentlichkeit, Redlichkeit, Gewissensfreiheit, Meinungsfreiheit und Mündigkeit in der Kirche: und dies ja wahrlich auch mit viel Berechtigung! Die liberalen Apologeten des Christ-seins haben mit den Waffen der Aufklärung aber auch deren Aporien übernommen.
Es läge nahe, mit den Mitteln der alten, antiaufklärerischen Apologetik gegen diese emanzipatorische Front der gegenwärtigen Theologie anzurennen. Doch auf diesem als falsch und verhängnisvoll durchschauten Weg läßt sich die liberalisierende Selbstauflösung theologischer Vernunft gerade nicht wieder rückgängig machen! Hierzu bedarf es eines neuen Durchgangs durch die Aufklärung selbst: einer radikalen Aufklärung über die Aufklärung, einer politisch-theologischen Aufklärung über die wirklichen Prozesse der Neuzeit. Diese sind ja nicht einfach identisch mit den neuen Begriffen, in denen sich etwa die Aufklärung reflektierte und die dann im Verlauf der Neuzeit weitergegeben und präzisiert wurden. Wichtiger als die neuen Begriffe und Maximen ist deren Verwurzelung im Selbstverständnis eines neuen Menschen; wichtiger als die Begriffe sind die *Subjekte*, die sich in ihnen artikulieren und – behaupten.

Die These, die im folgenden § 3 vorgetragen und in den verschiedensten Zusammenhängen näher erläutert werden soll, betont: daß es der Aufgang eines neuen Menschen, des Bürgers ist, der sich in der Aufklärung vollzieht und der sich in den Prozessen der Neuzeit behauptet und verabsolutiert; daß sich folglich das bürgerliche Subjekt auf dem Weg über jene liberale Umarmung der Aufklärung durch die moderne Theologie in dieser etabliert; daß schließlich und vor allem ein bestimmter bürgerlicher Begriff von Praxis den genuin christlichen Begriff einer gesellschaftskritischen Praxis und Freiheit verdrängt hat, d.h. reduziert hat auf das in der Gesellschaft problemlos existierende private Subjekt und seine moralische Rechtschaffenheit.
Gefordert ist angesichts dieses Weges der christlichen Apologetik eine praktische Fundamentaltheologie, die den Begriff der Praxis in seiner christlichen Radikalität wiederherstellt und freisetzt gerade auch für das noch nicht (bürgerlich) etablierte Subjekt, d.h. für das Subjektsein und -werden aller Menschen.

b) Aus dieser Perspektive einer praktischen Fundamentaltheologie fällt schließlich neues Licht auf jene Apologeten, die sozusagen mit dem richtigen Instinkt konservativer Phantasie handelten, indem sie Aufklärung und Bürgertum als Feinde des christlichen Glaubens empfanden und bekämpften: sie taten es allerdings nicht bewußt und folglich auch nicht in der nötigen Konsequenz und wurden so zur sichersten Beute ihrer bürgerlichen Gegner. Deren Hohn auf diese gescheiterte Apologetik verrät indes die Naivität, mit der sie die Identitätskrise des Christentums durch Aufklärung und bürgerliches Subjekt bagatellisieren. Vergegenwärtigt man sich nämlich das faktische Ausmaß der Infragestellung des christlichen Glaubens durch den neuen Menschen, den Bürger, der zu definieren wäre als Herrschafts- und Bedürfnissubjekt in der Gesellschaft; dessen Herrschaftswissen kaum noch rezeptive Züge trägt und alles zu überwältigen beginnt: Natur und Geschichte, und dessen Praxisverständnis fast exklusiv an den Modellen der Naturbeherrschung und der Bedürfnisbefriedigung orientiert ist, so daß andere Verhaltensformen von Subjektsein und Praxis ein immer verschwindenderes Dasein bekommen, in jedem Fall an Kompetenz verlieren: Vergegenwärtigt man sich den Ernst dieser Herausforderung[15], wird man der Neuscholastik z.B. einräumen müssen, daß sie mindestens versucht hat, sich dagegen zu wehren, auch wenn es ihr nicht gelang, kritische Vermittlung auf diesem Gebiet zu leisten. Jedenfalls ist ihre Immunisierungstendenz ebenso verständlich, wie es unverständlich ist, in Kirche und Theologie angesichts der bürgerli-

[15] Im folgenden § 3 wird sie in einem begründeteren Zusammenhang vorgetragen.

chen Omnipotenz alles aufs Spiel zu setzen und den Kanon des Christlichen sozusagen nach Maßgabe der bürgerlichen Plausibilitäten zu definieren. – Das jedenfalls, woran die Neuscholastik scheiterte, ist das zentrale Problem apologetischer Theologie auch heute noch.
Auch an der kirchlichen Soziallehre, wenigstens an den päpstlichen Enzykliken seit Leo XIII. und Pius XI. kann man durchaus erkennen, daß sich hier der Widerstand gegen die umfassende Privatisierung alles Christlichen durch das bürgerliche Subjekt artikuliert hat. Nicht, daß sich Gegenkräfte gegen Bürgertum und Liberalismus entfalteten, ist zu bedauern, nicht daß jener besagten Auflösung der gesellschaftlichen Praxis des christlichen Glaubens in die rein moralisch-private Praxis des christlichen Bürgers widersprochen wurde, sondern daß dieser Widerstand eher zu wenig aus der Mitte und Radikalitat des christlichen Glaubens selbst erwuchs. So konnte die christliche Sozialwissenschaft den Widerstand der kirchlichen Soziallehre schließlich derart mißverstehen, daß er ihr (jedenfalls hierzulande!) am Ende ausschließlich zu einer defätistisch gestimmten Apologie des spätkapitalistischen Bürgertums geriet.[16]
Wie nahe Hellsichtigkeit und Verblendung bei den militanten Apologeten des 19. Jahrhunderts zusammenlagen, läßt sich schließlich besonders deutlich bei den Vertretern des französischen Traditionalismus beobachten, die, als Laientheologen, die reflektierteste und für gesellschaftliche Fragen sensibelste Form von Theologie in der damaligen Zeit entfaltet haben. Es wäre eine Unterschätzung des theologischen und politischen Rangs dieser Bewegung, wenn man meinte, sie wäre eine schlechthin rechthaberisch-zynische Verwerfung von Aufklärungsevidenzen gewesen. Immerhin spürte sie die ungeheure Gefahr, die im Kult einer abstrakten Vernunft und in der subjektlosen Tradierung von Rationalität lag. Sie ahnte etwas von der Perversion politischer Macht, die dann eintritt, wenn Politik einem subjektlos-abstrakten Begriff von Freiheit und Vernunft unterworfen wird. Angesichts der Geschichtslosigkeit und Abstraktheit bürgerlicher Vernunft gibt der Traditionalismus z.B. zu bedenken, daß die Abweisung oder Zerstörung von Erinnerungs- und Überlieferungszusammenhängen eben nicht ohne weiteres einen Zuwachs an Freiheit und Mündigkeit bedeutet, sondern geradezu eine neue Form von Verdummung, Manipulierbarkeit, ja Verführbarkeit des Menschen darstellen kann.
Nicht, daß die Traditionalisten gegen die bürgerliche Religion angingen, war ihr Fehler, sondern daß sie meinten, diese nach rückwärts, über eine Patina-Utopie, überwinden zu können. Theologie darf das Niveau der traditionalistischen Kritik an Aufklärung und bürgerli-

[16] Vgl. die u.a. von F. Hengsbach herausgegebenen Arbeiten – bzw. Polemiken! – des Studienkreises »Kirche und Befreiung«.

chem Subjekt nicht von vornherein senken und kann gleichwohl nicht hinter die bürgerliche Revolution zurück!
Erst in der Revision der Aufklärung durch diese (nicht zuletzt am Widerstand der apologetischen Front des 19. Jahrhunderts abgelesene) Fragestellung kann sich Theologie endlich auch jener Herausforderung stellen, die durch den marxistischen Kampf um ein »neues Subjekt« längst begonnen hat. Praktische Fundamentaltheologie als politische Theologie des Subjekts sucht diese Herausforderung anzunehmen – über ihre bisherige, häufig zu subjektlos und deshalb zu abstrakt geführte Auseinandersetzung mit nachidealistischer Religions- und Ideologiekritik hinaus.

§ 3 Politische Theologie des Subjekts als theologische Kritik der bürgerlichen Religion

Aufklärung, weit davon entfernt, Antipode oder gar Angstgegner der gegenwärtigen Theologie zu sein, hat in ihr ein ebenso anerkanntes wie verschwommenes und schwer zu durchschauendes Heimatrecht erhalten. Nicht unbedingt in dem Sinne, daß Aufklärung nun bereits überall in ihren theologie- und kirchenkritischen Anfragen verstanden, geschweige gehört würde; auch nicht so, daß ihr in der heutigen Theologie immer schon ein potenter Diskussionspartner erwachsen sei: Vieles durch die Aufklärung in Frage Gestellte harrt ja weiterhin der theologischen Aufarbeitung. Aufklärung bzw. neuzeitliches Denken sind aber in der heutigen Theologie – und zwar quer durch die Konfessionen und quer durch die verschiedenen theologischen Positionen – präsent durch die Geltung ihres formalen Prinzips, des »Subjekts«. In ihm meint auch Theologie neuerdings ihren Grund erreichen zu können, und sie hat das neuzeitliche »Subjekt« darum, weit hinter die Aufklärung zurückgreifend, sei es über die Reformation, sei es über die mittelalterliche Theologie, als »religiöses« zu rekonstruieren versucht. Daß die abstrakte Herrschaft des »Subjekts« in der Theologie so nicht durchschaubarer wurde, sei schon hier angemerkt.

Schwer durchschaubar ist die abstrakte Geltung des »Subjekts«, d.h. die Rede über »den« Menschen und seine »Vernunft«, »Autonomie«, »Freiheit« etc. bereits in der Aufklärung selbst. Tatsächlich hat hier nämlich keine eigentliche und kritische Klarheit bestanden über die im »Menschen«, im »Subjekt« gemeinten und verteidigten konkreten Subjekte, d.h. über die gesellschaftliche Wirklichkeit, die sich da emphatisch zur Geltung brachte.

Es gehört zu den in der Auseinandersetzung mit Religions- und Ideologiekritik gewonnenen Erkenntnissen, Probleme nicht subjektlos, unabhängig von ihrem gesellschaftlichen und politischen Hintergrund behandeln zu dürfen. Dies ist ein Moment an der stets geforderten »Aufklärung über die Aufklärung«[1], ohne die weder das neuzeitliche Denken noch jene, die es rezipieren, vernünftig bleiben, noch schließlich die Subjekte Subjekte bleiben können.

Von hierher wäre nun vor allem die heutige Theologie – die Aufklärung und Neuzeit in der Regel als rein theoretische Reflexionsprozesse subjektlos bewältigen und vereinnahmen zu können meint – zu fragen,

[1] Vgl. hierzu bereits Kleists Formulierung »zum zweiten Male vom Baum der Erkenntnis essen« (in: »Über das Marionettentheater«).

welche konkreten, gesellschaftlichen Subjekte sie in ihren Abstraktionen: »Mensch«, »Existenz«, »Person«, »Subjekt« eigentlich meint; ob sie weiß, was sich da ereignet, wenn sie das Subjekt der Neuzeit (dessen u.U. problematische gesellschaftliche Entsprechung sie nicht bedenkt) als das religiöse verteidigt.

Um abgekürzt zu sagen, was anschließend dann (vor allem gegenüber § 2) präzisiert werden soll: Es war nicht eigentlich der kopernikanische Schock, der Theologie und Kirche radikal in die Krise führte, obwohl auch dies eine Krise war – eine Krise jedoch, die erkannt und schließlich wohl auch bewältigt wurde, d.h. die im Grunde keine mehr ist. Die eigentliche Krise für Theologie und Kirche damals ist eine, die gerade nicht wirklich erfaßt, geschweige bewältigt worden ist und die deshalb weiterbesteht: Jene Krise, die dort sichtbar wird, wo ein neuer Mensch zum Durchbruch kommt und sich auf allen Ebenen Geltung verschafft – der Bürger; der Bürger mit einem eher zurückhaltenden, gewissermaßen arbeitsteiligen Verhältnis zur Kirche. Er artikuliert sich in der Aufklärung, er ist das Subjekt im »Subjekt«, er verbirgt sich hinter dem »mündigen«, »autonomen«, »vernünftigen« Menschen der Neuzeit.[2] Er ist schließlich auch der Schöpfer jener »Religion« (was zu zeigen sein wird), derer man sich gleichsam als Ornament und Kulisse für bürgerliche Lebensfeiern bedient, privatissime et gratis, und die längst die gängige ist, auch im Normal-Christentum. Theologie, die das neuzeitliche Subjekt unkritisch als das religiöse meint verteidigen zu müssen, ist am Ende nichts anderes als der späte Reflex dieser bürgerlichen Religion bzw. dieser Religion des Bürgers. Diese soll durch eine derartige Überpointierung keineswegs verächtlich gemacht werden. Es soll nur erläutert werden, was es bedeutet, daß Religion hier nicht mehr zur gesellschaftlichen Konstitution der Identität des Subjekts gehört, sondern – hinzutritt.

Im folgenden wird versucht, in diesem Punkt etwas mehr theologische Klarheit über die Aufklärung und ihre Folgen zu gewinnen: nicht in der besserwisserischen Art, in der zumal wir Deutschen die Aufklärungszeit überwinden zu können meinten – was de facto politische Restauration und geistig der Rückzug auf überholte, vorneuzeitliche Bewußtseinsstufen war[3] –, sondern in Form eben einer theologischen Aufklärung über die Aufklärung und ihr Subjekt, den Bürger. Dieser ist, wohlgemerkt, nicht in seinem Ursprung theologisch problematisch und kritikwürdig, wohl aber in seiner Absolutsetzung und elitären

[2] Zu dieser Interpretation von Aufklärung vgl. L. Goldmann, Der christliche Bürger und die Aufklärung, Neuwied 1968.

[3] Zu den besonderen Schwierigkeiten des »deutschen Geistes« mit der Aufklärung (im Unterschied zu ihrer Realisierungsform im angelsächsischen Pragmatismus, im romanischen Positivismus und im Sozialismus) vgl. die einschlägigen Arbeiten von G. Picht und K. Scholder.

Selbstbehauptung – wie jeder Befreiungsprozeß schließlich abbricht dort, wo er in bewußtlos-mechanische Selbstverteidigung übergeht. Auch dies lehrt die Dialektik der Aufklärung.
Es ist also erneut bei der Aufklärung anzuknüpfen. Nun jedoch nicht, um die apologetische Reaktion der Theologie oder der Kirche noch genauer, noch kritischer zu beschreiben, sondern um die Krise selbst, die da durch Aufklärung und Bürgertum, besser: durch das allmähliche Verschwinden der Aufklärung im Bürgertum besteht, präziser erfassen zu können, und zwar im speziellen Blick auf Theologie und Kirche.
Zu diesem Zweck werden die zentralen Krisenelemente der Aufklärung beschrieben und theologisch befragt: Privatisierung (1), Traditionsverlust (2), Autoritätsverlust (3), Reduzierung der Vernunft auf Vernünftigkeit (4) und der Religion auf das Privatreligiöse (5). Erste Folgerungen für eine politische Theologie des Subjekts werden abschließend zusammengestellt (6).

1. Privatisierung

Der Vorgang der Privatisierung, der als erstes und entscheidendes Krisenmoment der Aufklärung behandelt werden soll, dürfte seine Wurzel in jenem Konflikt zwischen Kirche und Staat haben, der sich im Spätmittelalter anbahnt und dann besonders in der Zeit der Konfessionskriege und Konfessionsspaltungen verschärft. Die beiden auseinander- und aneinandergeratenen Konfessionen waren noch keine Privatreligionen, sondern durchaus hoheitlicher Ausdruck des gesellschaftlichen Lebens ihrer Zeit. Dieser Streit machte es in jenen Gebieten, in denen sich keine religiöse und konfessionelle Uniformität erzwingen ließ, zunehmend unmöglich, die politische Einheit des Staates weiterhin auf Religion zu gründen. Der Staat selbst mußte sich in diesem Sinne – um seiner Überlebenschancen willen und um seinen Aufgaben als einheitstiftendes und friedenwahrendes Organ gerecht werden zu können – von Religion emanzipieren. Dies ist, bevor Privatisierung dann gleichsam als umfassender Prozeß der Aufklärung in Gang kommt, eine sozusagen »hausgemachte« Privatisierung des Christentums.[4]
Ohne den im besten Sinne aufklärerischen Rang von Privatisierung in Frage stellen zu wollen – immerhin gehört die in der Aufklärung erfolgte Unterscheidung von öffentlich und privat zu den Grundvoraussetzungen jeder humanen Gesellschaft –, sei hier sofort die unseres

[4] Vgl. dazu E.W. Böckenförde, Kirchlicher Auftrag und politische Entscheidung, Freiburg 1973.

Erachtens allein weiterführende Frage nach den Subjekten dieser Privatisierung verfolgt.
Es ist die Lebensform des Bürgers, die sich nicht zuletzt vom Begriff des »Privaten« erfassen läßt. Das Bürgertum weiß sich nicht mehr getragen von umfassenden, geschweige religiösen Traditionen. Es verdankt sich auch in vieler Hinsicht einem wirtschaftlichen und politischen Kampf, der gerade gegen jene sozialen Systeme und jene Wirtschaftsordnungen geführt werden mußte, die durch Religion hoheitlich sanktioniert waren, d.h. gegen Feudalismus und Absolutismus. – Getragen weiß sich das Bürgertum von einem neuen, alle sozialen Beziehungen stützenden und regelnden Prinzip: dem des Tauschs. Produktion, Verkehr und Konsum sind von ihm her bestimmt. Alle anderen Werte, die das Sozialwesen bisher prägten und nicht unmittelbar zum Funktionieren dieser bürgerlichen Tauschgesellschaft beitragen, treten immer mehr zurück in die Sphäre des Privaten, d.h. in die Sphäre individueller Freiheit.
Ökonomisch gesehen begründet und sichert der Besitz des Bürgers dessen Verfügungsautonomie über Sachen, Dienste, technische Prozesse usw. Daraus resultiert politisch nicht nur sein Anspruch auf Selbstbestimmung und Selbstregierung, sondern auch eine prekäre Trennung zwischen privatem und öffentlichem Belang. Religion wird zur »Privatsache«, deren man sich nach Kriterien der kulturellen Bedürfnisse und der Nützlichkeit »bedient«, die man aber eigentlich nicht (mehr) braucht, um überhaupt Subjekt zu sein.
Sie ist nicht mehr Ausdruck eines *primären* Bedürfnisses. Pascal hatte den Aufgang dieses neuen Menschen geahnt und hat sich leidenschaftlich gegen ihn gewehrt. Nicht, daß die Menschen andere Lösungen der letzten Fragen gefunden hätten als die, welche ihnen das Christentum bisher angeboten hatte, sondern daß sie leben konnten, ohne überhaupt eine Gewißheit darüber zu haben, ja auch nur eine Gewißheit darüber zu suchen, läßt sie Pascal so unbegreiflich erscheinen, läßt ihn dieses bürgerliche Subjekt, das er noch nicht kennt und das kaum schon hervorgetreten war, als etwas erscheinen, das er »monströs« nennt.[5]
Entsprechend ist hier sogleich eine nicht seltene theologische Fehleinschätzung zu korrigieren: als sei die Reformation bereits der Aufgang des neuzeitlichen Bürgertums und seines Prinzips »privat« gewesen. Luther war m.E. gerade nicht jener Bürger, der die Prozesse der Aufklärung trägt und prägt; seine Frage nach Heilsgewißheit ist alles andere als eine bürgerliche Frage. In der Reformation ist vielleicht ein vorbürgerliches Subjekt in Erscheinung getreten, aber gewiß nicht jene

[5] Vgl. Groothuysen bei Schellong, Bürgertum und christliche Religion, München 1975, 17.

bürgerlich-privatistische Subjektivität, die zur Krise von Kirche und Christentum führt und die deshalb nicht so eilig und unreflektiert zu theologischen Ehren gebracht werden sollte.

2. Traditionskrise

Die bereits angeschnittene Krise, in welche »Tradition« durch Aufklärung gerät, hatte ihre außerordentlich wichtigen und legitimen Seiten. Aufklärung war eben nicht zuletzt das endlich fällige Praktisch-Werden des Menschen in seiner Freiheit gegenüber den unmittelbaren Zwängen von Tradition.

Diese verliert in der Aufklärung aber nun überhaupt ihre handlungsbestimmende und lebensorientierende Kraft und wird Objekt historischer Erkenntnis, d.h. schließlich: Arsenal für das Informations- und Nachrichtenbedürfnis der aufgeklärten Vernunft. – Im »Historismus« hat dieser technische Umgang mit Geschichte und Tradition seinen wissenschaftlichen Ausdruck gefunden. In der historischen Vernunft als Medium von Tradition lassen sich Verpflichtung und Normativität nicht mehr begründen: Historische Erkenntnis ist ein Mittel der Relativierung, der Entwichtigung von Geschichte. Die Folge ist, daß sich »ein garstig breiter Graben« (Lessing) zwischen dem Ursprung und dem gegenwärtigen, historisch vermittelten Anspruch von Religion, vor allem der christlichen, auftut.[6]

Mit diesem besonders von Lessing wahrgenommenen Verlust an handlungsorientierender und gleichzeitig konsensfähiger Kraft von Tradition könnte man sich wahrlich theologieimmanent beschäftigen. Von Kierkegaard über die Paradoxtheologie K. Barths bis hin zu den Vertretern einer existentialen oder transzendentalen Hermeneutik ist die Theologie geprägt durch diesen Versuch. Doch die Tatsache, daß immer neue, immer kühnere Anstrengungen unternommen werden müssen, um das angesprochene Problem theologisch zu bewältigen – in der Hermeneutik bescheinigt sich Theologie ja auch fortwährend ihre eigene Ohnmacht –, hat einen tieferen Grund: Lessings Aporie schlägt in der Theologie einfach deshalb immer neu durch, weil sie gar nicht *rein* theologisch erfaßt und überwunden werden kann. Vielmehr zwingt sie Kirche und Theologie in eine Auseinandersetzung mit dem Subjekt der historischen Vernunft: mit der bürgerlichen Gesellschaft.

Die rigorose Traditionskritik der Aufklärung läßt sich nur im Blick auf

[6] Das damit angezielte Grundlagenproblem der Theologie findet seinen klassischen Ausdruck bei G.E. Lessing, in seiner Schrift «Über den Beweis des Geistes und der Kraft« (1777). Dort findet sich auch der vielzitierte Satz: »Zufällige Geschichtswahrheiten können der Beweis von notwendigen Vernunftwahrheiten nie werden.«

die Heraufkunft des neuen Menschen, des Bürgers und der von ihm geprägten Tauschgesellschaft wirklich verstehen. Verstehen nämlich nun als Gefährdung dessen, was keinen Tauschwert besitzt.[7]
Es ist die Gefahr des Bürgertums, alles, was nicht dem Kalkül der rechnenden Vernunft pariert und sich nicht den Gesetzen des Marktes, d.h. des Profits und Erfolgs, unterwirft, der privaten Beliebigkeit und Unverbindlichkeit des einzelnen zu überlassen.[8] Wie er die Religion zur Service-Religion macht, an die er sich privat wendet, so macht der Bürger auch die Tradition zum Wert, dessen er sich privat bedient. – Kulturindustrie ist ein später Ausdruck für diesen Vorgang, der in der Aufklärung angelegt ist.
Nun gilt der Bürger üblicherweise zwar als geschichtsfreundlich, traditionsbeflissen und in diesem Sinne als konservativ. Wenn die hier versuchte Analyse jedoch stimmt und zu Recht von einem Prozeß des Zu-sich-Kommens des bürgerlichen Subjekts gesprochen wird, dann muß dieses gängige Vorurteil mit Skepsis betrachtet, zumindest dahingehend korrigiert werden, daß der Bürger in einem nur sehr begrenzten, sehr partiellen und privatistischen Sinne konservativ ist: Den Spielregeln des Tausches wird er schließlich alles unterordnen, auch seine vermeintliche Traditionsliebe und seine Vorliebe für Vergangenes. – Dies sollte einer Kirche zu denken geben, die den Bürger gerade hier für verläßlich hält. Vielleicht zeigt sich dieser substantielle Traditionsverlust am deutlichsten im Verhältnis zu den Toten. Ihnen gegenüber gibt es kein Tauschverhältnis, kein »do ut des«. Die trauernde Liebe zu den Toten ist die (nach Kierkegaard die einzige) Gestalt von Liebe, die nicht in den Verwertungszusammenhang einer reinen Tausch- und Bedürfnisgesellschaft einbezogen werden kann. Entsprechend tritt – dies ist auch die Pointe der Kritik Kierkegaards am bürgerlichen Christentum seiner Zeit – die Sinngemeinschaft mit den Toten immer mehr zurück; sie wird gestört, entwichtigt und allemal privatisiert. Die gesellschaftliche Entmächtigung und Entwertung von traditionellen Haltungen, für die es keinen Gegenwert gibt, für die man buchstäblich nichts bekommt, die »umsonst« sind, wie Freundlichkeit, Dankbarkeit, Aufmerksamkeit für die Toten, Trauer etc. schreitet voran. Ein Symptom dafür, daß in den *etablierten* sozialistischen Gesellschaften nicht eigentlich ein solidarisches Menschsein neuen Stils praktiziert, sondern die bürgerliche Gesellschaft mit ihren in-

[7] Vgl. Horkheimer/Adorno, Dialektik der Aufklärung, Nijmegen 1944, passim.
[8] »Tradition«, sagt Adorno, »ist wesentlich feudal.« Sombart hatte ganz entsprechend die feudale Wirtschaft »traditionalistisch« genannt. R. Koselleck zeigt in seinen Schriften, wie Tradition und überhaupt Geschichte im Prozeß der nachfeudalen bürgerlichen und vor allem der industriellen Gesellschaft an Plausibilität verlieren, ja ihren Charakter als Paradigma für Gegenwart gänzlich einbüßen. Vgl. hierzu § 11 dieses Bandes.

neren Widersprüchen perpetuiert wird, ist für mich die Tatsache, daß auch dort die Menschen unter Trauer- und Melancholieverbote gestellt sind, Verbote, die niemals öffentlich erlassen wurden, die aber gerade deshalb um so hartnäckiger als gesellschaftlicher Bann wirken.

Naiv angesichts dieses Befundes (und falsch) ist die häufig geäußerte Meinung, die Wurzeln des neuzeitlichen Traditionsbegriffs reichten zurück in die Reformation, ja, die Traditionskritik der Aufklärung sei in Luthers Kritik bereits enthalten und vorweggenommen. Zwar wird der Rückgriff auf die Schrift hier zu einer Kritik kirchlicher und theologischer Traditionen. Sie geschieht aber unter der Voraussetzung, daß Überlieferung und Tradition ihre normative Kraft für christliches Leben und Handeln behalten: Die Berufung auf die Schrift ist schließlich selbst die Berufung auf eine ganz bestimmte Tradition.

Tradition also hat erst seit der Aufklärung, dem Aufgang der bürgerlichen Gesellschaft, ein offensichtlich verschwindendes Dasein – und gehört gleichwohl konstitutiv zur Religion. Deshalb muß Theologie ein Interesse daran haben, über die Geschichtslosigkeit des bürgerlichen Subjekts und in diesem Sinne über die Aufklärung hinauszukommen.

Was sich zunächst als Prozeß der Befreiung ankündigt und anläßt: als das Freiwerden vom anonymen Druck unbegriffener Mächte und Traditionen, in denen sich die neue Freiheitssehnsucht noch nicht artikuliert, birgt auf seiner Rückseite schon eine radikale Gefahr – nicht nur für den Bestand und die Identität traditioneller Religion, sondern auch für die anschauliche Identität des Menschen und seines Subjekt-Seins überhaupt.

So begründet, legitim und unerläßlich die in der Aufklärung einsetzende kritische Prüfung der Überlieferungen war, erzwang dieser Prozeß, wenn wir ihn bis in die Gegenwart hinein verfolgen, gleichwohl schon die Einsicht, daß Erinnerung nicht nur der (sich langsam in Objektivität zersetzende) Gegenstand, sondern allemal auch das innere Moment des kritischen Bewußtseins selbst ist, das sich über die Interessen und die Richtung seiner Kritik aufzuklären sucht. Dies wird zu zeigen sein.[9]

3. Autoritätskrise

Mit der Tradition gerät die Autorität in die Krise: die nicht aus Vernunft entfaltbare Autorität. Kant hat in seiner berühmten Schrift von 1784: »Die Beantwortung der Frage: ›Was ist Aufklärung?‹«, eine klassische Definition gegeben: »Aufklärung ist der Ausgang des Menschen

[9] Vgl. besonders die §§ 5 und 11.

aus seiner selbstverschuldeten Unmündigkeit. Unmündigkeit ist das Unvermögen, sich seines Verstandes ohne Leitung eines anderen zu bedienen. Selbstverschuldet ist diese Unmündigkeit, wenn die Ursache derselben nicht am Mangel des Verstandes, sondern der Entschließung und des Mutes liegt, sich seiner ohne Leitung eines anderen zu bedienen.« Die kritische Spitze dieser Aufklärungsdefinition zielt offensichtlich gegen eine Bevormundung durch Autorität, die sich ihrerseits jeglicher Prüfung, jeglicher Frage nach Legitimation entzieht. Solche Autorität steht gegen das Egalitätsprinzip der Aufklärung; sie gerät zwangsläufig in den Verdacht, stets neue Ungleichheit und Unmündigkeit zu produzieren oder zu reproduzieren.

Besonders die religiös-kirchliche Autorität wird durch diese kritische Spontaneität der Aufklärung gefährdet. Das Beharren auf einer Autorität, die nicht mehr allgemein überzeugt und ihre gesellschaftliche Plausibilität verloren hat, nimmt zusätzlich leicht den Charakter des Zwangs, des Autoritären an und provoziert die Kritik desto mehr.[10]

Kirche und Theologie waren auch hier immer versucht, die Kritik religiöser Autorität rein theoretisch-argumentativ zurüchzuweisen – unter Beibehaltung des oft Autoritären in der Kirche und des Dezisionistischen in der Theologie. Übersehen blieb meist, daß sich auch hinter der Autoritätskritik der Aufklärung das bürgerliche Subjekt, die bürgerliche Gesellschaft verbirgt. Ihre Eigentümlichkeiten müssen kritisch untersucht werden, wenn die theologische Zurückweisung der aufklärerischen Autoritätskritik überhaupt soll gelingen können.

Unter dem bürgerlichen Prinzip des Tauschs nämlich, d.h. für das reibungslose Funktionieren der Tauschgesellschaft, ist zumindest tendenziell die Gleichheit der Partner vorausgesetzt. Autorität als Prinzip der Ungleichheit und der Unterordnung verliert hier wie von selbst an gesellschaftlicher Plausibilität. Sie gilt als Relikt der Feudalgesellschaft und ihrer patriarchalisch-hierarchischen Struktur, gegen die sich das Bürgertum erfolgreich durchgesetzt hatte. Erhalten bleibt von der Autorität, wovor auch die bürgerliche Vernunft Respekt haben kann: Kompetenz, d.h. Autorität als Form von Erkenntnis.[11]

Während die Autorität also in die (rechnende, kalkulierende) Vernunft

[10] Die Hinnahme eines solchen, gewissermaßen nackten Autoritätsanspruchs trägt ihrerseits die Züge der blinden Entscheidung, trägt also dezisionistische Züge. Darum verwundert es nicht, daß die Glaubenstheologien seit der Aufklärung immer mehr zu Entscheidungstheologien geworden sind, zu Theologien, die den Glauben als »Sprung« interpretieren. Hierin kommen Paradoxtheologien, Existenztheologien und Personaltheologien überein.

[11] Abwegig ist es auch hier wieder, die Autoritätskritik der Reformation als Paradigma der »Aufklärung« verstehen zu wollen: Luthers Konflikt ist eben (noch) nicht der Konflikt zwischen Autorität und Erkenntnis, sondern ist ein Konflikt zwischen Autorität und Autorität: die »Freiheit eines Christenmenschen« wird entwickelt mit Berufung auf die indiskutable Autorität der Schrift.

übergeht, verschwinden jedoch nicht nur die feudalen Relikte der Autorität, verschwindet nicht nur das Autoritäre an ihr, sondern auch – wie schon bei der Tradition – das Rettende: Autorität ist ja nicht von Tradition zu trennen. Sie ist sozusagen das Gewicht der Tradition, die Beharrlichkeit und Dringlichkeit, mit der sie erinnert und eingeklagt werden muß. Insofern aber Tradition zur Konstitution kritischer Vernunft gehört, besitzt diese immer auch Züge von Autorität, ohne die sie letztlich nicht befreiend sein kann.

Bedroht ist in der bürgerlichen Gesellschaft Autorität als Voraussetzung und inneres Moment der kritisch-befreienden Vernunft, jene Autorität also, in deren Bejahung Menschen ihr eigenes Subjektsein bzw. das Subjektsein-Können anderer bejahen: die fordernde Autorität der Freiheit und der Gerechtigkeit und die einklagende Autorität des Leidens. – Nie wird solche Autorität allzu großen Tauschwert besitzen. Sie wird vor dem Forum der rechnenden Vernunft darum auch kaum als kompetent erachtet.

Diese theologisch zu verteidigende Autorität, die sich gerade nicht mehr ideologiekritisch dechiffrieren läßt als entfremdete Form von Erkenntnis, gerät in die Krise, die zur Krise des religiösen Subjekts überhaupt führt, wenn dieses sich wie selbstverständlich in das neuzeitliche Subjekt auflöst, d.h. sich als nicht resistent erweist gegenüber den relativierenden Einreden bürgerlicher Phantasie.

Mehr exkursorisch, aber nicht ohne inneren Zusammenhang mit dem bisher zur Autoritätskritik der Aufklärung Gesagten, sind sofort noch Konsequenzen für die kirchlich-religiöse Autorität zu nennen: Das Problem der kirchlichen Autorität heute besteht m.E. vor allem darin, daß sie, wo sie nicht die Züge des Autoritären angenommen hat, die Züge jener bürgerlich zugelassenen und produzierten Form von Autorität erkennen läßt, die die Religion zutiefst gefährden: Züge des Routinierten, des Bürokratischen; Autorität als Behörde, an die niemand herankommt, von Administration überwuchert; Autorität als Wahrheitsverwaltung ohne gesellschaftliches Substrat.

Kirchliche Autorität kann sich solcher Gefahr nicht gänzlich entziehen. Aufgehen jedoch darf sie in diesen Erscheinungsformen von Autorität nicht. Darum müßte sich innerhalb der kirchlichen Autoritätspraxis etwas von dem ausbilden, was die Aufklärung zweifellos zu Recht gefordert hatte: Autorität aus Kompetenz. Nicht aus juristischer oder aus administrativer Kompetenz, die in der bürgerlichen Gesellschaft im Vordergrund steht; auch nicht einfach aus kognitiver Kompetenz, die die stillschweigende Aufhebung von Autorität in Erkenntnis zur Voraussetzung hat (dies wäre die pseudoaufklärerische Maxime bürgerlich-liberaler Theologie!). Gefragt ist vielmehr Autorität aus – religiöser Kompetenz. Sie hätte, sofern sie sich als *kompetent* erweist, von der legitimen Aufklärung gelernt; sofern sie sich jedoch als nicht

bloß funktional, sondern als *religiös* bezeugt, hätte sie die bedrohliche Krise, in die Autorität durch Aufklärung und Bürgertum am Ende geraten ist, zumindest anfänglich bewältigt.[12]
Diese Autorität aus religiöser Kompetenz könnte eine in der bürgerlichen Gesellschaft von heute kritisch-befreiende Autorität sein: In dem Maße nämlich politisch-gesellschaftliches Leben dem Modell einer hochkomplexen Administration immer näherrückt, in dem alle wichtigen Vollzüge immer strukturalistischer, subjektlos anonymer ablaufen, in dem schließlich die Verantwortungszusammenhänge immer mehr verschwimmen – im selben Maße wächst die Bedeutung einer neuen, auf das Autorität-Sein mehr als auf das Autorität-Haben gegründeten Autorität. Sie wäre u.U. auch einer jener wichtigen Orte, an denen die unbedingt fordernde Autorität der Freiheit und Gerechtigkeit und die einklagende Autorität des Leidens nachhaltig vertreten und für die Vielen hörbar zur Sprache gebracht werden könnte; an denen also die aufgeklärte Vernunft vor Banalität und kollektiver Verfinsterung zu retten wäre.

4. Krise der (metaphysischen) Vernunft

Die Aufklärung schafft so etwas wie eine neue Konsensgemeinschaft, deren Basis nicht mehr die metaphysische Vernunft ist. Diese war stillschweigende und unbefragte Konsensgrundlage feudaler Gesellschaften. Aufklärung vollzieht sich insofern ganz konsequent als Kritik klassischer Metaphysik.
Natürlich betreibt auch die Reformation bereits Metaphysikkritik, d.h Kritik von Metaphysik als Scholastik. Sie tut es aber auf dem Boden einer durchaus christlichen Konsensgemeinschaft. Der Prozeß der gesellschaftlichen Differenzierung von Vernunft – und dies ist Metaphysikkritik im Sinne der Aufklärung – hat hier noch nicht begonnen.
Die in der Aufklärung einsetzende gleichzeitige Berufung auf »Vernunft«, »Subjekt« und »Praxis« deutet hin auf ein neues Verfahren: Vernunft wird – im Ansatz – nicht mehr subjektlos und losgelöst von ihrer praktischen Dimension verstanden. Während der metaphysische Gebrauch von »Vernunft« die Frage ihres sozialen und politischen

[12] Hier sollen keineswegs Autorität und Charisma verwechselt werden. Widerstanden werden soll jedoch der üblichen, als Legitimationsfigur durchschaubaren Trennung von Amt und Charisma. Als ob es nicht so etwas geben müßte wie ein Charisma der Autorität selbst! Dazu genügt es allerdings nicht, wenn sich die kirchlichen Autoritäten in einem privaten Sinne als religiös, als »fromm« erweisen. Vielmehr müßte eben ihre Autorität charismatisch, religiös sein. Zum Begriff der Zeugnisautorität vgl. J.B. Metz, in: Kirche im Prozeß der Aufklärung, 79.

Kontexts verdeckte, wird nun aufgeklärt über die Hintergründe solch abstrakten Vernunftgebrauchs. D.h. die Usurpation der metaphysischen Vernunft für eine bestimmte, im Hintergrund bleibende und als gesamtgesellschaftliches Subjekt fungierende Macht wird aufgedeckt, konkret: die Vereinnahmung von allgemeiner Vernunft durch einerseits kirchliche, anderseits politische Herrschaft.

Mündig ist – nach Kants Definition von »Aufklärung« –, wer die Freiheit hat, »von seiner Vernunft in allen Stücken einen öffentlichen Gebrauch zu machen«. Dieser Gedanke Kants hat, wie weiter unten zu präzisieren sein wird, primär moralisch-appellativen Charakter. Er ist nicht etwa schon der Aufruf zur Schaffung neuer, gesellschaftlicher Konditionen der Freiheit, sondern er wendet sich an Bestehendes: an die nämlich, die – latent, zum Teil auch offen – bereits jene gesellschaftliche Kraft zur Mündigkeit haben, die adhortativ nur noch freigesetzt zu werden braucht: »Faulheit und Feigheit sind die Ursachen, warum ein so großer Teil der Menschen, nachdem sie die Natur längst von fremder Leitung freigesprochen, dennoch zeitlebens unmündig bleiben; und warum es andern so leicht wird, sich zu deren Vormündern aufzuwerfen. Es ist ja so bequem unmündig zu sein« (Kant ebd.). Wer hier mündig werden soll, das ist nicht etwa die unmündige Menschheit überhaupt; gemeint ist ein ganz bestimmtes Subjekt, das da wirklich in der Gefahr steht, »faul«, »feige« und »bequem« zu sein: der Besitzbürger, dem es an moralischer Kraft gebricht, sich seines eigenen Verstandes zu bedienen und politisch das zu werden, was er gesellschaftlich und ökonomisch längst ist.

Zwar war das Pathos der Aufklärung durchaus darauf gerichtet, alle Menschen zu mündigen Subjekten des Vernunftgebrauchs zu machen: unterschiedslos werden Wissen und Mehrwissen, Bildung und Mehrbildung proklamiert; Enzyklopädien entstehen; die »Erziehung des Menschengeschlechts« (Lessing) könnte geradezu als Programm von Aufklärung gelten. Dennoch darf die Sprache der Aufklärung nicht darüber hinwegtäuschen, daß sie doch letztlich dazu diente, den Besitzbürger zum Träger politischer Vernunft zu erheben. Die Mündigkeit der Aufklärung war eben nicht gemeint als Mündigkeit für die Besitzlosen, für die Landbevölkerung, für die Bauern, die in der Zeit, in der man die großen Enzyklopädien schrieb, nahezu alle noch Analphabeten waren. – So behauptet sich in der Kritik der metaphysischen Vernunft, in der emphatischen Rede von »Mündigkeit« und »Subjekt« letztlich eine neue Elite, eine neue Aristokratie, d.h. im spiegelverkehrten Gleichnis genau das, wogegen man kämpfte.

Die Züge dieser besitzbürgerlichen Elite gehen aber auch ein in die sog. aufgeklärte Vernunft selbst und ihren Begriff von Praxis und Subjekt. In der Logik dieser Vernunft entfaltet sich Praxis nicht eigentlich als Befreiungspraxis, sondern als Herrschaftspraxis – nicht mehr im

alten, unmittelbaren Sinne der Herrschaft, sondern als Herrschaft über Natur – im Interesse des Marktes.
Darum ist in der bürgerlichen Gesellschaft, die sich in der Aufklärung reflektiert und zu Bewußtsein bringt, ganz allgemein eine Vernunft thematisch, die das Subjekt wirksam bei der Beherrschung der Natur unterstützt; eine technische Vernunft also, die bei ihrem ersten Zugriff sogleich alles verdinglicht, d.h. marktkonform und gewinnträchtig macht. – Dies in der theologischen Rezeption zu vergessen, »Vernunft«, »Subjekt« und »Praxis« also abstrakt zu verwenden, ohne die bürgerliche Tausch- und Profitgesellschaft mitzureflektieren, die sich in ihnen ausdrückt, könnte in letzter Konsequenz heißen: das Bürgertum insgeheim und unbemerkt zu jenen theologischen, religiösen und kirchlichen Ehren zu bringen, die ihm anfangs aus einem besseren Instinkt versagt worden waren und die ihm nun zur späten Rechtfertigung verhelfen.

5. Die Religion in der Krise

Wo Religion und Metaphysik einander bedingen, dort muß die in der Aufklärung eingeleitete Kritik metaphysischer Vernunft zur Kritik der Religion werden; wenn die subjektlose Vernunft der Metaphysik im Lichte der Aufklärung ihre (politische) Unschuld verliert, dann gerät auch Religion, die sich dieser abstrakten Vernunft zur Legitimation ihres universalen Anspruchs bediente, in Verdacht. Die im Prozeß der Aufklärung aufgrund zunächst ganz anderer Titel (Traditionskritik, Autoritätskritik) vorgenommene Religionskritik, hat hier ihre tiefste Wurzel.
Religionskritik ist in der Aufklärung also anfänglich bereits Ideologiekritik – greifbarer als in der deutschen offensichtlich in der französischen Aufklärung. So etwa, wenn die »Atheisten« Religion auf einen eigensüchtigen »Priesterbetrug« zurückführen oder Voltaire Religion einerseits für sich selbst ablehnt, sie anderseits aber wegen ihrer sozial nützlichen Funktion – als Stabilisator des gesellschaftlichen status quo und zur Aufrechterhaltung des Privateigentums – empfiehlt.[13]
Die Aufklärung ist nicht nur rudimentäre Religionskritik im Sinne von Ideologiekritik, sondern sie bildet zudem einen affirmativen Begriff von Religion aus. Dieser ist nun aber gerade nicht mehr identisch mit

[13] Im Artikel »Religion« seines »Dictionnaire philosophique« schreibt Voltaire, daß der Glaube an die Höllenqualen und an Gott als politisch funktional durchaus nützlich anzusehen sei. Ja, sogar als unentbehrlich für die Aufrechterhaltung des Privateigentums und für die Ausübung der damals legitimierten Herrschaft. – Es ist ein kleiner, durchaus konsequenter Schritt zur kritischen Umkehr dieser Position Voltairs im Marxismus.

dem Begriff positiver Religion im Christentum. Er verdankt sich auch nicht etwa der Religionskritik der Reformation! Die Religion der Aufklärung ist vielmehr – in kritischer Absetzung vom Offenbarungsgedanken – »natürliche Religion«, religio naturalis, »Vernunftreligion«. Diese »natürliche Religion« war wieder zunächst emphatisch verstanden als die allen Menschen entsprechende, aus der Geschichte der Menschheit legitimierbare, eben »vernünftige« Religion. Diese Emphase hatte sich auf bestimmte liberale Theologien übertragen, in denen nun noch allgemeiner die Rede war (z.T. noch ist) von Religion als dem Gefühl schlechthinniger Abhängigkeit (Schleiermacher) oder dem Ausdruck der numinosen Tiefe des Daseins (Tillich).

Doch dieser allgemeine Anspruch im Religionsbegriff der Aufklärung täuscht: die sog. natürliche oder Vernunftreligion, die angeblich für alle gilt, ist so elitär wie die aufgeklärte Vernunft selbst. Sie gehört faktisch allein dem neuen Menschen der Aufklärung, dem Bürger, als dem Subjekt von Vernunft. Sie ist darum eine extrem privatisierte, für den Hausgebrauch des Besitzbürgers zurechtgemachte Religion; eine Gefühls- und Innerlichkeitsreligion. Von ihr geht keine Gefahr, kein Widerstand, keine Protestation gegen die in der bürgerlichen Tausch- und Erfolgsgesellschaft geltenden Definitionen von Wirklichkeit, Sinn, Wahrheit etc. aus. Sie überhöht noch das, was ohne sie sowieso schon gilt.

Der Begriff der natürlichen Religion ist also keineswegs unschuldig neutral oder historisch unbelastet. Er ist so wenig neutral wie das bürgerliche Subjekt selbst. Deshalb erweist er sich auch als viel zu undurchlässig für die Selbsterfahrungen und Selbstzeugnisse sowohl der biblischen als auch der nicht-biblischen Religionen. Als Oberbegriff für die Begegnung und Auseinandersetzung der Religionen ist er praktisch kaum brauchbar.

Hier zeigt sich das Wahrheitsmoment, das in der Religionskritik der »dialektischen Theologie« (besonders bei Barth und, radikaler, bei Bonhoeffer) enthalten ist. Ihre Unterscheidung von Glaube und Religion ist m.E. zwar aus manchen Gründen problematisch. Sie hat aber – vielleicht gegen ihre eigenen Intentionen – genau jenen Religionsbegriff gerettet, den sie in ihrer Terminologie verwirft; sie hat vor allem das zutiefst Bürgerliche an der Religion erkannt und auf die Gefahr aufmerksam gemacht, in die sich das Christentum begibt, wenn es sich in diese liberale Schwundstufe von Religion, wie sie Aufklärung und Bürgertum zurückgelassen haben, aufzulösen begänne.[14] Manches in der gegenwärtigen Theologie, die oft nur noch »das Natürliche

[14] Insofern könnte sich in Bonhoeffers »religionslosem Christentum« die Ahnung von der Heraufkunft einer nachbürgerlichen christlichen »Religion« andeuten. Vgl. T.R. Peters, Die Präsenz des Politischen in der Theologie D. Bonhoeffers, Mainz–München 1976, 79 ff; 195 ff.

und Vernünftige« am Christentum gelten läßt, und mancherlei in der heutigen Kirche, die zumindest hierzulande überidentifiziert scheint mit bürgerlicher Religion, spricht dafür, daß dieser Auflösungsprozeß bereits eingesetzt hat.[15]

6. Notwendigkeit einer politischen Theologie des Subjekts

Diese Beurteilung des Aufklärungsprozesses, der sich gerafft verstehen läßt als Prozeß der Privatisierung und Verbürgerlichung von Religion, fließt ein in die Intentionen und das Konzept einer praktischen Fundamentaltheologie als politischer Theologie des Subjekts. Diese unterstreicht, daß Aufklärung nicht abstrakt zu rezipieren oder gar zu beerben ist; daß »Subjekt«, »Existenz«, »Person« nicht in unkritischer Manier als Resultat der Neuzeit und ihres Privatisierungsprozesses in die Theologie übernommen werden dürfen. – Das Bürgerlich-Private, als Ergebnis des neuzeitlichen Aufklärungsprozesses, ist eben nicht identisch mit Subjekt (Existenz, Person) in einem religiös und theologisch relevanten Sinn. Es handelt sich hier eher um Schwundbestände, um Rückbildungen jenes Subjektseins vor Gott, das eine politische Theologie einklagt und beschreibt – als solidarisches Subjektsein aller, welches nur dann möglich ist, wenn Religion nicht nachträglich zur gesellschaftlichen Konstitution des Subjekts hinzutritt.

Es wäre allerdings ein Mißverständnis, die politische Theologie des Subjekts an dem unvermittelten Gegensatz von Privat und Öffentlich, Innerlich und Äußerlich, Theoretisch und Praktisch, Mystisch und Politisch erläutern zu wollen und ihr dabei mehr oder weniger gönnerisch die Dimensionen des Öffentlichen, Äußerlichen, Praktischen, Politischen zuzuordnen: Diese Unterscheidung ist selbst bereits Resultat jenes Aufklärungsprozesses, von dem politische Theologie sich ein kritisches Bewußtsein zu bilden sucht. Wo diese Kritik ausfällt, wird die Theologie ihrerseits fortfahren, subjektlose Ideen und Inhalte zu transportieren oder, was auf das gleiche hinauskommt, in einer sehr allgemeinen und eingeschliffenen Rede vom »Subjekt« bzw. vom »neuzeitlichen Subjekt« alle jene an den Nerv christlicher Identität reichenden Widersprüche zuzudecken, die aus der konkreten gesellschaftlich differenzierten Subjektgeschichte der Neuzeit resultieren. Sie wird dann auch kaum ein kritisches Gespür dafür entfalten, daß in der gegenwärtigen Situation das bürgerliche Subjekt, Quelle der in der Aufklärung manifest gewordenen Identitätskrisen des Christentums, als das »eigentlich« religiöse verteidigt wird.

Diese theologische Kritik der bürgerlichen Religion – das sei schon

[15] Vgl. aus dem Themenbereich § 8.

hier unterstrichen und das soll im folgenden systematisch zur Geltung kommen – läuft keineswegs auf eine abstrakte Negation des Individuums hinaus, auch nicht des bürgerlichen. Sie stellt nur kritisch infrage, daß das bürgerliche Individuationsprinzip *allein* tauglich und stark genug ist, um das zu leisten, was der Religion aufgetragen ist: nämlich einzutreten für das solidarische Subjektsein aller, gegen gewaltsame Unterdrückung ebenso wie gegen die Karikatur von Solidarität in gewaltsamer Vermassung und institutionalisiertem Haß: Diese theologische Kritik an der bürgerlichen Religion läuft auch keineswegs auf eine abstrakte Abwertung der bürgerlichen Werte hinaus.[16] Sie stellt nur kritisch infrage, daß diese Werte durch das bürgerliche Prinzip *allein* als humane gerettet und verteidigt werden können.[17]

[16] Wie mir das in der »Dialektik der Aufklärung« bei den Vertretern der Frankfurter Schule (Horkheimer/Adorno) schließlich der Fall zu sein scheint. Vgl. auch § 4 Anm. 40.

[17] Die aktuelle Grundwerte-Diskussion in der Bundesrepublik kann m.E. von *theologischer* Seite nur dann mit argumentativer Unterscheidungs- und Orientierungskraft geführt werden, wenn sie die hier und im folgenden § 4 entfaltete Problemstellung nicht immer wieder verdrängt.

§ 4 Konzept einer politischen Theologie als praktischer Fundamentaltheologie

Jede neue Theologie wirkt für viele zunächst wie keine. Sie hat Legitimationsprobleme. Auch die neue politische Theologie hatte sie und hat sie.[1] Als Kriterium für ihre theologische Legitimität und Authentizität darf (nach einem hierfür umgemünzten Wort W. Benjamins) gelten, daß die politische Tendenz einer politischen Theologie nur dann stimmt, wenn auch ihre theologische stimmt – und nicht umgekehrt. Eine politische Theologie, die sich konsequent danach richtet und die dieses Kriterium allen Theologien empfiehlt, weil sich keine – ohne Selbsttäuschung oder Selbstbetrug – für politisch unschuldig oder tendenzlos halten kann: eine solche politische Theologie entlarvt und bekämpft dann freilich auch jenes in der theologischen und kirchlichen Praxis höchst wirksame Vorurteil, wonach die theologische Richtung allemal schon dann »stimmt«, wenn bei ihr nur eine politisch mehr oder minder rechts gerichtete und jedenfalls (im üblichen Sinn) konservative Tendenz herausschaut.

Hier soll nun politische Theologie, in kritischer Fortbildung ihres Ansatzes, als praktische Fundamentaltheologie erläutert und entfaltet werden, die ihrerseits jene Grundlagenprobleme des Christentums auszuarbeiten sucht, wie sie im § 1 als Ausgangslage zeitgenössischer Theologie charakterisiert und in § 2 durch historisch-systematische Reflexion als Problemvorgabe herausgearbeitet worden sind; in § 3 war diese praktische Fundamentaltheologie bereits konkret wirksam: als theologische Kritik an der bürgerlichen Religion bzw. an der (zumindest hier in unseren Breitengraden) immer wieder geschehenden stillschweigenden Identifizierung von bürgerlichem und religiösem Subjekt.

[1] Dies zeigt sich z.B. auch in der Tendenz wohlwollender Kritiker der politischen Theologie, die sie in die vertraute Systematik »heimholen« oder innerhalb eines vorgefaßten systematischen Ansatzes »anwenden« wollen. Vgl. dazu z.B. G. Bauer, Christliche Hoffnung und menschlicher Fortschritt. Die politische Theologie von J.B. Metz als theologische Begründung gesellschaftlicher Verantwortung des Christen, Mainz 1976; jüngst auch: V. Spülbeck, Neomarxismus und Theologie (Freiburger theol. Studien 107), Freiburg 1977. – A. Ganoczy sucht in »Sprechen von Gott in heutiger Gesellschaft. Weiterentwicklung der ›Politischen Theologie‹« (Freiburg 1974) meinen Ansatz auf das von ihm bevorzugte »korrelative Verfahren« zu beziehen; dagegen habe ich meinerseits kritische Fragen im Vorwort zu diesem Buch erhoben – eine bislang nicht zu Ende geführte Auseinandersetzung. – Über eine Auswahl der Literatur zur politischen Theologie informiert die nachfolgende Anmerkung.

Im vorliegenden, für die Argumentation zentralen § 4 geht es darum, diesen Ansatz in seiner theologischen Verfassung auszuarbeiten, und zwar mit erheblichen Differenzierungen und Korrekturen gegenüber früheren Überlegungen zur politischen Theologie.[2] »Praxis« und »Subjekt« sind die Leitbegriffe dieser praktischen Fundamentaltheologie.

[2] Mit dem Artikel »Politische Theologie« in Sacramentum Mundi (später auch in »Herders theologischem Taschenlexikon«) und mit dem Band »Diskussion zur ›politischen Theologie‹« (hrsg. v. H. Peukert, Mainz–München 1969) war eine erste Entfaltung des Ansatzes politischer Theologie, soweit ich ihn selbst zu verantworten habe, abgeschlossen. Die bis zu diesem Zeitpunkt entwickelten Charakteristika einer politischen Theologie beherrschen nahezu stereotyp die Auseinandersetzung mit diesem theologischen Versuch auch in den folgenden Jahren. Gerade deshalb schien es besonders wichtig, die bis dahin sporadischen Ansätze in einer einheitlichen Konzeption kritisch fortzubilden, wie das nun im Teil I dieses Bandes versucht wird. Aus der Vielzahl der Beiträge zur politischen Theologie innerhalb der letzten Jahre (soweit sie mir überhaupt bekannt wurden) sei hier auf die folgenden verwiesen:
1. *Größere selbständige Arbeiten* – außer den bereits in A. 1 genannten von G. Bauer, A. Ganoczy und V. Spülbeck –: M. Xhaufflaire, La »théologie politique«. Introduction à la théologie politique de J.B. Metz, Paris 1972; C. Geffré, Die neuen Wege der Theologie, Freiburg 1973 (franz. Original: Paris 1972); G. Ruggieri, Christliche Gemeinde und »politische Theologie«, München 1973 (ital. Original: Milano 1971); Religion and Political Society, New York 1974; M. Xhaufflaire (Hrsg.), La pratique de la théologie politique. Analyse critique des conditions pratiques de l'instauration d'un discours chrétien libérateur, Tournai 1974; W.R. Schmidt, Die Eschatologie in der neueren römisch-katholischen Theologie von der Schuldogmatik bis zur »politischen Theologie«, Berlin 1974 (Diss.); F. Strazzari, Il Pensiero di J.B. Metz, Padova 1974 (Diss.); H. Rolfes (Hrsg.), Marxismus – Christentum, Mainz 1974; R. Gibellini (ed.), Ancora sulla »Teologia Politica«: Il Dibattito continua, Brescia 1975; J.M. Bonino, Doing Theology in a Revolutionary Situation, Philadelphia 1975; Dios y la ciudad. Nuevos planteamientos en la teología política, Madrid 1975; R.D. Johns, Man in the World: The Political Theology of J.B. Metz, University Press, Duke University 1975 (Diss.); J. Cuda, La croyance et l'incroyance a la lumière de la Théologie de l'Espérance. Essai d'une synthèse thématique fondé sur la théologie de J.B. Metz, Paris 1976 (Diss.); S. Wiedenhofer, Politische Theologie, Stuttgart–Berlin–Köln–Mainz 1976; A. Fierro, The Militant Gospel. An Analysis of Contemporary Political Theologies, London 1977 (span. Original: 1974).
2. *Themenhefte zur politischen Theologie:* H. Assig/W. Trutwin (Hrsg.), Politische Ethik (= Theol. Forum 9), Düsseldorf 1972; Tijdschrift v. Theologie 1972, H. 2; Intern. Dialog-Zeitschrift 1972, H. 4; Il tetto, Febr. 1973; M. Baumotte u.a., Kritik der politischen Theologie (= Theol. Existenz heute 175), München 1973.
3. *Neuere Bibliographien:* H.H. Schrey, »Politische Theologie« und »Theologie der Revolution«, in: Theol. Rundschau 36 (1971) 346–377 und 37 (1972) 43–77; Herders theol. Taschenlexikon Bd. 8, Freiburg–Basel–Wien 1973, 337; Ephemerides Theologicae Lovanienses 49 (1973) 594–604, 50 (1974) 336–347, 51 (1975) 353–365; umfangreiche bibliographische Hinweise in den Arbeiten von G. Bauer, S. Wiedenhofer und V. Spülbeck. – Von den in den Bibliographien nicht vermerkten Arbeiten vgl. aus den letzten Jahren u.a.: A. Gonzales Montes, Reflexión teológica y razón política. Un análisis histórico-teológico de la hermeneutica política de la fé, in: Diálogo Ecum. 8 (1973) 119–154; G. Gomez Arango, La »teología política« segun J.B. Metz, in: Ecclesiastica Xaveriana 1973, 68-115; T. Sa-

Entsprechend sollen zunächst Sinn und Tragweite der Rede vom »Primat der Praxis« bzw. vom praktischen Fundament aller christlichen Theologie erläutert werden (1). Und es soll diese praktische Fundamentaltheologie als politische Theologie des Subjekts dargestellt und in ihrem Ansatz bewährt werden sowohl im innertheologischen Disput gegenüber den unmittelbaren Subjekttheologien wie auch angesichts des weltweiten Ringens um das Subjekt-sein-Können aller Menschen (2). Unmittelbar aus diesem Ansatz wird dann die Bedeutung des religiösen Subjekts im geschichtlichen Kampf um den Menschen gefolgert (3). Schließlich wird unter dem Titel »Glaube in Geschichte und Gesellschaft« eine diesem Ansatz entspringende inhaltlich-theologische »Definition des Glaubens« vorgelegt, in der der Glaube der Christen in nuce so formuliert sein soll, daß seine theologische Stimmigkeit nicht erkauft ist durch die Ausblendung jener gesellschaftlichen Kontrasterfahrungen und Kontrastpositionen, durch die er heute »aufgehoben« oder zum Verschwinden gebracht werden soll (4).

1. Das praktische Fundament christlicher Theologie – oder: Was heisst »Primat der Praxis«?

Schon die unübliche und für viele eher befremdliche Wortbildung »praktische Fundamentaltheologie« will darauf aufmerksam machen, daß Theorie und Praxis hier nicht im üblichen Folgeverhältnis gesehen werden, bei dem Praxis als Durchführung, Anwendung oder »Kon-

raneva, Johann Baptist Metzin »poliittinen teologia«, in: Eripainos Teologinen Aikakauskirja 1/1973; T. Saraneva, Transsendentaaliteologiasta »poliittiseen teologiaan«. Johann B. Metzin ajattelun muuttuminen, in: Eripainos Teologinen Aikakauskirja 2/1974, 122-130; G.A. Butler, Karl Barth and Political Theology, in: Scottish Journal of Theology 27 (1974) 441-458; J. de la Torre, Nuevos supuestos metodológicos de la teología política, in: Studia Moralia 12 (1974) 183-256; A. Gethmann-Siefert, Die Einheit von Philosophie und Theologie im Konzept der »Politischen Theologie«, in: dies., Das Verhältnis von Philosophie und Theologie im Denken Martin Heideggers, München 1974, 282-290; L. Oeing-Hanhoff, Thomas von Aquin und die gegenwärtige katholische Theologie, in: W.P. Ekkert (Hrsg.), Thomas von Aquino, Mainz 1974, 245-306; H. Schelsky, Theologen: Vom Seelenheil zum Sozialheil, in: Die Arbeit tun die anderen. Klassenkampf und Priesterherrschaft der Intellektuellen, Opladen 1975, 317-329; F.J. Jiménez Urresti, Crítica teológica a la teología crítico-política de Metz. Reflexiones para la teología del Derecho público eclesiástico, in: A. Vargas-Machuca (ed.), Teología y mundo contemporáneo. Homenaje a K. Rahner en su 70 cumpleaños, Madrid 1975, 515-543; G. Baum, Political Theology in Canada, in: The Ecumenist 15 (1977) 33-46.

4. *Lexikonartikel:* Neuerdings vor allem K. Füssel, Politische Theologie, in: Rahner/Vorgrimler, Kleines Theologisches Wörterbuch, Freiburg [10]1976, 337 f.

5. Eine *Übersicht der Kritik* an der politischen Theologie bieten die Arbeiten von S. Wiedenhofer (39 f, 49-52, 55-67) und G. Bauer (268-270, 280, 292).

kretisierung« einer vorgefaßten Theorie gilt. Praktische Fundamentaltheologie wendet sich gegen eine undialektische Unterordnung der Praxis unter Theorie und Idee. Sie pocht auf die intelligible Kraft der Praxis selbst – im Sinne einer Theorie-Praxis-Dialektik. Insofern treibt sie Theologie unter dem »Primat von Praxis«.[3]
Wird hier jedoch mehr als ein emphatischer, allemal überlegitimierter und deshalb wiederum höchst abstrakter Gebrauch von »Praxis« insinuiert? Oder aber: setzt sich eine Theologie unter dem »Primat der Praxis« nicht unweigerlich dem Verdacht eines unkritischen Aktionismus und einer entsprechenden Theorielosigkeit aus? Doch was heißt hier »theoretisch« und was »kritisch«? Eine praktische Fundamentaltheologie geht jedenfalls davon aus, daß gerade jene Versuche als unkritisch und scheintheoretisch zu gelten haben, die die Theologie in »reiner Theorie« oder in »absoluter Reflexion« zu begründen suchen. Und sie beruft sich dabei nicht in erster Linie auf außertheologisch geltende und heute höchst wirksame Verständnisse von Theorie und Kritik, denen zufolge alle »reinen Theorien« in einem umfassenderen Kommunikations- und Handlungszusammenhang stehen, so daß sie ohne Praxisreferenz gar nicht kritisch sein können, sondern auf die praktische Grundverfassung des Logos der christlichen Theo-logie.

a) Praktische Verfassung des Logos der christlichen Theo-logie

Der christliche *Gottesgedanke* ist aus sich selbst ein praktischer Gedanke. Gott kann gar nicht gedacht werden, ohne daß dieser Gedanke die unmittelbaren Interessen dessen irritiert und verletzt, der ihn zu denken sucht. Das Gott-Denken geschieht als Revision der unmittelbaren auf uns selbst gerichteten Interessen und Bedürfnisse. Metanoia, Umkehr und auch Exodus sind nicht nur rein moralische oder pädagogische, sondern durchaus noetische Kategorien. Geschichten der Umkehr und des Exodus dienen deshalb nicht etwa der dramatischen

[3] Sehr früh nach der ersten Entfaltung einer politischen Theologie wurde ich durch Arbeiten meiner Schüler kritisch aufmerksam gemacht auf die praktischen Grenzen einer rein theoretischen »kritischen Theologie«. Vgl. dazu vor allem M. Xhaufflaire, Feuerbach und die Theologie der Säkularisation, Mainz–München 1972 (franz. Original: 1971; weitere – explizite – Arbeiten Xhaufflaires zur politischen Theologie unter Anm. 2); F. van den Oudenrijn, Kritische Theologie als Kritik der Theologie, Mainz–München 1972; L. Dullaart, Kirche und Ekklesiologie, Mainz–München 1975. Die folgenden Überlegungen suchen dieser Kritik Rechnung zu tragen. – Wichtig für die folgende Diskussion einer Theorie-Praxis-Dialektik ist der souveräne Durchblick, den Matthew L. Lamb bietet in: The Theory-Praxis Relationship in Contemporary Christian Theologies, in: The CTSA Proceedings 31 (1976) 149–178.

Ausschmückung einer vorgefaßten »reinen« Theologie; sie gehören vielmehr in den Grundvorgang dieser Theologie selbst. Diese praktische Verfassung des Gottesgedankens ist auch der Grund dafür, daß die Rede von Gott nicht nachträglich und gewissermaßen nur zur kategorial-ornamentalen Auffüllung, sondern wesentlich und unaufgebbar Erinnerungs- und Erzählstruktur hat.[4]

In besonderer Deutlichkeit gilt diese praktische Grundverfassung vom *christologischen Wissen*.[5] Die Praxis der Nachfolge gehört konstitutiv in die Christo-logie, wenn anders der Logos dieser Christologie wie des Christentums überhaupt am Ende nicht doch mit dem (rein betrachtenden) Logos der Griechen in eins gesetzt werden soll, für den schließlich Christus immer nur »Torheit« sein konnte. Für jede Christologie gilt, daß Christus immer so gedacht werden muß, daß er nie nur gedacht ist. Jede Christologie nährt sich, um ihrer eigenen Wahrheit willen, aus Praxis: aus der Praxis der Nachfolge. Sie drückt wesentlich ein praktisches Wissen aus. In diesem Sinne steht jede Christologie unter dem Primat von Praxis. Man könnte dies »christologische Dialektik« oder auch »Dialektik der Nachfolge« nennen. Und die ist etwas anderes als eine idealistische Begriffsdialektik, in der das Spannungsverhältnis zweier (subjektloser) Denkinhalte ausgedrückt werden soll; sie ist eine Theorie-Praxis-Dialektik, eine Subjekt-Objekt-Dialektik: Nur ihm nachfolgend wissen Christen, auf wen sie sich eingelassen haben und wer sie rettet. Schon in den Nachfolgegeschichten des NT läßt sich diese christo-logische Dialektik deutlich erkennen. Hier gibt es keine adäquate Unterscheidung zwischen Erzählung und Gebot, derzufolge der Hörer sich die Geschichten Jesu zunächst einmal anhören könnte, um sich dann zu überlegen, welche Konsequenzen er womöglich für sich daraus zieht oder nicht zieht. Diese Nachfolgegeschichten sind aus sich selbst appellativ und imperatorisch; sie suchen im Erzählen der Geschichte das zuhörende Subjekt zu verwandeln und damit zur Nachfolge zu disponieren. Das christologische Wissen bildet und tradiert sich nicht primär im Begriff, sondern in solchen Nachfolgegeschichten; es selbst hat deshalb, wie die theologische Rede der Christen überhaupt, einen narrativ-praktischen Zug.[6] Inwieweit es, wiederum in Entsprechung zur theologischen Rede als

[4] Vgl. § 11 und § 12.

[5] Vgl. zum folgenden vor allem die christologischen Passagen aus meinem Buch: Zeit der Orden? Zur Mystik und Politik der Nachfolge, Freiburg 1977.

[6] Keine der (vor allem im deutschen Sprachraum) einflußreichen Christologien geht von dieser praktischen Grundverfassung der Christologie aus. Sie alle sind in diesem Sinne »idealistisch« und von einem undialektischen Verhältnis von Theorie und Praxis geprägt. Vgl. die wohl einflußreichste, die transzendentale Christologie Karl Rahners (über die weiter unten mehr zu sagen sein wird) wie auch die neueren christologischen Werke von W. Kasper, H. Küng und E. Schil-

solcher, in seiner praktischen Rede eine politische ist und sein muß, mag aus unseren nachfolgenden Überlegungen deutlich werden.
Inzwischen mag jedenfalls klar geworden sein, welch konstitutiven Charakter so praktische Begriffe wie »Nachfolge« oder auch »Umkehr« und »Exodus« für die Verfassung der Theologie als solcher haben. Das drängt wie von selbst zu der Frage nach dem Rang der Praxis bzw. nach dem spezifischen Theorie-Praxis-Verhältnis in der Fundamentaltheologie.
Nun bin ich schon in meinen früheren Überlegungen zum Ansatz einer politischen Theologie vom »Primat der Praxis« ausgegangen. Dieser Primat bzw. das in ihm ausgedrückte Theorie-Praxis-Verhältnis war geradezu Stich- und Programmwort für den Ansatz dieser Theologie. Im Blick auf die Grundlagendiskussion der Theologie hieß das: »Das sogenannte hermeneutische Grundproblem der Theologie ist nicht eigentlich dasjenige des Verhältnisses von systematischer und historischer Theologie, von Dogma und Geschichte, sondern von Theorie und Praxis, von Glaubensverständnis und gesellschaftlicher Praxis.«[7] Gleichwohl mußte hier der Begriff »Praxis« ungeschieden noch allzuviel decken, und das führte zu Mißverständnissen und Äquivokationen. Deshalb sei hier eine *Differenzierung im Begriff »Praxis«* eingeführt.
Im Unterschied etwa zur Theologie Karl Rahners, die sich unter dem Einfluß des transzendentalen Kant – mit seiner Frage nach den Möglichkeitsbedingungen von Erkenntnis überhaupt – gebildet hat, waren bereits die ersten Überlegungen zu einer neuen politischen Theologie stärker orientiert an den Traditionen praktischer Philosophie der Geschichte und der Gesellschaft, am Kant des Primats der praktischen Vernunft und an der marxistischen Theorie-Praxis-Dialektik.[8] Politische Theologie ging immer davon aus, daß die Wende zum Primat der Praxis in der Philosophie (Kant, Aufklärung – Marx) als deren eigentlich kopernikanische Wende anzusehen sei, und daß es demnach von entscheidender Bedeutung sein müßte, das Konstitutionsproblem theologischer Vernunft nicht einfach »diesseits des Idealismus« zu lösen, sondern den Versuch zu machen, »jenseits des Idealismus« Theologie zu treiben und – zu bleiben.

lebeeckx. – In H. Küngs »Christ sein« (München 1974) ist politische Theologie (trotz bereitwilliger Übernahme einiger ihrer Begriffe und Kategorien) insofern systematisch verzerrt wiedergegeben, als ihr Ansatz diskutiert wird unter dem bei Küng selbst wirksamen Verständnis von »Praxis« und »Anwendung« und nicht gemäß dem Begründungsrang, den »Praxis« in der politischen Theologie selbst hat.

[7] Vgl. Zur Theologie der Welt, Mainz–München 1968 u.ö., 104.

[8] Zur Beleuchtung und Charakterisierung der gegenwärtigen Szene systematischer Theologie anhand unterschiedlicher Kant-Rezeptionen vgl. J.B. Metz, in: Kirche im Prozeß der Aufklärung, Mainz–München 1970, 63 A. 23.

Die Praxis, die bei Kant im Blick steht und aus deren intelligibler Kraft sich praktische Vernunft aufbaut, ist die sittliche Praxis – wie das ausführlicher bereits im vorausgehenden Paragraphen erläutert ist. Deshalb auch ist seine praktische Philosophie der Geschichte und der Gesellschaft vor allem ausgearbeitet als Ethik.[9] Es gibt fortan keinen kritischen Logos, der nicht als Ethos praktisch sein will. Eine Differenzierung jedoch zwischen sittlicher und gesellschaftlicher Praxis bleibt noch aus, oder anders ausgedrückt: gesellschaftliche Praxis ist – nach dem in § 2 und 3 Gesagten – identisch mit der sittlichen Praxis der gesellschaftlich bereits zur Macht gekommenen Subjekte, d.h. mit der sittlichen Praxis der Bürger. Individuelle sittliche Imperative ersetzen bei Kant die Frage nach dem gesellschaftlichen Handeln und verdekken die Tatsache, daß Mündigwerden nicht nur eine Frage der sittlichen Anstrengung des einzelnen, sondern auch der gesellschaftlichen Strukturen und Verhältnisse ist. Erst durch Marx wird deutlich, daß die individuelle sittliche Praxis keineswegs gesellschaftlich neutral und politisch unschuldig ist und daß deshalb die »rein ethische« Interpretation der gesellschaftlichen Praxis immer mit Substitutionen arbeitet. Sie spricht von »dem Menschen« und meint das jeweils schon gesellschaftlich etablierte Subjekt. Deutlich gilt das auch, ohne daß dies hier im einzelnen ausgeführt werden könnte, für den Bereich des »kategorischen Imperativs« bei Kant.

Genau diese Differenzierung im Begriff von Praxis, die Differenzierung zwischen sittlicher Praxis und gesellschaftlicher, war im ersten Ansatz meiner politischen Theologie nicht deutlich genug herausgearbeitet. Deshalb auch wurden die Positionen von Kant und Marx zu sehr auf einer Ebene aufgetragen.[10] Deshalb auch hatten die politischen Aussagen dieser Theologie oft »rein moralischen«, rein appellativ-exhortativen Charakter und konnten so ungeschützt in die unterschiedlichsten Verwertungszusammenhänge einrücken.

Die Einsicht, daß sittliche Praxis nicht einfach gesellschaftlich unschuldig ist und nicht politisch neutral, ist für die Theologie folgenreich. Das Ernstnehmen des Primats der Praxis in der Theologie bezieht sich dann nämlich nicht nur auf sittliche Praxis im engeren Sinn, sondern auch auf gesellschaftliche. Um es nochmals an Kants Mündigkeitspostulat zu erläutern: Kant konnte das Mündigwerden als sittliche Aufgabe beschreiben, weil er ausschließlich Menschen vor Augen hatte, die sozial und ökonomisch längst mündig waren, d.h. bereits als gesellschaftlich mächtige und ermächtigte Subjekte existierten. Nun gibt

[9] Zum philosophiegeschichtlichen Rang der Wende zum Primat praktischer Vernunft wie auch zur Unterscheidung einer anthropologisch-erkenntnistheoretisch oder geschichtsphilosophisch-ethisch orientierten Philosophie vgl. O. Marquard, Schwierigkeiten mit der Geschichtsphilosophie, Frankfurt 1973.
[10] Vgl. Zur Theologie der Welt, 103 ff.

es aber offensichtlich eine Unmündigkeit, eine Ohnmacht und ein unterdrücktes Leben, das sich nicht bloß der sittlichen Schwäche derer verdankt, die da unmündig, ohnmächtig und unterdrückt sind. Und wer bezweifelt, daß diese *gesellschaftlich* bedingte Unmündigkeit, diese Ohnmacht und dieses Unterdrücktsein, daß diese »Armut« entscheidender Gegenstand einer christlichen Praxis sein müßte? Wer wird leugnen, daß christliche Praxis nicht nur auf das eigene Subjektsein vor Gott bedacht sein muß, sondern gerade auch darauf, daß Menschen aus Elend und Unterdrückung überhaupt Subjekte werden und als Subjekte leben können?[11]

Die Einsicht, daß die praktische Verfassung der Theologie, wie sie oben kurz skizziert wurde, nicht nur sittliche, sondern zugleich auch gesellschaftliche Praxis umfaßt, daß also die für das Gott-Denken und für das christologisch-eschatologische Wissen konstitutiven Verhaltensformen der Metanoia, des Exodus und in allem immer wieder der Nachfolge durchaus eine gesellschaftlich-politische Struktur besitzen: diese Einsicht zeigt die tiefreichende Bedeutung der Rede von »politischer Theologie«.[12]

b) Zu einer praktischen Hermeneutik des Christentums

Selbstverständlich bedarf christliche Praxis als gesellschaftliche der näheren Bestimmung. Sie müßte in einer Art *praktischer Hermeneutik des Christentums* erörtert werden – einer praktischen Hermeneutik, die man vorsichtig auch als *praktisch-dialektische* kennzeichnen könnte, da sie ja – ex supposito – ihren Gegenstand, nämlich die christliche Praxis, nicht einfach außer sich hat.

Diese Hermeneutik bedarf zunächst einmal der näheren Abgrenzung gegenüber *anderen theologischen Versuchen zur Bestimmung praktischen Christentums*: etwa gegenüber der universalgeschichtlichen, der eschatologischen und der transzendentalen Hermeneutik.

W. Pannenbergs außerordentlich verdienstvoller Ansatz einer universalgeschichtlichen Hermeneutik muß sich z.B. vom hier entfalteten Ansatz fragen lassen, ob sein Vorgriff auf einen Gesamtsinn von Geschichte nicht zu wenig unterbrochen oder doch irritiert ist durch das,

[11] Vgl. dazu ausführlich den folgenden Abschnitt und unten § 8.

[12] Ich habe diese Bedeutung bisher am ausführlichsten anhand der mystisch-politischen Doppelverfassung der Nachfolge erläutert. Vgl. Zeit der Orden? Zur Mystik und Politik der Nachfolge. – Dort wird dann auch das Spezifische dieser politischen Nachfolgechristologie gegenüber jenen christologischen Ansätzen deutlich, die zwar auch (wie Kierkegaard oder Bonhoeffer) die Nachfolgepraxis als Element der Christologie selbst betonen – gegen eine reine Ideen-Christologie –, die aber Nachfolge nur in Gestalt individueller sittlicher Praxis kennen.

was in den apokalyptischen Traditionen als universale Sinnkatastrophen – als Herrschaft des Antichrist – angesprochen ist. »Praxis« bleibt hier ohnehin sekundär, nachgeordnet, oder sie läuft Gefahr, zu einer an vorgefaßter Sinntotalität orientierten Praxis zu werden. Geht aber die Geschichte überhaupt in diesem Sinne ihren logischen Gang? Und, falls sie ihn »ununterbrochen« ginge, erfüllte sie dann (wie z.B. M. Horkheimer zu Recht fragte) überhaupt ihre menschliche Bestimmung?

Gerade weil J. Moltmanns Konzept einer eschatologischen Hermeneutik christlicher Praxis und unsere Überlegungen zu einer politischen Theologie einander sehr nahe sind, ist hier auf eine Differenz aufmerksam zu machen. Vor allem seit dem in vieler Hinsicht großartigen Buch »Der gekreuzigte Gott« (1972) wird »Praxis« bei Moltmann immer mehr zum Epitheton einer Theologie, in der die Leidensgeschichte des Sohnes und der Welt innertrinitarisch verankert wird. Praxis, die allein die Gefahr spekulativer Gnosis in einem solchen Ansatz abwehren könnte, ist selbst nicht mehr intelligibles Prinzip dieser Theologie. Demgegenüber soll in den Versuchen eines narrativ-praktischen Ansatzes in Christologie und Soteriologie[13] wie im Konzept einer praktischen Fundamentaltheologie überhaupt diese Intelligibilität reklamiert werden.

Über die transzendentale Hermeneutik christlicher Praxis bei Karl Rahner, von dem man auch dann noch lernt, wenn man glaubt, ihm entschieden widersprechen zu müssen, wird im nachfolgenden Abschnitt – wie auch bei der Frage »Transzendental-idealistisches oder narrativ-praktisches Christentum?« – ausführlich zu sprechen sein.

Diese Hermeneutik christlicher Praxis müßte aber auch verdeutlicht werden gegenüber den *außertheologischen Handlungstheorien*. Im Blick auf sie gilt einmal, daß alle analytisch arbeitenden Handlungstheorien wie auch Wissenschafts- und Sprachtheorien reduktiv Gesellschaftstheorien sind, die ihre vermeintliche Autonomie der im analytischen Erkenntnisansatz selbst nicht mehr reflektierten gesellschaftlichen Arbeitsteilung verdanken.[14] Theologisch müssen sie deshalb immer auch im Rahmen einer theologischen Theorie der Geschichte und der Gesellschaft erörtert werden. Zum anderen sind diese Theoriemodelle m.E. von einer undialektischen Entwicklungslogik geprägt, deren theoretischer Status im Verlaufe unserer Überlegungen – vor allem in den »Thesen zur Aktualität der Apokalyptik« – immer wieder kritisch erfragt und eingeengt werden soll.

[13] Vgl. dazu § 7 und die christologischen Passagen in »Zeit der Orden?«.

[14] Vgl. dazu die einschlägigen Passagen bei H. Peukert (vgl. § 1 Anm. 5) und bei K. Füssel, Die sprachanalytische und wissenschaftstheoretische Diskussion um den Begriff der Wahrheit in ihrer Relevanz für eine systematische Theologie, Münster 1975 (Diss.).

Hier sind deshalb nur die wichtigsten Gesichtspunkte dieser praktisch-dialektischen Hermeneutik zu nennen, die dann auch für die folgenden Abschnitte 2 und 3 maßgeblich bleiben, in denen diese Praxis als solidarisch-befreiende im Interesse des Subjektwerdens aller charakterisiert wird.

1. Christliche Praxis als gesellschaftliche bleibt – auch angesichts des eben zu Kant Gesagten – *ethisch* bestimmt. Denn die Forderung nach Berücksichtigung der gesellschaftlichen Bedingungen und Konstellationen sittlichen Handelns zielt nicht darauf, sittliche Praxis einfach als gesellschaftliche zu dechiffrieren und das sittliche Subjekt schlechthin zu relativieren. Die Berücksichtigung der gesellschaftlichen Abhängigkeiten sittlichen Handelns gilt als eine zwar notwendige, aber nicht als ausreichende Bedingung für die Bestimmung christlicher Praxis.[15] Aus dieser ethischen Determination der gesellschaftlichen Praxis der Christen folgt, daß diese Praxis nicht zur abstrakten oder gewaltsamen Negation des Individuums führen kann. Schließlich ermöglicht und garantiert diese bleibende sittliche Determination gesellschaftlicher Praxis deren Praktischwerden als *Kritik der Gewalt* bzw. der Fortschreibung von Gewalt über eine Gewalt- und Haßlogik, derzufolge Gewalt immer nur durch Gewalt überwunden werden kann.

2. Christliche Praxis als gesellschaftliche bleibt bestimmt von einem Überschuß an *geschichtlichen* Bestimmungen, die nicht abgeleitete Funktion der herrschenden gesellschaftlichen Totalität sind. Hier hat Erinnerung als »gefährliche«, als Subversion und Rebellion ihren indispensablen hermeneutischen Ort. Jede Befreiungsutopie, die die herrschenden Plausibilitäten überfragt und durchstößt, wurzelt schließlich in solcher Erinnerung, die nicht einfach Spiegelung, Reproduktion der gesellschaftlich-ökonomischen Determinanten der Gegenwart ist. Woher auch sonst ließen sich Interessen und Maßstäbe gewinnen zur praktischen Kritik an den bestehenden Verhältnissen? Ein strikt in ökonomischer Determination denkender Materialismus könnte eigentlich nie revolutionär sein, es sei denn, er wolle der Materie selbst eine Art Freiheitsteleologie ansinnen.[16]

Hier hat aber auch »Erzählung« ihren hermeneutischen Ort, insofern sie Praxis aus »gefährlichen Geschichten« bestimmt, die die gesell-

[15] Vgl. dazu § 4 und § 6. Dazu, daß »Verantwortung« nicht einfach auf gesellschaftliche Gesamtsubjekte abgeschoben werden kann, sondern daß der einzelne Subjekt *bleiben* muß angesichts seiner Schuld vgl. J.B. Metz, Vergebung der Sünden, in: Stimmen der Zeit, Februar 1977.

[16] Zum Rang von Erinnerung vgl. die unmittelbar folgenden Überlegungen zu Erinnerung als Kategorie der Rettung von Identität – später vor allem § 11, auch schon § 5. Wichtig in diesem Zusammenhang auch: K. Füssel, Erinnerung und Kritik. Über Intention und Problematik einer politischen Theologie, in: IDZ, 1972, 335–344.

schafliche Überdetermination menschlichen Handelns in Frage stellen und die sich auch gegen eine »Historie« wenden, in der unter lauter Strukturen und Systemen das niemals und von niemandem kalkulierbare Subjekt zum Verschwinden gebracht werden soll.[17] Es ist gerade dieser Überschuß an memorativ-narrativ vermittelten geschichtlichen Bestimmungen, der neue Praxen davor bewahren kann, daß sie sporadisch bleiben, daß sie nur symbolisch für eine neue Realität stehen, ohne diese selbst heraufzuführen, und daß sie deshalb sehr leicht von den bestehenden Systemen erneut absorbiert werden. Innovatorische Praxis muß also begleitet sein von der Aktualisierung eines kollektiven geschichtlichen Gedächtnisses.

3. Christliche Praxis als gesellschaftliche bleibt von einem Praxisverständnis geleitet, das auch die *pathische* Verfassung dieser Praxis berücksichtigt: Praxis nicht nur als Handeln – prototypisch als Unterwerfung und Beherrschung von Natur –, sondern als »Leiden«. Zu diesen pathischen Verfassungen menschlicher Praxis, die als Widerstandsformen gegen die grassierende Apathie einzuklagen sind, gehören die Trauer als Kategorie des Widerstands gegen die Trauer- und Melancholieverbote einer Leistungs- und Siegergesellschaft ebenso wie die Freude als Kategorie des Widerstands gegen die wachsende Unfähigkeit, unverzweckbaren Sinn zu feiern. Dazu gehört nicht zuletzt die Solidarität als Empfänglichkeit für die vergangenen Leiden, also gewissermaßen als Solidarität nach rückwärts, mit den Toten und Besiegten.[18] Der Kampf gegen die strikte Verinnerlichung und Privatisierung dieser pathischen Ausdrucksformen gesellschaftlicher Praxis durchzieht nahezu alle Themenbereiche dieses Bandes. Programmatisch entwickelt ist die Reklamation der pathischen Verfassung gesellschaftlicher Praxis in »Zukunft aus dem Gedächtnis des Leidens«. Dort wird auch dies deutlich: die Betonung der pathischen Verfassung menschlicher Praxis dient nicht der Paralysierung oder Beschwichtigung politischen Handelns. Sie will Praxis nur befreien aus ihrer exklusiven Orientierung an einem anthropologischen Modell, demzufolge der Mensch einseitig als Herrschaftssubjekt gegenüber Natur und die Geschichte des Menschen als undialektische Fortschritts- und Siegergeschichte konzipiert sind: Am Ende steht allemal die Rückzüchtung des Menschen auf Natur, seine Stillegung als Subjekt, weil die Ausübung dieser Herrschaft über die Natur schließlich mit Hilfe eines Wissens- und Handlungsmodells geschieht, das selbst an geschichtslosen Naturprozessen orientiert ist.[19]

[17] Vgl. § 12.

[18] Vgl. hierzu vor allem § 13.

[19] Vgl. dazu mein Vorwort zu H. Rolfes, Der Sinn des Lebens im marxistischen Denken, Düsseldorf 1971. Über den spezifischen Zusammenhang dieser Problematik mit dem bürgerlichen Subjekt vgl. § 3. – Für die systematische Tragweite

Offensichtlich gewinnt auch hier die Kategorie »Erinnerung« – in der Gestalt der Leidenserinnerung – wie die Kategorie »Erzählung« – zur sprachlichen Identifizierung der menschlichen Leidensgeschichten, die sich dem System der Fortschritts- oder Siegergeschichte entziehen – entscheidenden Rang. Ebenso die Kategorie der Solidarität in ihrer Ausweitung auf die anamnestische, auf die Erinnerungssolidarität mit den Opfern der Geschichte. Entsprechend sind diese Kategorien in den einzelnen Argumentationen dieses Bandes auch eingesetzt gegen den Versuch, die Leidensgeschichte entweder evolutionistisch oder dialektisch auf den Begriff zu bringen – gegen alle Versuche, das Subjekt nur aus seinen Handlungen, nicht aber auch aus seinen Leiden zu bestimmen.[20]
Wenn dies als erste Verdeutlichung und Differenzierung im Begriff »Praxis« bei der Rede vom »Primat der Praxis« gelten darf – im folgenden Abschnitt 2 wird sie noch bestimmter zu erläutern sein –, dann sind im Blick auf die Rede vom praktischen Fundament christlicher Theologie hier noch zwei Fragen besonders herauszustellen:

c) Zur Frage nach den Subjekten und Funktionen der Theologie

Neben der gleich ausführlicher zu erörternden grundsätzlichen Frage nach dem Verhältnis von Subjekt und Praxis stellt sich hier speziell die Frage nach den angemessenen und kompetenten *Subjekten der Theologie* bzw. des Theologietreibens. Muß sich nämlich nicht gerade eine praktische Fundamentaltheologie ein Bewußtsein davon bilden, daß Theologie nicht einfach subjektlose Themen tradiert und ausarbeitet, sondern daß sie jeweils von Praxis und Erfahrung »unterbrochen« werden muß. Hat sie deshalb nicht die Frage zu stellen: Wer treibt wo – also: mit wem? – und in wessen Interesse – also: für wen? – Theologie? Genügt hier der Verweis auf die übliche innerkirchliche Arbeitsteilung? Genügt hier einfach der Rekurs auf die standardisierten Subjekte (Professoren, »Spezialisten«) und Orte (Universität, Seminar), auf die üblichen Kommunikationsformen (Buchtheologie, Kollegentheologie) und Interessen (kirchlicher Lehr- und Sendungsauftrag)?[21] Es scheint mir wichtig, daß die Theologie sich diese Fragen selbst stellt und daß sie ihr nicht nur, meist in ideologiekritischer Intention, von außen aufgedrängt werden.

der Leidenskategorie, speziell der memoria passionis, vgl. besonders J. Hochstaffl, Negative Theologie, München 1975.

[20] Vgl. hier §§ 6, 7 und 8, sowie die Überlegungen zum Subjektbegriff im folgenden Abschnitt.

[21] Vgl. § 8, auch den Exkurs zu § 12 und »Zeit der Orden?«, 43 f, wo vor allem auch die Frage der Kommunikationsform von Theologie (hier: mystisch-politische Protokolle eines Nachfolgelebens) erörtert wird.

Hier ist kurz einzugehen auf eine sehr frühe Objektion gegen die neue politische Theologie, die mit diesem Fragenkomplex zusammenhängt. Überfixiert auf das Wort »politisch« wurde der Vorwurf erhoben, diese Theologie enthalte den bedenklichen Versuch, die Laien in der Kirche durch eine »Amtstheologie« politisch zu entmündigen. Bei diesem Vorwurf bleibt – neben anderem – unbeachtet, daß der Ansatz einer solchen politischen Theologie eigentlich die Antizipation eines neuen theologischen Subjekts enthält. Es ist gar nicht primär und ausschließlich der Berufstheologe, sozusagen der »Spezialist für Gott von Amts wegen«, der hier als der *adäquate* Träger vorgestellt und vorausgesetzt ist. Im Verhältnis zu den Intentionen dieser Theologie fällt der Unterschied zwischen Amts- und Laientheologie dahin, ja, die Aufhebung dieser Differenzen gehört gewissermaßen in die wissenschaftstheoretischen Voraussetzungen dieses Ansatzes. Politische Theologie übersteigt intentional den Kreis der Berufstheologie, sei sie Amts- oder sei sie Laientheologie!

d) Zur Wahrheitsfrage unter dem »Primat der Praxis«

Schließlich sei hier noch auf eine Frage von großer Wichtigkeit eingegangen: Was heißt »Wahrheit« unter dem Primat praktischer Vernunft oder, anders ausgedrückt: Wie steht es um die *Wahrheitsfrage* innerhalb einer praktischen Fundamentaltheologie? Wird hier Wahrheit nicht der »Praxis« schlechthin untergeordnet? Wird damit aber »Wahrheit« nicht in »Relevanz« umgedeutet? Und wird durch solche Umdeutung (d.h. durch semantischen Betrug!) nicht nur verdeckt, was da eigentlich geschieht: nämlich die Liquidation des Wahrheitsbegriffs, insofern eine selbst nochmals auf Praxis hin verzweckte Wahrheit eben keine mehr ist?

Für eine praktische Fundamentaltheologie ist die Unterscheidung von Wahrheit und Relevanz keineswegs beliebig. Da sie jedoch den Begriff einer subjektlosen Wahrheit für abwegig und gefährlich hält, konvergieren für sie Wahrheit und Relevanz insofern, als Wahrheit für sie zu jener Relevanz wird, die für *alle* Subjekte gilt: *Wahr ist das, was für alle Subjekte relevant ist – auch für die Toten und Besiegten.* Wie dieses Wahrheitsverständnis mit dem theologischen Subjektverständnis korrespondiert, soll aus dem folgenden Abschnitt deutlich werden.

Nur wer Wahrheit von vornherein als Korrelat rein theoretischer Vernunft erfaßt oder gar als Produkt absoluter Reflexion, wird den beschriebenen Verdacht gegen die praktische Fundamentaltheologie aufrechterhalten. Er hätte ihn am Ende aber auch gegen die biblischen Traditionen zu erheben. Bei der Behandlung der Kategorien »Erinnerung« und »Erzählung« wird die narrativ-praktische Grundverfassung des Wissens um Wahrheit erläutert – analog zur praktischen Verfassung des Gottesgedankens.[22]

2. Der Kampf um das Subjekt – oder: Praktische Fundamentaltheologie als politische Theologie des Subjekts

Eine politische Theologie als praktische Fundamentaltheologie muß sich, will sie ihre konstitutive Praxis nicht subjektlos fassen, als eine Theologie des Subjekts ausarbeiten. Das bedarf schon deswegen der näheren Erläuterung und Präzisierung, weil politische Theologie üblicherweise im Verdacht steht, »das Subjekt« – zugunsten von Geschichte und Gesellschaft – zu sehr auszublenden, und weil anderseits die von der politischen Theologie kritisierten Theologien als ausgesprochene Subjekttheologien (transzendentaler, existentialer, personalistischer oder paradoxal-dialektischer Art) gelten. Was also ist näherhin gemeint – in systematischer Präzisierung dessen, was bereits in § 3 von dieser politischen Theologie des Subjekts sichtbar wurde?

a) Gottesgedanke – subjektkonstituierend, identitätsbildend

Die Geschichte der biblischen Religion ist eine Geschichte der Subjektwerdung eines Volkes und des einzelnen in ihm, im Angesichte seines Gottes.[23] »Subjekt« ist hier nicht etwa der isolierte einzelne, die Monade, die sich erst im nachhinein ihrer Koexistenz mit anderen Subjekten vergewisserte. Solidarisch-antagonistische, befreiend-beängstigende Erfahrungen mit anderen Subjekten gehören von vornherein in die Konstitution des religiösen Subjekts, und die Frage nach dem Verhältnis des einzelnen Subjekts zu anderen wirkt hier eher angesonnen und als Produkt einer späten Abstraktion. »Universale Solidarität« als Grundkategorie der politischen Theologie des Subjekts besagt deshalb auch nicht eine nachträgliche Subsumption einzelner religiöser Subjekte, sondern sie ist die Form, in der diese Subjekte – vor Gott und durch ihn – existieren.[24]
Die Glaubensgeschichten des AT und des NT treten nicht zu einer in ihrem Subjektsein bereits konstituierten Menschheit hinzu, als Überbau oder feierliches Akzessorium. Sie sind vielmehr Geschichten der dramatischen Konstitution des Subjektseins der Menschen – eben

[22] Zu den wissenschaftstheoretischen Aspekten der gegenwärtigen Diskussion um den Wahrheitsbegriff vgl. die unter A. 14 zitierte Arbeit von K. Füssel.
[23] Ausführlich zu dieser These: § 8.
[24] Vgl. dazu § 13, aber auch die Rede von »solidarischer Hoffnung« in der Glaubens-»definition« weiter unten in diesem Paragraphen.

durch ihr Gottesverhältnis. Menschen werden herausgerufen aus den Zwängen und Ängsten archaischer Gesellschaften; sie sollen zu Subjekten einer neuen Geschichte werden. Die Bestimmungen ihres Subjektseins haben dynamischen Charakter: Angerufen werden in der Gefahr, Herausgerufen werden aus der Angst, Exodus, Umkehr, Erheben des Hauptes, Nachfolge... Religion ist kein zusätzliches Phänomen, sondern ist am Aufbau des Subjektseins beteiligt. Alttestamentlich wird das deutlich an der Subjektwerdung Israels im Exodus.
Das Gottesverhältnis wird nicht zum Ausdruck sklavischer Unterwerfung und schwächlicher Ergebenheit; es demütigt nicht das Subjektsein der Menschen, sondern zwingt ihr Dasein immer neu in dieses Subjektsein angesichts seiner höchsten Gefährdungen: So drängt das Gebet den Betenden, Subjekt zu bleiben und seine Verantwortung nicht abzuschieben im Angesichte eigener Schuld; es nötigt ihn, Subjekt zu werden vor seinen Feinden und inmitten der Angst, seinen Namen, sein Gesicht, sich selbst zu verlieren.[25]
Der biblisch-christliche Gottesgedanke ist, dies wurde im vorigen Abschnitt erläutert, ein wesentlich praktischer Gedanke. Als solcher ist er nicht Ausdruck einer nachträglichen Überwältigung des Subjekts und seiner vorgefaßten Identität durch unbegriffene, fremde und entfremdende Mächte. Als solcher ist er auch nicht das Resultat einer von archaischen Ängsten gesteuerten Projektion des gefährdeten Subjekts ins »Jenseits« von Gefahr und Untergang. Er ist überhaupt kein Überbau-Gedanke zur bereits gebildeten Identität des Subjekts, sondern ein identitätsbildender Gedanke, eingreifend in die Basis der Existenz. Er widersetzt sich der Bildung einer am Haben und Besitzen orientierten Identität des Subjekts und konstituiert es als solidarisches.
Dieser Gottesgedanke mißachtet oder unterdrückt das geschichtlich-gesellschaftliche Subjektsein des Menschen so wenig, daß er es gerade fordert und hervortreibt in Situationen und Augenblicken seiner größten Bedrohung. So wie dieser Gottesgedanke z.B. verlangt, sich der Schuld verantwortlich zu stellen, um Subjekt zu *bleiben*, so auch, sich der Unterdrückung und Menschenverachtung zu widersetzen, um Subjekt zu *werden*. Oder, dramatischer ausgedrückt: der Kampf um Gott und der Kampf um das freie Subjektseinkönnen aller verläuft nicht gegensinnig, sondern gleichsinnig proportional.[26] Dieses Konzept einer politischen Theologie des Subjekts muß freilich systematisch näher erläutert werden, und zwar sowohl innertheologisch im Kontrast zu

[25] Zum Gebet als Kampf um das Subjektsein des Menschen vor Gott vgl. meinen Beitrag in J.B. Metz/K. Rahner, Ermutigung zum Gebet, Freiburg 1977.
[26] Es wäre abwegig anzunehmen, hier sollte das religiös konstituierte Subjekt nach den Standards eines mitteleuropäischen Subjekts definiert werden. Der theologische Begriff von Subjekt ist in den biblischen Subjektwerdungsgeschichten deutlich vorgegeben. Vgl. dazu auch § 8.

den sog. unmittelbaren (in meinen Augen: abstrakten) Subjekttheologien wie auch im Weltprospekt, d.h. angesichts des geschichtlichen Streits um das Subjekt – und zwar in Gestalt der praktischen Kritik einer »Kultur des Hasses« ebenso wie einer »Kultur der Apathie«.

b) Wider die subjektlosen Subjekttheologien

Gegen die verschiedenen, auch die gegenwärtige theologische Szene weithin beherrschenden Subjekttheologien wandten sich schon meine früheren Überlegungen zur politischen Theologie. Die dort entwickelte »Entprivatisierungsthese« wollte nicht mit dem unvermittelten und in diesem Sinne abstrakten Gegensatz von öffentlich-gesellschaftlich und privat-subjektiv weg vom Subjekt und hin zur (womöglich gar subjektlosen) Gesellschaft. Sie war von Anfang an mitbestimmt von dem Eindruck, daß Theologie »gerade durch die genannte Privatisierungstendenz in die Gefahr (gerät), den von ihr angerufenen einzelnen in seiner Existenz zu verfehlen... Jede existentiale und personale Theologie, die die Existenz nicht als ein politisches Problem im weitesten Sinn des Wortes begreift, bleibt gegenüber der existentiellen Situation des einzelnen heute abstrakt.«[27] Die Entprivatisierungsthese suchte deshalb auch über eine Kritik herrschender Theologien (existentiale Entmythologisierungstheologie, Personaltheologie, Transzendentaltheologie) wegzukommen von privatistischen Kategorien und vom längst verfestigten abstrakten Gegensatz zwischen »Subjekt« hier und »Geschichte/Gesellschaft« dort – hin zu einer neuen Theologie des Subjekts, auch wenn dies, zugestandenermaßen, nicht hinreichend gelang. Die Fragen und Probleme blieben.
Geschichte und Gesellschaft, soweit sie in solchen Subjekttheologien überhaupt relevant sind, tauchen nur in ihren anthropologischen Reduktionsformen auf. Sie gelten ausschließlich als Variablen eines Subjekts bzw. einer Anthropologie, die das Subjekt aus seinen geschichtlich-gesellschaftlichen Identitätskämpfen durch eine Spät- und Schrumpfmetaphysik quasi a priori herauszuhalten sucht und die den Verdacht auf Geschichtslosigkeit durch die schwächliche Rede von Geschichtlichkeit des Subjekts kompensiert. Gerade so aber, dies ist die hier kritisch zu vertretende und zu erneuernde These, muß auch das theologische Verständnis des Menschen angesichts der ihm epochal zugefallenen Rolle, Subjekt seiner geschichtlich-gesellschaftlichen Prozesse zu sein, immer mehr verkümmern.
Es wäre unschwer zu zeigen, daß Hand in Hand mit der anthropologischen Reduktion von Geschichte und Gesellschaft in der Theologie,

[27] Vgl. Zur Theologie der Welt, 102.

die sog. universale Eschatologie, die auf Weltzeit, Gesellschaft und Geschichte gerichtet ist, immer mehr zurücktrat und nun nahezu vollständig überblendet ist durch die sog. Individualeschatologie. Apokalyptik scheint längst individualisiert, ihre Aussagen werden ausschließlich konzentriert auf die individuelle Katastrophensituation im Tode des einzelnen.[28] Jene die Apokalyptik zutiefst bewegenden Fragen – Wem gehört die Welt, wem ihre Leiden, wem ihre Zeit? Wer ist ihr Herr? – scheinen nirgendwo so erfolgreich zum Verstummen gebracht wie innerhalb der Theologie selbst. In säkularisierter Gestalt begegnen sie tagtäglich in den gesellschaftlich-geschichtlichen Machtkämpfen unserer Welt, in denen – wohlgemerkt – gerade auch das Schicksal des Subjektseins des Menschen und damit des religiösen Subjekts auf dem Spiele steht! Die hier kritisierte anthropologische Reduktion von Geschichte und Gesellschaft geschieht z.B. auch dort, wo nicht etwa bei der transzendentalen Erfahrung des Subjekts, bei der »Offenheit« des Menschen, bei der Eigentlichkeit der Existenz oder der Paradoxie von Sinn und Leid angesetzt wird, sondern bei der intersubjektiven Ich-Du-Erfahrung; dieser Ansatz reduziert schließlich die leidvollen Rätsel geschichtlichen Lebens auf das Problem des dunklen Du in der zwischenmenschlichen Begegnung. Die Liste der Fragen wäre zu erweitern. Sie zeigt die Folgen einer abstrakten geschichtslosen Subjekttheologie, auf die nahezu alle theologischen Ansätze heute vereidigt scheinen.[29]

Politische Theologie des Subjekts widersteht dieser Reduktion von Geschichte und Gesellschaft in der Bestimmung des Subjektseins des Menschen vor Gott. Das heißt jedoch nicht, daß sie nun ihrerseits das Subjekt zu einer gleitenden Funktion, zu einer Variablen von geschichtlich-gesellschaftlichen Prozessen macht. Sie versucht vielmehr, an einer ständig ganzen Doppelstruktur, an einer gegenseitigen Priorität von Subjekt und Geschichte/Gesellschaft festzuhalten. Das kann sie jedoch nur, wenn sie die Theologie des Subjekts als Theorie der Geschichte und der Gesellschaft ausarbeitet – im Widerstand gegen die übliche Arbeitsteilung zwischen systematischer Theologie und theo-

[28] Die hier wirksame abstrakte Anthropologie verdankt sich ohnehin einer philosophiegeschichtlichen Konstellation, die innerhalb dieser Theologie kaum reflektiert wird. O. Marquard hat darauf aufmerksam gemacht, wie und wodurch dieser Primat der Anthropologie entstanden und um den Preis welchen Ausfalls er erkauft ist: »›Anthropologie‹ ist und nennt sich nicht jede, sondern allein diejenige philosophische Theorie des Menschen, die durch Abkehr von traditioneller Schulmetaphysik und mathematischer Naturwissenschaft, d.h. durch ›Wende zur Lebenswelt‹, möglich und durch ›Wende zur Natur‹, d.h. durch Resignation der Geschichtsphilosophie, fundamental wird« (Marquard a.a.O. 138).

[29] Über die Tragweite gerade dieses Vorgangs werden wir uns ausführlich in § 10 Rechenschaft zu geben haben.

logischer Gesellschaftslehre – und wenn sie diese Theorie als eine praktische faßt und entfaltet. Hier wird ihr dann vor allem jene Identifizierung fraglich, die in der »subjektlosen«, d.h. gegenüber ihrem gesellschaftlichen Subjekt meist bewußtlosen systematischen Theologie faktisch geschieht und die in den historischen Überlegungen der vorangegangenen §§ 2 und 3 bereits kritisch behandelt ist: die Identifizierung zwischen bürgerlichem und religiösem Subjekt.
Am nachhaltigsten, weil argumentativ wie keine zweite ausgearbeitet, wirkt – quer durch die Konfessionen – die transzendentale Theologie des Subjekts meines Lehrers Karl Rahner. An ihr haben sich auch die Fragen einer politischen Theologie des Subjekts entzündet, ihr bleiben sie noch im Widerspruch verhaftet. Rahners Grundthese von der Theologie als Anthropologie[30] läßt sich in einer politischen Theologie des Subjekts zwar nicht unmittelbar wiederholen, aber sie könnte in ihr eine geschichtlich-gesellschaftlich vermittelte Evidenz gewinnen.
Ohne meine früheren kritischen Anfragen an den Ansatz der transzendentalen Subjekttheologie zu wiederholen und ohne die Auseinandersetzung über »transzendental-idealistisches oder narrativ-praktisches Christentum?«[31] vorwegzunehmen, sei hier kurz auf die in der transzendentalen Theologie vorgetragene anthropologische Grundbestimmung eingegangen. Sie kann, in knappster Form, so charakterisiert werden: der Mensch existiert als Vorgriff auf Gott, und dieser Vorgriff ist die Bedingung der Möglichkeit seines Erkennens und Verhaltens. Ich sehe einmal davon ab, daß es einer politischen Theologie des Subjekts schwerfällt, in einer solchen Bestimmung »des Menschen« nicht die Anthropologie einer im Grunde noch durch religiöse Ziele definierten Gesellschaft zu erkennen, die entsprechend auch nur unter solchen gesellschaftlichen Bedingungen konsensfähig ist. Gefragt sei nur,[32] ob dieser Vorgriff selbst überhaupt etwas mit Geschichte zu tun hat, d.h. ob auch der Vorgriff selbst temporale Strukturen hat. Anders ausgedrückt: Stellt diese transzendentale Anthropologie in Rechnung, daß der vorgreifende Mensch als Ganzer geschichtlich existiert?[33]

[30] Vgl. z.B. (in geradezu programmatischer Zusammenfassung) »Theologie und Anthropologie«, in: Schriften zur Theologie VIII, 1967, 43 ff. – Vgl. dazu auch meine Position in: Christliche Anthropozentrik, München 1962.
[31] Vgl. § 9.
[32] Und diese Frage wäre z.B. auch an die Antizipations-Anthropologie W. Pannenbergs zu stellen.
[33] Bekanntlich ist K. Rahners Ansatz geprägt von dem (unter J. Maréchals Einfluß entfalteten) Versuch, die Fragestellung Kants nach den Bedingungen der Möglichkeit menschlichen Erkennens aufzugreifen und sie gleichzeitig durch die Konzeption des Vorgriffs »theologisch« zu unterlaufen. Wie gegenüber jeder transzendentalen Fragestellung (nach den Bedingungen der Möglichkeit des Erkennens) muß auch der Konzeption Rahners gegenüber die Frage erhoben werden: Trägt das transzendentale Verfahren der Tatsache Rechnung, daß

Der in der transzendentalen Subjekttheologie ausgearbeitete Begriff der Erfahrung hat nicht die Struktur geschichtlicher Erfahrung. Er bringt nämlich jene gesellschaftlichen Widersprüche und Antagonismen, aus denen geschichtliche Erfahrung leidvoll lebt und in denen das geschichtliche Subjekt sich konstituiert, zum Verschwinden in der Ungegenständlichkeit einer vorgewußten »transzendentalen Erfahrung«, in der diese Widersprüche bereits undialektisch versöhnt sind.[34] Die transzendentale Subjekttheologie wirkt deshalb wie eine Überlegitimation der Identität des religiösen Subjekts angesichts der geschichtlichen Leiden der Menschen.[35]
Wenn man diese transzendentale Identitätssicherung aufgibt, erhebt sich sofort die Frage: Woher dann noch die Maßstäbe für die geschichtlichen Kämpfe um das Subjektsein des Menschen? Woher noch Orientierung und Inspiration zur Rettung seiner Identität? Woher noch Boden im Gewoge der immer subjektloser werdenden geschichtlich-gesellschaftlichen Prozesse, wenn dieser nicht mehr durch Metaphysik, auch nicht durch die Späte des Vorgriffs, gewonnen werden kann?

c) »Erinnerung« und »Erzählung« als Kategorien der Rettung

Die Kategorien zur Vergewisserung von religiöser Identität und zur Sicherung der Maßstäbe sind selbst Kategorien des geschichtlichen Bewußtseins: »Erinnerung« und »Erzählung«. Anders als im Ansatz einer transzendentalen Subjekttheologie haben Erinnerung und Erzäh-

in einer sich ändernden Welt die im Rückgriff ermittelten Bedingungen des Erkennens sich selbst ändern, d.h. daß sie nicht einfach (als »Vorhandenes« bzw. »Gegebenes«) rein reflexiv aufgedeckt werden können?

[34] Gegen das Konzept transzendentaler Erfahrung ist festzuhalten, daß geschichtliche Erfahrung nicht davon bestimmt ist, die schmerzliche Dialektik von Subjekt und Objekt zum Verschwinden zu bringen, sondern sie auszutragen (vgl. dazu vor allem Th. W. Adorno, Negative Dialektik, Frankfurt 1966). – Erst wenn eingesehen ist, daß die geschichtliche Erfahrung von einer solchen Subjekt-Objekt-Dialektik geprägt ist, kann z.B. auch die Logik des utopischen Denkens angemessen gewürdigt werden. Dieses utopische Denken darf jedenfalls nicht so vorgestellt werden, als würden sich Subjekte etwas »ausdenken«, sich ein bestimmtes Ziel vor Augen halten und nun die Mittel suchen, wie sie eben diese (in antizipierender Phantasie ausgemalte) »Utopie« verwirklichen können. Dies ist ein ebenso triviales wie nur allzu verbreitetes Mißverständnis utopischen Denkens. Gerade das genuin-utopische Denken geht davon aus, daß sich die Subjekte im praktischen Ausgriff auf eine Utopie selbst ändern und daß sich deswegen auch die utopische Imagination ändert. Das begründet das Unanschauliche, das Nichtausmalbare an der Utopie und gleichzeitig die wesentlich praktische Verfassung des utopischen Gedankens.

[35] In der Abhandlung über »transzendental-idealistisches oder narrativ-praktisches Christentum?« (= § 9) wird diese Legitimationsfunktion der transzendentalen Theologie im Blick auf die Identitätskrise des Christentums erörtert.

lung im Ansatz einer politischen Theologie des Subjekts fundamentale und nicht nur abgeleitete, sozusagen »rein kategoriale« Bedeutung. Sie dienen nicht der statuarischen Auffüllung und Ausschmückung einer vorgefaßten »Idee« vom Menschen. Sie sind die fundamentalen Kategorien der Vergewisserung und Rettung von Identität in den geschichtlichen Kämpfen und Gefährdungen, in denen Menschen sich als Subjekte erfahren und konstituieren. Erinnerung (und Erzählung) ist dabei nicht gemeint als defätistisch-resignative, sondern als gefährliche. Als solche wird sie in Teil II und III dieses Bandes immer wieder zur Sprache gebracht.

In diesem Zusammenhang sei das allgemeine Verständnis von Erinnerung als Kategorie der Rettung von bedrohter Identität erläutert. Ex negativo: Zerstörung von Erinnerung erweist sich als systematische Verhinderung von Identität, von Subjektwerden oder auch Subjektbleiben in geschichtlich-gesellschaftlichen Zusammenhängen. Die Entwurzelung der Sklaven, ihre Deportation diente allemal der Zerstörung ihrer Erinnerungen und gerade darin der erfolgreichen Befestigung ihres Sklavendaseins, ihrer systematischen Verohnmächtigung im Interesse der völligen Unterwerfung. Anderseits beginnt die Bildung von Identität in der Erweckung von Erinnerungen.

Die geschichtliche Subjektwerdung eines Volkes, einer Rasse oder Klasse fängt praktisch immer damit an, daß sie den Bann des »offiziellen« Geschichtsbewußtseins durchstoßen, indem sie es als Propaganda der Mächtigen und Herrschenden entlarven. Ein solches Geschichtsbewußtsein ist in den verschiedenen Zusammenhängen dieses Bandes als »Siegergeschichte« gekennzeichnet, in der es keine Erinnerung an die Besiegten und Unterdrückten gibt. So haben Bauern in ihren Chroniken und Bürger in ihrer Kunst die Erinnerung ihrer Leiden anschaulich gemacht und daraus Widerstandskraft gegen die Bedrohung ihrer Identität gezogen; so haben Arbeiter angefangen, das Schweigen über ihre Leiden in der herrschenden Geschichtsschreibung zu entdecken und sich nicht mehr damit abzufinden. Die Erinnerung gilt hier allemal als Kategorie der geschichtlichen Identitätsfindung, als Kategorie der Befreiung.[36]

[36] Es läge nahe, zu fragen, ob es nicht innerhalb der Geschichte des Christentums und der Kirche selbst auch Verhinderung von Identität für bestimmte Gruppen und »Stände« (Laien!) dadurch gibt, daß ihnen ihre eigene Geschichte verweigert wird. – Gewiß wäre hier noch Ausführlicheres zur »Erzählung« als Kategorie der Rettung von Identität zu erläutern. »Erzählung« steht heute im Verdacht, die Kategorie eines rein konservativen Geschichtsdenkens zu sein, auf reine Subjektgeschichte abzuheben. Solange unsere Geschichtsbetrachtung geleitet war von einer solchen reinen Subjektgeschichte, war sie faktisch die Geschichte bevorzugter Subjekte, geradezu Geschichte der Mächtigen, Siegergeschichte. Mit Recht wendet sich gegen eine solche Geschichte als Geschichte von »Großsubjekten«, als reine Personengeschichte, die struktural-analytische

d) Für das Subjektsein aller

Eine politische Theologie des Subjekts, für die Erinnerung als bestimmte Erinnerung fundamental ist, nämlich als Erinnerung des Subjektwerdens von Menschen im Angesichte ihres Gottes, wird die übliche theologische Rede von »dem Menschen« und »dem Subjekt« kritisieren – dann nämlich, wenn in ihr überdeutlich wird, daß sie eigentlich nur als Camouflage für ein bestimmtes Subjekt dient, etwa das des Mitteleuropäers, oder wenn die Rede vom »neuzeitlichen Subjekt« der Theologie allzu offensichtlich all jene Probleme ersparen soll, die ihr etwa in den letzten zweihundest Jahren überhaupt erst erwachsen sind.
Gleichwohl hält politische Theologie des Subjekts, mit Hilfe ihrer Kategorien geschichtlicher Identität und im Bewußtsein des konkreten Ursprungs dieser abstrakten Begriffe, die Rede von »dem Menschen« und »dem Subjekt« strikt aufrecht. Denn es kann ihr nicht um die schlichte Identifizierung mit irgendeinem geschichtlichen Klassensubjekt gehen.
Politische Theologie des Subjekts, die im Namen der von ihr vertretenen Erinnerungen das bürgerliche Subjekt nicht einfach es selbst sein lassen kann, wird auch den Genossen nicht einfach Genossen sein lassen können, d.h. sie wird auch die sozialistisch erstrebte Persönlichkeit nicht einfach identifizieren können mit dem von ihr vertretenen Subjekt. Mit ihrer Erinnerung, die nicht im System der herrschenden gesellschaftlichen Verhältnisse aufgeht, noch aus ihm hervorgeht, ruft sie ein Subjekt an, das sich nicht schlicht aus den antagonistischen Mustern einer Klassengesellschaft, durch Negation des jeweiligen Gegners beschreiben läßt. Der aus ihrer Erinnerung gespeiste Widerstand gegen verweigertes Subjektsein der Menschen steht nicht nur gegen Feudalismus und Kapitalismus; er steht gegen jegliche Unterdrückung und Institutionalisierung des Hasses. Der Gott dieser gefährlichen Erinnerung wird dabei nicht unter der Hand zu einer politischen Utopie universaler Befreiung. *Der Name Gottes steht vielmehr dafür, daß die Utopie*

Geschichtsbetrachtung. Wenn wir hier auf der Kategorie der »Erzählung« gleichwohl kritisch insistieren, so ist das nicht gemeint im Sinne eines Rückgangs von jeglicher Strukturgeschichte zur reinen Personengeschichte oder gar zur reinen Herrschergeschichte, sondern als Widerstand gegen den Versuch, auf dem Weg über Geschichtsstrukturalismus die Subjektgeschichte überhaupt aufzulösen. Hatte das Erfassen der Geschichte in Strukturen durchaus Befreiungscharakter gegenüber einer reinen Personengeschichte, einer reinen Herrschergschichte, so kann es bei dieser Befreiung jedoch nicht um die schließliche Eliminierung des Geschichtssubjektes überhaupt gehen, sondern nur um seine Ausweitung, d.h. daß als Subjekte der Geschichte nicht nur bestimmte Personengruppen auftauchen, sondern alle Menschen. Dafür aber ist Narrativität unentbehrlich, und in diesem allgemeinen Sinn bleibt sie Kategorie der Rettung von Identität.

der Befreiung aller zu menschenwürdigen Subjekten nicht reine Projektion ist, was sie freilich wäre und bliebe, wenn nur Utopie wäre und kein Gott.

In diesem Sinne allerdings ist der Gottesgedanke unweigerlich politisch – und zwar nicht nur in jener ideologiekritischen Intention, wonach er immer wieder von der Vermischung mit falschen partikularen Machtinteressen freigesetzt werden muß, sondern auch in sich selbst: als Ausdruck einer *Option*, nämlich für das Subjektseinkönnen und Subjektwerdenmüssen aller Menschen. Die Freiheit der christlichen Erinnerung gegenüber bestehenden Verhältnissen besteht deshalb auch nicht darin, daß sie, wie etwa die Kunst, eine fiktive Gegenwelt imaginiert. Sie ruft vielmehr die Subjektgeschichte der Menschen vor Gott an und sucht die Christen unter die praktische Herausforderung dieser Geschichte zu zwingen. An ihrer Praxis soll etwas davon zum Vorschein kommen, daß alle Menschen herausgerufen sind zum Subjektsein vor ihrem Gott.[37]

Entscheidend wird sein, ob es den Christen gelingt, diese Art von religiösem Subjektsein lebendig zu sozialisieren, anschaulich zu inkarnieren und manifest zu machen inmitten des Streits um den Menschen und um seine Geschichte. Jene, die hier kein Problem sehen, weil sie allemal zu wissen meinen, welches die angemessenen Subjekte christlicher Praxis sind, müssen sich immerhin fragen lassen, ob sie nicht einfach das bürgerliche Subjekt als das geforderte christliche unterstellen und ob sie denn anders als defätistisch mit jener Krise der Religion fertig verden, die eben durch das bürgerliche Subjekt heraufzog. Bisher jedenfalls hat diese Art von Krisenbewältigung wenig eingebracht. Das kirchliche Leben in unseren Breitengraden zerfällt immer mehr in eine Kirche mit einem liberalen Touch, d.h. in eine Servicekirche für bürgerliche Lebensfeiern einerseits und in eine verängstigte traditionalistische Sektenkirche anderseits. Angesichts des grassierenden Schwunds an verinnerlichten, extrem belastbaren Glaubensüberzeugungen in breiten Teilen des Kirchenvolkes selbst wächst die Ratlosigkeit im offiziellen kirchlichen Leben. Immer mehr ist es unterströmt von Angst, von einer Angst vor unbegriffenen Mächten und Prozessen, die den Mut zu neuen Schritten, zur Zulassung neuer alternativer Formen christlicher Praxis, mit neuen religiös-politischen Experimenten eher lähmt.[38] Angst drängt allenfalls zur Stabilisierung nach rückwärts.

[37] Vgl. dazu Abschnitt 4 dieses §, unter d).

[38] Vgl. hierzu das Schicksal der Beurteilung der »Theologie der Befreiung« in der offiziösen Meinung der Kirche wie auch die Einschätzung neuer, durchaus auch politisch aktiver Basisgemeinschaften in verschiedenen Ländern und der Bewegung der »Christen für den Sozialismus«. – Zu Paradigmen alternativen Lebens mit religiös-politischer Intention vgl. neuestens: J. Caldentey Barceló: Estudio sobre comunidades cristianas de base de Barcelona y su significado para una renovación en la iglesia, Münster 1977 (Diss.).

Unsere bisherigen Überlegungen gingen davon aus, daß Religion und Subjektwerdung des Menschen unzertrennlich zusammengehören. Wir konnten uns dabei nicht auf eine transzendentale Subjekttheologie berufen, die den Menschen a priori als Wesen absoluter Transzendenz begreift, wir können allenfalls, über die entwickelten Gedanken hinaus, auf eine religionsgeschichtlich informierte historische Anthropologie verweisen. Sie kann durchaus den Gedanken unterstützen, daß in der Menschheitsgeschichte als Religionsgeschichte nicht etwa der Mensch sein Subjektsein auf Gott hin übertrug und, vor allem angesichts des Todes, in einem ungefährdeten »Jenseits« verdoppelte, sondern daß der Mensch durch Religion, im Verhältnis zu seinem Gott, überhaupt erst zu einer subjekthaften Identität kam und Subjekt seiner Geschichte wurde.[39]
Dieser Zusammenhang gewinnt heute neue Plausibilität durch die offensichtliche Synchronisation von fundamentaler Krise der Religion einerseits und gesellschaftlicher Krise des Subjekts anderseits.[40] Ist es von ungefähr, daß die Rede vom »Ende der Geschichte überhaupt« da auftaucht, wo menschliche Universalgeschichte aufhört, als Religionsgeschichte begriffen zu werden? Daß der Verdacht über den Zerfall und Tod der Sprache sich meldet, wo religiöse Sprache immer mehr verkümmert? Daß der Proklamation des »Todes Gottes« die des »Todes des Menschen« auf dem Fuße folgt? Das »Ende des Individuums«, zumindest des Bürgers, verkündete schon vor Jahrzehnten Th.W. Adorno und notierte gleichwohl: »Das Grauen jedoch ist, daß der Bürger keinen Nachfolger fand.«[41] Stirbt damit das Subjekt überhaupt? Für forsche Strukturalisten jedenfalls gilt der »Tod des Subjekts« als ausgemacht, »der Mensch« selbst als ein Anthropomorphismus, als eine merkwürdige »Erfindung des 18. Jahrhunderts«.[42]
Gegen solchen Umgang mit geschichtlichen Subjekten sperrt sich freilich (wenn inzwischen auch selbst schon, zumindest in seinen westlichen Versionen, durch Anpassung an den Strukturalismus irritiert[43])

[39] Dieses Argument, als religionsgeschichtliches, hat W. Pannenberg in verschiedenen seiner Arbeiten entfaltet und eingesetzt.

[40] Über diesen Zusammenhang vgl. z.B. J. Habermas, Legitimationsprobleme im Spätkapitalismus, Frankfurt/M 1973.

[41] Das erste Zitat entstammt den »Minima Moralia«; das zweite findet sich in: Prismen, München 1963, 267. – Bei Adorno scheint der Kampf um das Subjekt bereits verloren: er sieht den Verfall des bürgerlichen, das sozialistische kann er nicht als Nachfolgesubjekt erkennen und das religiöse gilt ihm nicht als authentisch. Deshalb bleibt auch die Denkfigur der »Dialektik der Aufklärung« bei ihm wesentlich resignativ.

[42] Solche und ähnliche Formulierungen bei dem einflußreichen franz. Strukturalisten M. Foucault.

[43] Inwieweit bestimmte strukturalistische Einflüsse gerade bei Althusser wirksam geworden sind und seinen »Anti-Humanismus« sowie seine Polemik ge-

der marxistische Sozialismus in seinem Kampf um das Subjektsein der unterdrückten Klassen, in seinem Kampf um den »neuen Menschen«. Wo indes wäre dieser Kampf so gelungen, daß wir an diesem »neuen Menschen« die Identität und Solidarität im freien Subjektsein aller angstfrei anblicken könnten? Gerne gäbe man da H. Marcuse Recht, den die schiere Negation des Individuums, auch des bürgerlichen, an faschistische Praxis erinnert: »Solidarität, Gemeinschaft ist nicht Aufgeben des Individuums: sie entspringt der autonomen individuellen Entscheidung; sie ist Solidarität von Individuen, nicht Massen.«[44]
Doch woher kommen hier die Kräfte zur neuen Individuation, die sich gleichwohl nicht der Repression anderer verdankt? Woher die Kräfte zum Widerstand gegen eine durch Vermassung oder Haß systematisch verzerrte Solidarität, ohne die wahre aufzugeben, die uns unbedingt gebietet, individuelle Identität, eigenes Subjektsein nicht gegen andere, Schwächere, gesellschaftlich entmächtigte Gruppen und Klassen durchzusetzen, sondern *mit* ihnen?

3. Religion im geschichtlichen Kampf um den Menschen

Wäre hier das religiös geprägte Subjekt gefragt? Ja, wenn es endlich das praktische Interesse am Subjektwerden der anderen, derer, die in Unterdrückung und kollektiver Verfinsterung leben, als eine jedenfalls notwendige, wenn auch nicht ausreichende Bedingung seines eigenen Subjektseins vor Gott begreift. Wenn es also realisiert, daß das Evangelium der Christen schon allein dadurch politisch ist und politisch verpflichtet, daß es das Subjektsein *aller* Menschen vor Gott proklamiert und daß es keinen geringeren Preis für dieses Subjektsein vor Gott gibt als den Kampf gegen jede Menschenfeindlichkeit und Unterdrückung, die die massenhafte Bevölkerung ganzer Weltregionen nicht zu Subjekten werden läßt.[45]
Man denke an den eingangs bereits erwähnten Nord-Süd-Gegensatz zwischen den reichen Industrieländern des Nordens und den armen Ländern des Südens. Da die Bevölkerung dieser Südgegenden vielfach traditionell katholisch ist, schlägt dieser globale Nord-Süd-Gegensatz gerade auch inmitten der einen Weltkirche durch – z.B. im Verhältnis

gen den Subjektbegriff beeinflußt haben, kann hier nicht entschieden werden. Die Diskussion ist auch hier, wie so oft beim Werk Althussers, auffallend kontrovers: vgl. L. Althusser, Elemente der Selbstkritik, West-Berlin 1975; ders., Ideologie und ideologische Staatsapparate, West-Berlin 1977, sowie die Beiträge Althussers in dem Band H. Arenz, J. Bischoff, U. Jaeggi (Hrsg.), Was ist revolutionärer Marxismus?, West-Berlin 1973.

[44] Vgl. H. Marcuse, Die Permanenz der Kunst, München 1977, 46.

[45] Zur näheren Beschreibung vgl. § 8.

der mitteleuropäisch-nordamerikanischen Kirchen zur Kirche des lateinamerikanischen Subkontinents. So wie das von der Kirche bezeugte Evangelium immer wieder zur Herausforderung an das gesellschaftliche und politische Leben wird, so muß auch der Nord-Süd-Gegensatz zur Irritation und Zumutung für die Kirche werden: Wie wird sie, die eine Kirche, mit den Klassengegensätzen zwischen der Nordregion der Welt und der Südregion eigentlich fertig, die sie doch beide in sich umschließt? Wie vertragen sich solche Gegensätze mit der lebendigen Einheit der Kirche? Wie lassen sie sich in Einklang bringen mit der Kirche als der einen eucharistischen Tischgemeinschaft, als der Gemeinschaft derer, die »herausgerufen« sind, die »ihr Haupt erheben« sollen, um Subjekte einer neuen Geschichte zu sein? Wie werden wir damit fertig, daß in der einen Kirche ganze Völker in kollektiver Verfinsterung leben? Können hier die reichen Kirchen des Nordens gegenüber den armen des Südens allein mit Almosen ausgleichen, was inzwischen als Mechanismus der Ausbeutung, der strukturellen Ungerechtigkeit erkannt ist? Solange der (von der »Theologie der Befreiung« energisch geforderte und betriebene) Versuch der Theologie, sich durch eine Analyse der Weltsituation über ihre Ausgangslage zu vergewissern, als »global« kritisiert und als Tarnmanöver für fremde Interessen verdächtigt wird, solange wird es in der Kirche nicht einmal ein Bewußtsein von der Tragweite dieser Probleme geben.
Solche Überlegungen wollen nicht gedankenlos das Reich Gottes zum Ziel der Politik und der Ökonomie erheben. Aber sie beharren darauf, daß Religion durch nichts schuldiger wird als durch den Versuch, sich durch Teilnahmslosigkeit gegenüber den geschichtlichen Kämpfen um das Subjektseinkönnen aller Menschen ihre politische Unschuld zu erkaufen. Wenn die früheren Überlegungen zur politischen Theologie – in betont ideologiekritischer Absicht – vor allem und nahezu ausschließlich diese vermeintliche Unschuld und Neutralität der Kirche und der Christen kritisierte, so formuliert sie sich nun auch als Option, als Option für das solidarische Subjektseinkönnen aller Menschen.
Gewiß, es gibt authentische Religion unbedingt auch im unterdrückten Leben. Schließlich ist der Gott des Evangeliums kein Gott der Sieger, schon eher einer der Sklaven – ohne daß es den bürgerlichen Theologen erlaubt wäre, mit dieser Einsicht eine strikte Trennung von Person und Werk zu rechtfertigen, um daraus ein völlig verinnerlichtes Subjektsein des Menschen vor Gott abzuleiten, das man dann allen quasi kostenlos gönnt, vor allem den Sklaven.[46]
Wo Christen dies beherzigen, können sie das starke Prinzip religiöser

[46] Diese hätte m.E. E. Jüngel in seiner Polemik gegen D. Sölle in Sachen »Christentum und Sozialismus« in Erwägung ziehen müssen. Vgl. Müssen Christen Sozialisten sein?, Hamburg 1976, 111 ff.

Individuation des Menschen gegenüber allen Fronten überzeugend vertreten und den Kampf um Gott als den Kampf um das Subjektseinkönnen der Menschen führen, gegenüber einem kollektivistischen Mißverständnis neuer Solidarität ebenso wie gegenüber dem schleichenden Tod des Individuums in einer evolutionistisch gestimmten Welt.

Die Frage nach dem solidarischen Subjektseinkönnen der Menschen und die Frage nach dem religiösen Subjekt führen zusammen. Mehr als je sind die identitätsrettenden Reserven der Religion gefragt. Diese Reserven an Widerstand gegen Apathie und subjektloses, kollektivistisch verzerrtes Leben sind offensichtlich nicht unbegrenzt. Sie hängen an der geschichtlichen Widerstandsfähigkeit gelebter Religion, am Glauben an das Subjektsein aller vor Gott. Solidarisch ist dieses Subjektsein vor Gott allemal, und das in einem universalen Sinne: nicht nur gegenüber Unterdrückten und zu kurz gekommenen Subjekten, nicht nur gegenüber den Bedürftigen, sondern auch gegenüber den Besiegten, gegenüber den Toten in der Leidensgeschichte der Welt.

Zu den unverzichtbaren Ausdrucksformen dieser Solidarität gehört, um das zu unterstreichen, das Gebet. Hierin bleibt Religion fundamental geschieden von jeder reinen Utopie, zu der bekanntlich keiner betet, die freilich auch nur eine Verheißung für die Kommenden, ein »Paradies der Sieger« kennt, aber keines für die ungerecht Leidenden im Tode. Eine Gesellschaft, die das Interesse an deren Subjektbleiben verloren und die konstitutionelle Interessengemeinschaft mit den Toten überhaupt aufgegeben hat, wird auch immer mehr im geschichtlichen Kampf für das Subjektsein der Lebenden erlahmen und zur Beute evolutionistisch getönter Apathie werden.[47] Der Gott der Lebenden und der Toten ist der Gott einer universalen Gerechtigkeit, der die Maßstäbe unserer Tauschgesellschaft zerbricht und die ungerecht Leidenden im Tode rettet und der uns *deshalb* anruft, Subjekte zu *werden* oder der Subjektwerdung anderer unbedingt beizustehen im Angesicht menschenfeindlicher Unterdrückung, und Subjekte zu *bleiben* im Angesicht der Schuld und im Widerstand gegen Vermassung und Apathie.

Wer hätte eine fragilere Identität als der sog. »moderne Mensch«? Eingepaßt in die komplexen, selbst schon nahezu subjektlos funktionierenden Gesellschaftssysteme, steht er in der Gefahr, sein Gesicht und (biblisch gesprochen) seinen Namen immer mehr zu verlieren; seine Träume und Phantasien kommen nicht mehr nach, werden nivelliert; im Namen von Evolution und technologischem Prozeß züchtet er sich immer mehr zurück auf ein anpassungsschlaues Tier, auf eine sanft funktionierende Maschine. Zuweilen sucht er sein Subjektsein aufzu-

[47] Zum Gebet als Ausdruck der Subjektwerdung im Angesichte höchster Gefahr wie als Widerstand gegen Apathie vgl. meinen Beitrag in Amn. 25.

richten an den künstlichen »Großsubjekten« unserer Kulturindustrie, diesen jämmerlichsten Imitationen von Subjektsein im Angesichte seiner radikalsten Gefährdung.
Verantwortung, die nie von Strukturen oder Systemen getragen wird, hat ein verschwindendes Dasein. Das solidarische Subjektsein ist schwach. Gepflegt wird die Kunst der Verdrängung von Schuld und Verpflichtung. Politik mißrät, hier und dort, immer mehr zur Administration, zum Geschäft der Machtverwaltung. Zeitalter der Apathie? Ebenso schlimm wie Haß und ebenso tötend ist für das solidarische Subjektwerden der Menschen Apathie.

4. Der Glaube der Christen in Geschichte und Gesellschaft

Zum Abschluß dieses Konzeptteils sei hier versuchsweise eine »Definition« des Glaubens der Christen vorgelegt, wie sie sich aus dem Ansatz einer politischen Theologie als praktischer Fundamentaltheologie ergibt: *Der Glaube der Christen ist eine Praxis in Geschichte und Gesellschaft, die sich versteht als solidarische Hoffnung auf den Gott Jesu als den Gott der Lebenden und der Toten, der alle ins Subjektsein vor seinem Angesicht ruft.* In dieser durchaus apokalyptisch gespannten Praxis (der Nachfolge[48]) bewähren sich Christen im geschichtlichen Kampf um den Menschen: sie treten ein für ein solidarisches Subjektwerden aller; sie widerstehen in dieser Praxis der Gefahr einer schleichenden evolutionistischen Zersetzung der Subjektgeschichte der Menschen ebenso wie der Gefahr einer Negation des Individuums im Blick auf ein neues quasi nachbürgerliches Menschenbild.
Dieser Definitionsversuch soll hier wenigstens knapp erläutert werden, um die bisherigen Überlegungen theologisch zu bündeln und um Akzente und Perspektiven zu setzen für die einzelnen thematischen Überlegungen in Teil II.[49]

a) Mit apokalyptischem Stachel

Der hier vorgetragene Ansatz ist, in seiner innertheologischen Charakterisierung, geprägt vom theologischen Primat der Eschatologie: Glaube kommt hier primär als solidarische Hoffnung zur Geltung. Legitima-

[48] Zur Entfaltung der christlichen Praxis als Nachfolge vgl. meinen Text aus Anm. 12. – Dort ist die mystisch-politische Doppelverfassung der Nachfolge erläutert und gleichzeitig sichtbar gemacht, wie erst die praktisch-politische Verhaltensweise der »Menschenfreundlichkeit« Eindeutigkeit in diese Nachfolge bringt.
[49] Eine ausführliche Erläuterung dieser »Definition« ist eigentlich nur als inhalt-

tion und Sinn einer eschatologisch orientierten Theologie habe ich bereits in früheren Überlegungen zur politischen Theologie erörtert; sie sollen hier nicht wiederholt werden.[50] Als neuer Gesichtspunkt tritt hier jedoch die *apokalyptische Prägung* dieser Eschatologie hervor. Der theologische Primat einer apokalyptisch geprägten Eschatologie ist folgenreich für Theologie und praktisches Christentum. Er hat vor allem Konsequenzen fur die praktische Verfassung christlicher Hoffnung und für ihre temporale Struktur: Hoffnung wird hier reklamiert als Naherwartung, die man nur durch einen (objektiven) semantischen Betrug gegenüber den biblischen Traditionen enttemporalisieren und zum zeitlosen Existential des Christseins (als »Stetserwartung«) uminterpretieren konnte.[51] Die Tragweite dieses Versuchs, die in der christlichen Eschatologie längst stillgestellte Apokalyptik gerade angesichts der gegenwärtigen Herausforderungen des Christentums erneut zur Geltung zu bringen, soll in § 10 näher erläutert werden. Dort soll auch verdeutlicht werden, inwiefern christliche Hoffnung als Naherwartung zum praktischen Fundament der Kritik an einem evolutionistisch geprägten Zeitverständnis wird, in dem Gott selbst immer unbestimmter, ja schließlich undenkbar wird und in dem sich entsprechend auch das Ende der Geschichte und der Tod des Subjektseins der Menschen vorbereitet.

b) Gott der Lebenden und der Toten

Gemäß diesem theologischen Primat einer apokalyptischen Eschatologie lautet auch die fundamentale theologische Aussage (die alle anderen Aussagen über Gott, etwa über sein Schöpfersein, in sich umfaßt): Gott ist Gott der Lebenden und der Toten, Gott der universalen Gerechtigkeit und der Auferweckung der Toten.[52] Dieser Glaube an den Gott der Lebenden und der Toten teilt einerseits das marxistisch-sozialistische Interesse am solidarischen Subjektwerden der Menschen,

liche Ausführung des christlichen Credo möglich; sie soll in dem vorgesehenen Band »Der Glaube der Christen« geboten werden.

50 Vgl. bereits: J.B. Metz, Gott vor uns, in: Bloch-Festschrift 1965; dann ausführlich die Überlegungen zu »Kirche und Welt im eschatologischen Horizont« in ihrem inneren Zusammenhang mit »Kirche und Welt im Lichte einer politischen Theologie«, abgedruckt in: Zur Theologie der Welt 75 ff, 99 ff. – Wichtig in Anlage und Durchblick: F. Kerstiens, Die Hoffnungsstruktur des Glaubens, Mainz 1969.

51 Ganz abgesehen davon, daß ein Begriff wie »Stetserwartung« in sich selbst widersprüchlich ist und keiner semantischen Kontrolle standhält.

52 Mag sein, daß manche in dieser Beschreibung des Glaubens ein »christologisches Defizit« wittern. Dazu – und zu der Frage des Zusammenhangs von Christologie und apokalyptischer Eschtatologie – vgl. § 10.

gerade der Benachteiligten und Unterdrückten, und er wendet sich gegen eine apathieerzeugende wissenschaftlich-technische Kultur, in der der »Tod des Subjekts«, der Zerfall der Sprache, der Stillstand von Geschichte bereits theoretisch antizipiert wird. Er befragt jedoch den historisch-dialektischen Materialismus kritisch, worin denn das Motiv für den geschichtlichen Kampf um universale Gerechtigkeit und solidarisches Subjektsein aller gründe, und ob die letztlich der Natur bzw. der Materie zugetraute Freiheitsdialektik nicht schwächer fundiert ist als jede Religion. Das Verständnis von Geschichte als dialektischer Befreiungsgeschichte wird sich jedenfalls, sofern es sich ohne und gegen Religion versteht, dem Sog eines evolutionistischen Denkens nicht entziehen können. Das deutet sich meines Erachtens theoretisch bereits in der merkwürdigen Mischform eines strukturalistischen Marxismus an.[53] Bereitet sich hier nicht schon der Sieg einer (letztlich ungerichteten) Evolution über Geschichte als Freiheitsgeschichte vor, beginnt hier nicht bereits die Aufdeckung des dialektischen Materialismus als eines evolutionistischen, die Paralysierung solidarischen Bewußtseins durch das apathieerzeugende evolutive Lebensgefühl, das Verschwinden von Geschichtssubjekten in verwalteten Strukturen –?

Der Glaube an den Gott der Lebenden und der Toten befragt die nachtheologischen Theorien der Geschichte und der Gesellschaft daraufhin, ob und inwieweit sie nicht Geschichte einfachhin »halbieren« und sie gerade dadurch zum Stillstand bringen. Sie halten zwar, in ihrer dialektischen Version, an einer besonderen geschichtlichen Einheit der Menschheit fest, relativieren aber gleichzeitig den diese Einheit qualifizierenden Gedanken der universalen Gerechtigkeit. Denn, wenn überhaupt, beziehen sie diese universale Gerechtigkeit nur auf die künftigen Geschlechter, nicht aber auf die Toten, nicht auf die Opfer der Geschichte, die doch ebenso zur universalen solidarischen Gemeinschaft der Menschheit gehören.[54]

»Doch diese Frage nach dem Leben der Toten zu vergessen und zu verdrängen, ist zutiefst inhuman. Denn es bedeutet, die vergangenen Leiden zu vergessen und zu verdrängen und uns der Sinnlosigkeit dieser Leiden widerspruchslos zu ergeben. Schließlich macht auch kein Glück der Enkel das Leid der Väter wieder gut, und kein sozialer Fortschritt versöhnt die Ungerechtigkeit, die den Toten widerfahren ist. Wenn wir uns zu lange der Sinnlosigkeit des Todes und der Gleichgültigkeit gegenüber den Toten unterwerfen, werden wir am Ende

[53] In meinen Augen ist der strukturalistische Marxismus nicht etwa eine Versöhnung zwischen einem marxistisch-dialektischen Ansatz und einem angelsächsisch-analytischen Denken, sondern im Effekt die Stillegung der Dialektik durch Evolution.

[54] Vgl. dazu die Argumentation in § 6 und § 7.

auch für die Lebenden nur noch banale Versprechen parat haben. Nicht nur das Wachstum unseres wirtschaftlichen Potentials ist begrenzt, wie man uns heute einschärft; auch das Potential an Sinn scheint begrenzt und es ist, als gingen die Reserven zur Neige und als bestünde die Gefahr, daß den großen Worten, unter denen wir unsere eigene Geschichte betreiben – Freiheit, Emanzipation, Gerechtigkeit, Glück – am Ende nur noch ein ausgelaugter, ausgetrockneter Sinn entspricht.«[55]

Wo sich der Glaube der Christen an den Gott der Lebenden und der Toten, an den Gott universaler Gerechtigkeit kritisch einschaltet in den geschichtlichen Kampf um das solidarische Subjektwerden aller Menschen, begegnet ihm sofort die Gegenfrage: Wo denn zeigt sich die historische und soziale Basis, die den Anspruch der Christen abdeckt, Anwalt einer solchen universalen, ungeteilten Gerechtigkeit zu sein? Wo sind die konkreten Befreiungsgeschichten im Christentum? Tradiert das Christentum die Verheißung universaler Gerechtigkeit in der Auferweckung der Toten nicht nur als ohnmächtige subjektlose Idee? Wird sie aber so nicht zum Opium? Zur Beschwichtigung im geschichtlichen Kampf um das solidarische Subjektwerden aller? Deutlich genug mag sich an dieser Frage zeigen, daß die Krise des Christentums heute nicht primär eine der Glaubensinhalte und seiner Verheißungen ist, sondern in erster Linie eine Krise der Subjekte und Institutionen, die sich nicht auf die Herausforderungen dieses Glaubens einlassen.

c) *Solidarische Hoffnung*

Unsere Glaubens-»definition« spricht von solidarischer Hoffnung. Sie faßt dabei »Solidarität« in einem strikt universalen Sinn auf: als eine, die sich nicht nur gegenüber den Lebenden und gegenüber den künftigen Geschlechtern zu bewähren hat, sondern auch gegenüber den Toten. In dieser Hoffnung hofft der Christ nicht primär für sich selbst, sondern für die anderen und darin für sich. Die Hoffnung der Christen auf den Gott der Lebenden und der Toten, auf seine Auferwekkungsmacht, ist die Hoffnung auf eine Revolution zugunsten aller, der ungerecht Leidenden, der längst Vergessenen, ja auch der Toten. Diese Hoffnung paralysiert nicht die geschichtlichen Initiativen und den Kampf um das Subjektsein aller; sie verbürgt vielmehr die Gewißheit jener Maßstäbe, mit denen sich Menschen angesichts der angehäuften Leiden der Gerechten immer wieder den herrschenden ungerechten Verhältnissen widersetzen.

[55] Aus dem Synodentext »Unsere Hoffnung« I, 3.

d) Und nochmals: Praxis

Religion geht nicht nur in den bestehenden Verhältnissen nicht auf (wie z.B. auch die Kunst nicht), sie geht in keinen Verhältnissen auf. Gott ist nicht ein früher mythologischer Name für das »Transzendieren ohne Transzendenz« (E. Bloch), für ein immer neues Überschreiten der bestehenden Verhältnisse, sondern der Name Gott steht dafür, daß »Transzendieren« nicht nur symbolisch überhöhende Paraphrase oder ohnmächtige Gegenspiegelung dessen ist, was ohnehin geschieht – was es schließlich wäre und bliebe, wenn es wirklich nur ein »Transzendieren ohne Transzendenz« wäre. Freilich hat diese Behauptung ihren Preis. Damit dieser theologische Satz kein reiner – allemal ideologie-verdächtiger – Behauptungssatz bleibt, ist Theologie darauf angewiesen, eine Praxis beschreiben und anrufen zu können, in der Christen die gesellschaftlichen (historischen, psychologischen) Bedingungszusammenhänge durchstoßen – kurzum die Praxis des Glaubens in der mystisch-politischen Nachfolge.[56]

[56] Dazu, daß es sich dabei um eine durchaus apokalyptisch gespannte Praxis handelt, vgl. die Überlegungen zu »Nachfolge und Naherwartung«, in: Zeit der Orden?, 78 ff.

Teil II
THEMEN

Behält man das im Konzeptteil entfaltete Selbstverständnis dieser praktischen Fundamentaltheologie im Auge, so wird man im folgenden ohnehin kein übliches »geschlossenes System« erwarten. Es geht vielmehr um Themen, die sich aus der Zeit der Kirche und der Gesellschaft (deren Herr die Theologie nicht ist!) aufdrängen: Themen, von denen es allerdings weit mehr gibt, als hier behandelt werden.
Gleichwohl hat die Konstellation dieser Themen – die als Stationen der inhaltlichen Bewußtwerdung und Erprobung eines Konzepts zu kennzeichnen sind, das ohne dieses Experiment nicht besteht – eine innere Struktur und Konsistenz. Der Bogen spannt sich von paradigmatischen Versuchen, in denen sich der theologische Gedanke nicht (nachträglich) exemplifiziert, sondern überhaupt erst selbst erreicht, über die bedrängende Frage nach den Subjekten und den praktischen Fundamenten dieser theologischen Gedanken-gänge hin zur Frage nach dem Verhältnis von apokalyptisch-eschatologischer und evolutionärer Zeit, an der die Grundlagenproblematik (wie sie bereits im § 1 des Konzepts anklingt) ihre Perspektive gewinnt.
Auch die Beiträge, die auf früheren Ausarbeitungen basieren, sind hier nicht etwa nachträglich »zum Beleg« angeführt, sondern wegen der ihnen zugemuteten und zugetrauten Relevanz im Konzept einer politischen Theologie als praktischer Fundamentaltheologie *heute* – als Ausarbeitung einer aktuellen Form der Einladung zum Christentum.

§ 5 Gefährliche Erinnerung der Freiheit Jesu Christi
Zur Präsenz der Kirche in der Gesellschaft

Überarbeitete und ins Gesamtkonzept eingepaßte Fassung eines Textes von 1970; ursprünglich vorgetragen auf dem Internationalen Theologenkongreß in Brüssel, September 1970; erstmals veröffentlicht unter dem Titel »Zur Präsenz der Kirche in der Gesellschaft« in: Concilium-Sonderband 1970/71.

1. Der theologische und kirchliche Rang des Themas

Die Frage nach der Präsenz der Kirche in der Gesellschaft ist die Frage nach der gegenwärtigen Situation von Theologie und Kirche überhaupt. Häufig begegnet die Auffassung, es handle sich hier lediglich um eine Frage der Anwendung, der praktischen Konkretisierung, die die Substanz der theologischen Wahrheit und das Wesen der Kirche nicht berühre. Ich halte diese Auffassung für ein verhängnisvolles, folgenschweres Mißverständnis:

a) im Hinblick auf Situation und Aufgabe der Theologie

In einer Zeit, in der durch nachidealistische Ideologiekritik und Wissenssoziologie alle Ideen und Begriffe, also auch Idee und Begriff Gottes, auf ihr soziales Interesse und ihre sozialgeschichtlichen Zusammenhänge hin bestimmt und dechiffriert werden, kann die Unableitbarkeit und Transzendenz der eschatologischen Gottesbotschaft nur überzeugend sichtbar gemacht werden, wenn ihre kritisch-befreiende Kraft gegenüber diesen gesellschaftlichen Determinanten immer neu freigesetzt wird. Eine Theologie, die in diesem Sinne kritische Verantwortung christlichen Glaubens und seiner Überlieferung sein will, kann in ihrem Kern nicht von diesem »gesellschaftlichen« und »praktischen« Bezug absehen, und ihre Theorie läßt eine Abstraktion von den Problemen der Öffentlichkeit, des Rechts, der Freiheit, kurz: der politischen Zusammenhänge nicht zu. Insofern kann und muß sie »politische Theologie« sein – und zwar noch unabhängig von der Frage, wie im einzelnen die politische Thematik bei der Bestimmung der eschatologischen Hoffnung des Christen zu berücksichtigen sei.

b) im Blick auf die Kirche

Hier gilt es zu beachten, daß die Kirche in ihrer geschichtlich-gesellschaftlichen Erscheinung immer schon als politische Größe wirksam ist, das heißt: sie ist und wirkt politisch *vor* jeder ausdrücklichen politischen Stellungnahme und damit auch vor jeder Frage nach den Kriterien ihrer aktuellen politischen Einstellung. Die übliche Unterstellung einer apriorischen »Neutralität« und »politischen Unschuld« der Kirche ist entweder unkritisch oder sie verschleiert bewußt bestehende politische Allianzen. Um zu verhindern, daß sich die Kirche unkontrolliert und unkritisch mit bestimmten politischen Ideologien identifiziert und gerade dadurch zur rein politischen Religion herabsinkt, ist die Ausbildung einer kritisch-politischen Hermeneutik der Kirche gefordert.

Deshalb reklamiert »politische Theologie« nicht eine regionale, sondern eine fundamentale Aufgabe jeder gegenwärtigen Theologie. Sie bietet nicht frustrierten Christen ein neues Beschäftigungsfeld, nämlich die Politik, an. Sie sucht vielmehr die alte und immer gleiche Aufgabe der christlichen Theologie wahrzunehmen: vom Gott Jesu zu reden, indem sie den Zusammenhang der christlichen Botschaft mit der gegenwärtigen Welt sichtbar zu machen und ihre Überlieferung in dieser Welt als unabgegoltene und gefährliche Erinnerung auszudrükken sucht. Dabei kann sie den geschichtlichen Abstand unserer Gegenwart zur unwiederholbaren Situation der biblischen Zeugnisse nicht unkritisch ignorieren oder herabsetzen, d.h. sie kann nicht einfach die Inhalte und Intentionen dieser Zeugnisse als bekannt voraussetzen und bloß nach deren gegenwärtiger »Anwendung« fragen. Sie muß vielmehr in Rechnung stellen, daß diese historische und gesellschaftliche Differenz immer neu fragen läßt, was denn Inhalt und Intention der biblischen Zeugnisse selbst sei. In diesem Sinne ist »politische Theologie« nicht einfach Theorie der nachträglichen Anwendung der christlichen Botschaft, sondern Theorie der Wahrheit dieser Botschaft in praktisch-kritischer Intention für unsere Gegenwart.

2. Die theologische Basis

Als theologische Basis unseres Themas möge die These dienen: *Kirche muß sich verstehen und bewähren als öffentliche Zeugin und Tradentin einer gefährlichen Freiheitserinnerung in den »Systemen« unserer emanzipatorischen Gesellschaft*. Diese These basiert auf der memoria als fundamentaler Ausdrucksform des christlichen Glaubens und auf der zentralen und besonderen Bedeutung der Freiheit in diesem Glauben. Im Glauben vollziehen Christen die memoria passionis, mortis et resurrectio-

nis Jesu Christi; glaubend erinnern sie an das Testament seiner Liebe, in der die Herrschaft Gottes unter den Menschen gerade dadurch erschien, daß die Herrschaft zwischen den Menschen anfänglich niedergelegt wurde, daß Jesus sich selbst zu den Unscheinbaren, den Ausgestoßenen und Unterdrückten bekannte und so diese kommende Herrschaft Gottes als befreiende Macht einer vorbehaltlosen Liebe kundtat. Diese memoria Jesu Christi ist nicht eine Erinnerung, die trügerisch dispensiert von den Wagnissen der Zukunft. Sie ist keine bürgerliche Gegenfigur zur Hoffnung. Im Gegenteil, sie enthält eine bestimmte Antizipation der Zukunft als einer Zukunft der Hoffnungslosen, der Gescheiterten und Bedrängten. So ist sie *eine gefährliche und befreiende Erinnerung,* welche die Gegenwart bedrängt und in Frage stellt, weil sie nicht an irgendeine offene, sondern eben an diese Zukunft erinnert und weil sie die Glaubenden zwingt, sich ständig selbst zu verändern, um dieser Zukunft Rechnung zu tragen.
Solche bestimmte Erinnerung durchbricht den Zauberkreis des herrschenden Bewußtseins. Sie reklamiert Geschichte nicht nur als Projektionskulisse gegenwärtiger Interessen. Sie mobilisiert Überlieferung als gefährliche Überlieferung und damit als befreiende Potenz gegenüber der Eindimensionalität und der Sicherheit jener, »deren Stunde immer da ist« (Joh 7,6). Sie erhebt immer neu den Verdacht, daß die »Plausibilitätsstrukturen einer Gesellschaft« durchaus »Verblendungszusammenhänge« sein können. Und sie weigert sich, die Relevanz ihrer Kritik an dem zu messen, was »ein etwas schläfriger älterer Geschäftsmann nach dem Mittagessen« für selbstverständlich und relevant hält und was nicht selten als heimliches Kriterium für Rationalität und Realitätssinn fungiert. Christlicher Glaube kann und muß m.E. als solche subversive memoria gesehen werden, und Kirche ist gewissermaßen die Form ihrer Öffentlichkeit. In diesem Sinne wären z.B. die kirchlichen Lehr- und Bekenntnisformeln als Formeln zu verstehen, in denen sich dieses herausfordernde Gedächtnis öffentlich buchstabiert. Kriterium ihrer genuinen Christlichkeit wäre dabei die befreiende, aber auch erlösende Gefährlichkeit, mit der sie die erinnerte Freiheit Jesu in die gegenwärtige Gesellschaft und deren Bewußtseinsformen und Lebenspraxen einbringen.[1]
Kirche als öffentliche Erinnerung der Freiheit Jesu in den »Systemen« unserer emanzipatorischen Gesellschaft: Kirche erinnert an eine verdankte Freiheit, an die in Kreuz und Auferweckung Jesu eingeräumte eschatologische Befreiungsgeschichte Gottes, die sich weder in das Mündigkeitsideal bürgerlicher Aufklärungsgeschichte noch in die Apotheose revolutionärer Befreiungsgeschichte auflösen läßt. Gleichwohl dispensiert sie nicht von der Verantwortung für die Geschichte der

[1] Vgl. den Exkurs: »Dogma als gefährliche Erinnerung«.

Freiheit, sondern weist in sie ein: »Alles ist euer, sei es Paulus, Apollos, Kephas, sei es der Kosmos, das Leben oder der Tod, sei es Gegenwärtiges oder Zukünftiges, alles ist euer, ihr aber seid Christi, Christus aber ist Gottes« (1 Kor 3, 21–23). Sie ist in diesem Sinne eine emanzipatorische Erinnerung, die von jeder Vergötzung und Verabsolutierung kosmischer und politischer Mächte befreit. In ihrem Lichte erscheinen alle politischen Ordnungen – prinzipiell – als Freiheitsordnungen, das politische Ethos der prästabilierten Ordnung erweitert sich unter ihr zu einem politischen Ethos der freiheitlichen Wandlungen und Veränderungen. Alle Macht der Vollendung, der Versöhnung und des Friedens, die der menschlichen Freiheit und ihren Konflikten vorausliegt, wird in dieser Erinnerung Gott vorbehalten.

Aus der Erinnerung dieses »eschatologischen Vorbehalts« kann und muß die Kirche ihre kritische Kraft ziehen gegenüber allen totalitären Systemen von Herrschaft und gegenüber allen Ideologien einer linearen, eindimensionalen Emanzipation. Wo sich nämlich – was weiter unten (§ 6) zu präzisieren ist – die Geschichte der Freiheit ohne die Erinnerung dieses eschatologischen Vorbehalts vollzieht, scheint sie immer wieder dem Zwang zu verfallen, ein innerweltliches Subjekt für die Gesamtgeschichte der Freiheit einzusetzen, das potentiell zu totalitärer Herrschaft von Menschen über Menschen drängt. Am Ende interpretiert sich die Geschichte der Freiheit, die diese eschatologische Erinnerung verloren hat, als undialektische, gewissermaßen abstrakte Emanzipationsgeschichte, in der die neuen Konflikte und Katastrophen der erworbenen Freiheit vernachlässigt werden und in der die Idee einer Mündigkeit ohne vorbehaltene Versöhnung in die banale Vorstellung des bloßen Überlebens oder der tierisch-schlauen Anpassung abzusinken droht.

Wo ist dieses eschatologische Freiheitsgedächtnis lebendig, das unsere kognitiven und operativen Systeme aufsprengt? Wer veranlaßt zu den in der emanzipatorischen Gesellschaft häufig vergessenen oder verdrängten Freiheiten: zur Freiheit, am Leiden anderer zu leiden und die Prophetie fremden Leidens zu achten – obwohl die Negativität des Leids immer unzumutbarer, ja geradezu verpönt erscheint? Zur Freiheit, alt zu werden, obwohl die Öffentlichkeit das Alter verleugnet und es geradezu als »geheime Schande« empfindet? Zur Freiheit der Kontemplation, obwohl viele bis in ihre letzten Bewußtseinsräume unter der Hypnose von Arbeit, Leistung und Planung zu stehen scheinen? Zur Freiheit schließlich, sich die eigene Endlichkeit und Fragwürdigkeit vor Augen zu führen, obwohl die Öffentlichkeit unter der Suggestion eines immer heileren, harmonischeren Lebens steht? Wer antwortet dem Freiheitsanspruch der vergangenen Leiden und Hoffnungen, wer antwortet der Herausforderung der Toten, wer sensibilisiert das Gewissen für ihren unabgegoltenen Anspruch auf Gerechtigkeit, wer kultiviert die Solidarität mit ihnen, zu denen wir übermorgen selbst gehören werden? Wer schließlich kann sein Verständnis von Freiheit auch noch mit jenen teilen, die nicht den heroischen Tod in der vordersten Front eines revolutionären Befreiungskampfes, sondern die den schrecklich banalen Tod des Alltags sterben?

Eine Gesellschaft, die diese Dimensionen der Freiheitsgeschichte ignoriert oder verdrängt, bezahlt das mit dem wachsenden Verlust an eigener anschaulicher Freiheit. Ihr Eschaton ist die Langeweile, ihr Mythos die Planungsgläubigkeit, das verschwiegene Interesse ihrer Rationalität ist die Abschaffung der Welt als Widerstand: um sie nicht mehr erleben zu müssen. So haben wir nun »im Westen eine gönnerische pluralistische Langeweile und im Osten eine befohlene, gedrückte, monolithische Langeweile... Es sieht aus wie bei einer partialen Sonnenfinsternis: alles so merkwürdig grau, und die Vögel singen nicht oder anders. Also irgendwas ist los. Das transzendierende Wesen ist schwach« (E. Bloch). Oder: die gefährliche Erinnerung scheint erloschen, das eschatologische Gedächtnis erschöpft.

Hat das Christentum hier geschichtlich versagt? Hat die Kirche als institutionelle Trägerin dieses Christentums und seiner memoria geschichtlich abgedankt? Kann man die Zukunft der menschlichen Freiheit nur noch mit säkularen Utopien und Chiffren bestimmen? Alle »externen« Urteile und viele Urteile intra muros scheinen das nahezulegen. In den modernen Gesellschaftstheorien hat sich zunächst die klassische Religionskritik auf die Kirche selbst zusammengezogen: Kirche wird häufig apostrophiert als Organisation eines ungleichzeitigen Bewußtseins, als institutionalisierte Tabuisierung von Wissen und produktiver Neugierde; sie wird betrachtet als antiemanzipatorischer Restbestand – mit einem bloß simulierten Interesse an Freiheit, am »aufrechten Gang« des Menschen, als Narkotikum in leidvollen und ungerechten Verhältnissen. Darüber hinaus sprechen die meisten Gesellschaftstheorien von einer wachsenden Funktionslosigkeit der Kirche in der modernen Gesellschaft. Und so weicht die emphatische Kritik immer mehr der Indifferenz oder der wohlwollenden Höflichkeit: einer Karikatur jenes Mitleids, das man Sterbenden entgegenbringt. Selbst militante Kommunisten zügeln sich immer mehr im Kampf gegen eine total privatisierte Kirche, und in den forschen Futurologien des Westens kommt sie praktisch nicht oder nur als quantité négligeable vor.

Sind das alles nur moderne Klischees, nur systembedingte Einseitigkeiten? Oder dokumentiert sich in diesen Urteilen nur die bleibende Angefochtenheit der Kirche in der Welt, jene agonale Situation der Kirche des gekreuzigten Herrn, mit der jeder Gläubige nüchtern zu rechnen hat? M.E. darf gerade diese theologische Antwort nicht zu schnell gegeben werden. Denn sie übersieht leicht eine tiefreichende

Wurzel der herrschenden kirchenkritischen Einstellungen: *die historische Erfahrung mit der Kirche,* die Erinnerung an die Enttäuschungen durch diese Kirche, das historische Gewissen der Generationen, das von ihren bedenklichen Allianzen mit den Mächtigen weiß und von dem zuweilen zwiespältigen Eindruck der Kirche als einer nicht mehr geglaubten, sondern sich selbst ersetzenden Religion. Diese Erinnerung ist in Rechnung zu stellen, sie ist auch unauslöschlicher, als gerne angenommen wird. Sie – nicht etwa der historische Nachweis der Kirchengründung und der apostolischen Sukzession – ist das historisch-hermeneutische Problem Nr. 1 einer gegenwärtigen Ekklesiologie. Und dies kann nicht durch eine »bessere« oder »subtilere« Interpretation kirchlicher Vergangenheit gelöst werden, sondern nur durch den »Beweis des Geistes und der Kraft« einer neuen Praxis, durch schmerzliche Wandlung.
Hier wurzelt das Ethos kirchlicher Reform.[2] Ihm geht es keineswegs um billige Modernität und Aktualität, die kritiklos den herrschenden Illusionen verfällt, sondern um die Frage der geschichtlichen Identität und Kontinuität der Kirche mit ihrer geglaubten Sendung. Und Kirche heißt hier vor allem: Wir Christen, die aus dem Gedächtnis Jesu Christi zu leben suchen und für die die Vorstellung einer völlig institutionsfreien kirchenlosen Überlieferung dieses Gedächtnisses, die den privaten Einzelnen zum ausschließlichen Erinnerungsträger macht, illusionär erscheint.

3. Optionen in praktisch-kritischer Intention

Deshalb seien hier noch Aussagen in praktisch-kritischer Intention angefügt.

a) Wichtig erscheint die Frage der Spiritualität, der Ausbildung kirchlicher Spiritualität als einer Spiritualität befreiter Freiheit, die sich in der Ausbreitung gesellschaftskritischer Freiheit bezeugt und bewährt. Das Zeugnis dieser Freiheit wird unterschiedliche Züge tragen je nach den verschiedenen gesellschaftlichen Bezugsfeldern. Im Blick auf die Systeme der westlichen Wohlstandsgesellschaften wird es vor allem jene verdrängten und vergessenen Freiheiten praktizieren und reklamieren müssen, von denen die Rede war. Im Blick auf die Verhältnisse der sogenannten Südregionen wird es sich in erster Linie als unerschrockener Kampf gegen das soziale Elend bewähren. Und hier tritt die Interferenz dieses Freiheitszeugnisses mit den politischen Realitä-

[2] Vgl. J.B. Metz, Reform und Gegenreformation heute, Mainz 1969; ders., Zeit der Orden?

ten auch besonders deutlich zutage. In dieser Situation wäre es objektiv unehrlich, sich auf die grundsätzliche Mehrdeutigkeit der politischen Realitäten zu berufen, um damit das Ausbleiben von kirchlichen Stellungnahmen zu rechtfertigen und die Abstinenz der Kirche zu rationalisieren. Gerade Bischöfe und Theologen können so leicht zu Mandarinen einer Kirche werden, die unter dem Deckmantel der Neutralität bzw. der »politischen Unschuld« der Kirche einen alten Integralismus betreibt und eingefahrene politische Allianzen stabilisiert ohne Rücksicht auf das konkrete Leid und die reale Unterdrückung.

Die gesellschaftskritische Freiheit, in der sich die Spiritualität befreiter Freiheit des Christen bewährt, hat nie eine rein intellektuelle Attitüde. Ihre Kritik trägt nicht die Züge der »totalen Kritik«, sie hat den Schmerz des Sichversagens, des Ausharrens, der Ungeduld und der Geduld an sich, wie ihn eben christliche Freiheitserinnerung als »Nachfolge Jesu« einfordert. Sie ist deshalb nicht einfach die Kopie ohnehin herrschender Gesellschaftskritik. Sie läßt sich auch nicht in die Alternative von Beten und Handeln drängen. Aus dem Gebet sucht sie die Freiheit von den vermeintlichen Plausibilitäten der sozialen Mechanismen und Vorurteile zu gewinnen und die Kraft zu jener Selbstlosigkeit, die ein befreiendes Handeln im Interesse der anderen, »der Geringsten unter den Brüdern«, erfordert. In diesem Handeln wiederum befreit sich das Gebet von dem Verdacht, es sei pures »Opium des Volkes«, und der angerufene Gottesname sei nur das Beschwichtigungswort für jenes anonyme Schicksal, in das am Ende jede menschliche Freiheitshoffnung immer wieder verschwindet. Die Spiritualität der befreiten Freiheit läßt sich deshalb erst recht nicht auf eine reine Kulterfahrung einschränken, isoliert und entlastet von den Konflikten, Repressionen und Herausforderungen des Alltags. Dieser Weg in die rein kultische Spiritualität wird heute vielfach empfohlen und ist wohl auch ein objektives Bedürfnis besonders des Bildungsbürgertums. Dennoch ist er ein Irrweg. Am Ende stünde die esoterische Kultkirche – als »Opium der Intellektuellen«.

Die hier geforderte Spiritualität der befreiten Freiheit hingegen gewinnt an Macht, wenn die Bereitschaft wächst, am Leiden anderer zu leiden; wenn sich die Menschen nicht nur über das ein Gewissen bilden, was sie anderen tun oder nicht tun, sondern auch über das, was sie unbekümmert zulassen, daß es anderen geschieht; wenn sie nicht nur – nach den Regeln des Tauschs – in Gleichgesinnten ihre »Brüder« sehen und alle anderen zur augenlosen Masse degradieren. Nur Zyniker der Macht werden solche Aspekte einer gesellschaftskritischen Freiheit als bare Freiheitsromantik abtun.

Hängt die Sache der einen unteilbaren Freiheit nicht immer auch an den Ohnmächtigen, die keine Macht haben, welche der Macht der Liebe vorausliegt, und die keine anderen Verbündeten haben als die gefährliche Erinnerung unabgegoltener Freiheitshoffnung? Kirche müßte das institutionalisierte, autoritätgewordene Interesse solcher Freiheit sein und dieses Interesse vertreten, opportune, importune – angesichts der radikalen Bedrohungen und Katastrophen, die sich inmitten der Freiheitsgeschichte selbst abzeichnen. Dabei wird dieses kirchliche Zeugnis von der befreiten Freiheit Autorität (aus religiöser Kompetenz!) nur gewinnen können, wenn es mit dem Interesse der Liebe verbunden bleibt, die auf der Spur des fremden Leidens den eigenen Weg durch die Geschichte sucht. Nur wo die Kirche ein Ohr hat für die dunkle Prophetie dieses fremden Leids, der fremden Armut und der fremden Bedrängnis, hört sie in Wahrheit Christi Wort; nur so ist die sichtbare Kirche auch die unsichtbare Kirche des Geistes Jesu. Hier muß sie sich neue Zeugnisfelder erobern, neue Ausdrucksformen des Charismas der befreiten Freiheit.

b) Die innerkirchlich angebahnten Prozesse einer pluralen kritischen Öffentlichkeit, des Übergangs von der emphatischen zur verfaßten Freiheit wie überhaupt einer innerkirchlichen »Kultur der Freiheit« müssen mutig und konstruktiv weitergeführt werden. Kritische Freiheit in der Kirche darf dabei nicht auf rein psychologische oder soziologische Motive herabgedeutet werden oder zum hilflos protestierenden Jargon gerinnen. Es ist eine Frage der Kirche, die bis an ihre Wurzeln reicht, ob sie bereit ist und ob es ihr gelingt, mit den Konflikten kritischer Freiheit zu leben und sie als ein Moment an sich selbst zu begreifen. Dies ist gerade nicht nur Postulat für eine elitäre und geschmäcklerische Minderheit von Intellektuellen in der Kirche. Es scheint dies immer mehr zu einer Lebensfrage für das Kirchenvolk überhaupt zu werden. Denn das Problem der Kirche von morgen werden gar nicht primär die kritischen Intellektuellen sein, sondern viel eher die sog. einfachen Leute, die vielzitierte »Herde Christi«, die heute selbst zutiefst irritiert erscheint – und zwar nicht etwa in erster Linie von einer kritischen Theologie, sondern von der Institution Kirche selbst. Es ist der faktische Wandel der Kirche, der hier Verwirrung und Identitätskrisen ausgelöst hat.[3]
Die oft beschworene Verwirrung unter den Gläubigen entsteht dadurch, daß man die Christen kirchlicherseits lieblos-autoritär einem Wandel aussetzt, ohne ihnen ein kritisches Verständnis für die Reformabilität der Kirche selbst eröffnet zu haben. Wie sollten die »einfachen Gläubigen« die Identität der einen Kirche in ihren Wandlungen noch verstehen, wie sollten sie sich nicht betrogen fühlen, wenn sie kein kritisches Verhältnis zu ihrer Kirche haben, das allein auch im Wandel die Kontinuität sehen kann, das schließlich weiß, daß gerade

[3] Vgl. hierzu § 8.

dieser Wandel zur geschichtlichen Identität dieser einen ecclesia semper reformanda gehört? Nicht ein Zuviel an Kritik, sondern ein katastrophaler Mangel an fundamentaler und eingeübter kritischer Freiheit in der Kirche ist eine der Ursachen der kirchlichen Krise heute. Und dieser Mangel macht gerade die »Herde Christi« zum zentralen Krisenherd in der Kirche von morgen. Die »schweigende Majorität« ist auch in der Kirche eine sehr fragwürdige Instanz. Man unterschätze also nicht die religiöse Identitätskrise der »einfachen Leute«. Wer rettet sie am Ende vor einem gefährlichen Indifferentismus oder einer skeptischen Resignation, durch die immer größere Todesstreifen zwischen kirchlicher Institution und den Gläubigen gezogen werden?
Die Zahl derer, die sich als Kirche fühlen, wird so immer kleiner – trotz aller Reden vom allgemeinen Priestertum der Gläubigen, von der Kirche als dem Volke Gottes und trotz aller Beschwörung der Bedeutung des Laien in der Kirche. Wo kollektive Identifikationen zerbrechen, bricht leicht Panik aus. Wer die Schuld dafür nur bei jenen sucht, die Identifikationsschwierigkeiten haben und sich dabei vorschnell auf die Kirche als »kleine Herde« beruft, weist der Kirche selbst keinen Weg – es sei denn den in die Sekte.[4]

c) Darum sei schließlich als weitere Aufgabe genannt: *Bewahrung des kirchlichen Bewußtseins vor zunehmender Sektenmentalität.* Die Situation der Kirche ist alarmierend. Ihre wachsende »kognitive Vereinsamung« in einer Welt, auf deren Definition sie keinen Einfluß mehr nimmt, drängt leicht entweder in eine sektiererische Abschließung oder in modernistische Anpassung. Offensichtlich gibt es die Gefahr, daß die christliche Botschaft völlig angepaßt wird und das kirchliche Christentum zur entbehrlichen religiösen Paraphrase moderner Prozesse der Welt herabsinkt. Dieser Gefahr des Selbstverlustes durch aktive Anpassung steht aber die andere des Selbstverlustes durch passive Anpassung gegenüber, die weniger im Vordergrund der gegenwärtigen Aufmerksamkeit liegt, die aber unbedingt auch gesehen werden muß, wenn es um den Weg der Kirche in der Gesellschaft von heute und morgen geht: Es besteht die Gefahr, daß die Kirche selbst in einem theologischen Sinn zur Sekte wird: die Gefahr einer traditionalistischen Sektenorthodoxie und einer sektiererischen Mentalität der Selbstabschließung in der Kirche.
Generelle Symptome für die Zunahme solcher Sektenmentalität scheinen die folgenden zu sein: Traditionsbewahrung ohne Traditionsstiftung, d.h. als purer Traditionalismus; wachsende Unfähigkeit bzw. Unwilligkeit, neue Erfahrungen zu machen und sie in kritischer Assimilation für das Selbstverständnis der Kirche und ihrer Verfassungen

[4] Vgl. auch hier die weiterführenden Überlegungen in § 8.

anzuwenden. Vieles am anhaltenden interkonfessionellen Streit im Christentum trägt m.E. ebenfalls solch sektiererische Züge. Dazu die zelotisch angeschärfte Sprache und ein erneutes militantes Gebaren bei innerkirchlichen Auseinandersetzungen, die Verwechslung von Kirchlichkeit mit einem freud- und humorlosen Zelotentum.

Die Kirche als Kirche des Sohnes kann sich aber nicht gegenüber dem »Fremden« der unbegriffenen geschichtlichen Welt abschließen und in dieser Abschließung selbst erhalten wollen. Diese »Fremdbestimmung« kommt nämlich zur Kirche nicht nachträglich hinzu, sie ist Element ihrer Konstitution, sie gehört zu ihrem specificum christianum. Nicht nur, was »menschlich« ist, sondern auch, was »christlich« in einem vollen und bestimmten Sinne ist, kann die Kirche nicht im vorhinein und ohne das Experiment geschichtlicher Erfahrung und Auseinandersetzung wissen. Wo sie das vergißt, droht sie in einem theologischen Sinn zur Sekte zu werden.

Die Warnung vor dieser Sektengefahr ignoriert nicht den zunehmenden Status der Minorität der Kirche in der Gesellschaft von heute und morgen. Nicht die Minorität, sondern die Mentalität definiert die Sekte im theologischen Sinn. Minorität als solche braucht die Kirche letztlich weder zu fürchten noch sich ihrer zu schämen, es sei denn, sie halte sich selbst für die innerweltliche Vollstreckerin der Geschichte der befreiten Freiheit und mißverstehe sich so als eine ihre eigene Freiheitshoffnung ersetzende Ideologie. Die Minorität kann auch eine Chance sein: sie kann mehr Mobilität in die Kirche bringen, mehr Nähe zu den übersehenen und bedrängten Minoritäten der Gesellschaft, und sie kann die Kirche entschiedener herausführen aus ihren parastaatlichen Strukturen. Sie kann zum Purgatorium werden, so daß in den kirchlichen Lebensformen wieder lebendiger jene Freiheit Jesu repräsentiert werde, auf deren gefährliches Gedächtnis die Zukunft der Freiheit nicht verzichten kann.

§ 6 Zukunft aus dem Gedächtnis des Leidens
Zur Dialektik des Fortschritts

Überarbeitete und ins Gesamtkonzept eingepaßte Fassung eines Textes von 1971; ursprünglich vorgetragen auf einem Internationalen Theologen-Symposium in New York, Nov. 1971; erstmals veröffentlicht unter dem Titel »Zukunft aus dem Gedächtnis des Leidens« in: Concilium, 1972, Heft 6/7; eingearbeitet ist auch die auf den gleichen Vortrag zurückgehende Veröffentlichung »Erinnerung des Leidens als Kritik eines teleologisch-technologischen Zukunftsbegriffs« in: Evangelische Theologie, 1972, Heft 4.

1. Der sozio-politische Kontext

»Die Zukunft ist auch nicht mehr das, was sie war.« In diesem Satz, der zwischen Trivialität und Weisheit schwingt, meldet sich eine bezeichnende Einsicht in die geänderte Situation unseres Lebens und unserer Welt zu Wort. Das Vertrauen in den vermeintlichen Stufengang technologischer Zivilisation schwindet. »Fortschritt« gibt es, wenn überhaupt, nur im Widerstand gegen seine naive Verallgemeinerung (in manchen forschen Futurologien). Der Wärmestrom der Teleologie, der unser Bewußtsein getragen hat, versiegt immer mehr. Die teleologische Zuversicht auf eine zunehmende Versöhnung von Mensch und Natur ist gebrochen, und jetzt, da sie vergeht, merken wir erst, wie tief und nachhaltig sie uns bestimmt hat – bis in die philosophischen und theologischen Interpretationen der Zukunft hinein. Nun aber tritt plötzlich wieder Sisyphus neben Prometheus, Nietzsche neben Marx, Camus neben Teilhard, Monod neben Whitehead.
Immer deutlicher werden uns die Gefahren und Antagonismen bewußt, die entstehen, wenn die technologischen und ökonomischen Prozesse ihrer Eigengesetzlichkeit überlassen werden und wenn unsere politischen und gesellschaftlichen Steuerungssysteme versagen: sterbende Städte, Zerstörung der Umweltsysteme, hemmungslose Ausbeutung der Rohstoffquellen, Bevölkerungsexplosion, Informationschaos, der immer aggressiver und immer schärfer sich zuspitzende Nord-Süd-Konflikt, der schließlich auch den Machtkonflikt zwischen Ost und West in neuer Weise aktualisieren kann.[1]

[1] Vgl. die aufsehenerregende Untersuchung: D. Meadows (Hrsg.), Die Grenzen des Wachstums. Bericht des Club of Rome zur Lage der Menschheit, 1972. – Die Studie ist als zeitgeschichtliches Symptom zitiert. Ihr tatsächlicher (und intendierter?) politischer Verwertungszusammenhang muß hier außer Betracht bleiben.

Hinzu tritt die Bedrohung der anschaulichen Identität und Freiheit des Menschen durch die wachsenden Möglichkeiten psychologischer und genetischer Manipulation. Ferner der Verdacht, daß die sich selbst überlassene technologisch-ökonomische Planung der Zukunft des Menschen den völlig angepaßten Menschen produziert, den Menschen, dessen Träume und Phantasien nicht mehr nachkommen und im Funktionalismus technischer Apparaturen ersticken. Die rein technologisch-ökonomisch geplante Produktion der Zukunft des Menschen scheint gerade den Untergang jenes Menschen vorzubereiten, der sich aus der geschichtlichen Substanz seiner Freiheit, d.h. aber aus der Macht zur Alternative in aller Anpassung nährt. Darum fehlt es schon heute nicht an Stimmen, die nach dem von Nietzsche proklamierten »Tod Gottes« nun auch den »Tod des Menschen«, die Stillegung seiner Spontaneität und seine Bestattung im Grab eines technisch-ökonomischen Strukturalismus verkünden und die befürchten, daß das Denken des Menschen seine dialektische Spannung zum Bestehenden verliert und in den alles umgreifenden anonymen Produktionsprozessen verschwindet.
Es ist ein Kennzeichen der heutigen Situation des Menschen und seines Verhältnisses zur Zukunft, daß er vom Subjekt der technisch-zivilisatorischen Prozesse zu deren Produkt zu werden droht. Die große Verfügung über Technik und Wissenschaft beginnt auch das planende Subjekt selber zu besiegen. In dieser Situation, so meine ich, kann nicht über Zukunft gesprochen werden mit subjektlosen Kategorien: Entwicklung, Fortschritt oder auch »Prozeß«. Es ist vielmehr zu fragen: Entwicklung, Fortschritt, Prozeß – wessen? Entwicklung, Fortschritt, Prozeß – wohin? Die Frage der Zukunft unserer technologischen Zivilisation ist nicht primär ein Problem der Technik, sondern der Verfügung über die Technik und ihre Rohstoffe und über die technologisch-ökonomischen Prozesse; sie ist nicht primär ein Problem der technischen Mittel, sondern der Ziele und der Setzung von Prioritäten und Präferenzen. Das aber heißt: sie ist primär ein politisches und fundamental ein gesellschaftliches Problem.
Wie aber kann Politik der Leitfaden für die Frage nach der Zukunft in der technologischen Gesellschaft sein? Befindet sich die gegenüber Technologie und Ökonomie selbständige Politik nicht in einem agonalen Zustand? Wächst nicht die anonyme Diktatur von Strukturen und Prozessen, der gegenüber die Diktaktur von Personen oder Parteien vergleichsweise harmlos erscheinen mag? »Eine Welt der unsichtbaren Diktatur ist denkbar, die sich noch der demokratischen Regierungsformen bedient« (K. Boulding). Paralysiert sich die politische Vernunft nicht immer mehr zur instrumentellen Vernunft technologischer und ökonomischer Prozesse und ihrer anonymen »Zwänge«? Wo ist die Politik, die diese Zwänge steuert und sie aus den sich abzeichnenden Widersprüchen und Katastrophen führt?

Hilft hier etwa eine radikale Szientifizierung der Politik weiter? Gewiß, politisches Leben wird immer weniger auf die Vermittlung und Mobilisierung wissenschaftlicher Erkenntnisse verzichten können. Doch die Authentizität politischen Bewußtseins gegenüber den Zwängen der Technik wird nicht durch die Wissenschaft konstituiert und garantiert. Denn die modernen Wissenschaften sind selbst tendenziell und nicht beiläufig technologisch, und dieser Zusammenhang gehört zur Voraussetzung ihres Erfolgs und gründet in der spezifischen Form ihres Wissens, eines Wissens nämlich, das sich zuletzt als Herrschaftswissen über Natur entlarvt. Damit ist eine Fülle von Fragen angeschnitten, die hier nicht weiter verfolgt werden können. Nur dies sei vermerkt: Politik, die mehr ist als erfolgreiche Anpassung an die Zwänge des technischen und ökonomischen Fortschritts, gründet in mehr und in anderem als in Wissenschaft (wie wir sie heute kennen und verstehen).

Offensichtlich wird es diese Politik nur geben, wenn sich das politische Leben selbst fundamental wandelt. Es hilft uns weder die Umsetzung der Politik in Kybernetik und Computer-Administration, die die angezeigten Aporien nicht überwindet, sondern reproduziert, noch freilich auch ein politischer Dezisionismus im alten Stil, ein Machiavellismus, eine Art Steinzeitpolitik im 20. Jahrhundert. Hier wird auf die Dauer eine neue Form politischen Lebens und politischer Strukturen erforderlich. Nur wenn sie gelingt, wird es auch in Zukunft humane Kulturen geben. In diesem Sinn ist in der Tat Politik der neue Name für Kultur, und in diesem Sinn ist auch jede Theologie, die die christlichen Überlieferungen in den Problemzusammenhängen der Welt zu reflektieren und den Übersetzungsprozeß zwischen Reich Gottes und Gesellschaft zu leisten sucht, »politische Theologie«.

Angesichts der Frage, wie eine für das Überleben aller Menschen in Freiheit notwendige Bewußtseinsänderung erreicht werden kann, plädiert politische Theologie für eine Sicherung menschlicher Identität aus der Tradition praktischer Vernunft. Sie optiert für eine historische Anthropologie und Aufklärungspädagogik, die sich nicht allzu leicht in die Illusion hinein aufgeben, das Heil der Zukunft durch genetische Manipulation und über elitäre Computerideologie zu finden. Es seien einige Aspekte dieser Orientierung und Strukturierung politischen Bewußtseins genannt:

a) Die Geschichte ist heute in ein Stadium getreten, wo alle entscheidenden Probleme menschlichen Zusammenlebens bereits *weltweite* (globale) Bedeutung erlangt haben. Politik ist zu einer Sache geworden, die alle in neuer Weise angeht, weil die Zukunft aller auf *ihrem* Spiele steht. Die globalen Interferenzen sind inzwischen zum *konkreten* Thema politischen Handelns geworden. Von daher darf Politik nicht länger nur im Handlungsrahmen von Nationen und deren oft ideologisch motivierten Sicherheitsinteressen betrieben werden, sondern muß heraustreten in die Universalität der Verantwortung für das Leben und Überleben *aller*.[2]

b) Unsere Situation macht eine neue Verbindung von *Politik und Moral* nötig, die sich nicht mit jener bürgerlichen, letztlich trivialen Wohlstandsmoral zufriedengeben kann, die uns in der liberalen Unterscheidung von Politik und Moral immer noch aufbewahrt ist. »Es gibt Anhaltspunkte dafür, daß die Eliminierung des Krieges als eines legitimen Mittels der Konfliktlösung, daß die Beseitigung von Massenarmut und von Disparitäten der wirtschaftlichen Entwicklung zu den internationalen Lebensimperativen fortgeschrittener Gesellschaftssysteme entweder schon gehören oder alsbald gehören werden. Auch wenn diese Systeme vorerst keine hinreichenden Motive für die Lösung solcher globaler Probleme hervorbringen, ist doch zu sehen, daß eine Problemlösung kaum möglich sein wird ohne die Durchsetzung bisher nur privat angesonnener universalistischer Normen in öffentlichen Bereichen. Das mag man, wenn man sich an die gewohnten Kategorien hält, eine Moralisierung der Politik nennen. Aber Überlegungen dieser Art sind nicht deshalb schon als naive Schwarmgeisterei abzutun« (J. Habermas).

c) Diese neue Verbindung von Politik und Moral kann nicht von oben verordnet werden; sie darf auch nicht in die politische Kanonisierung eines bestimmten Moralsystems zurückfallen und nicht einen »totalitären« Zusammenfall von politischer und ethischer Praxis intendieren. Sie erfordert die Mobilisierung der geistigen und moralischen Kräfte durch eine radikale *Demokratisierung* des Unterbaus der Gesellschaft, ein Aufrichten der Freiheit und der effizienten Verantwortung von unten her.

d) Das politische Leben, das als Bedingung für eine Kultur der Freiheit in den technologisch-ökonomischen Prozessen gilt, kann nicht auf jene Reserven der moralischen und politischen Imagination verzichten, die sich in den gegenwärtigen *Subkulturen* und *Gegenkulturen* entfalten. In dieser »Jugendkultur« drückt sich weit mehr als der übliche Generationskonflikt aus. Sie ist in einer gewissen Weise die westliche Form von Kulturrevolution, das Experiment einer Alternative zu den Zwängen der technologischen Fortschrittsgesellschaft. Wer hier nur wartet, bis die Eskapisten wieder reumütig in das etablierte System zurück-

[2] Zu dieser Struktur universaler Verantwortung und der damit zusammenhängenden Frage nach dem Umfang »christlicher Kompetenz« vgl. J.B. Metz, Vergebung der Sünden, in: Stimmen der Zeit 195 (1977) 119–128.

kehren, hat weder diese Kultur noch seine eigene Situation verstanden. Zeigen sich nicht in solchen Bewegungen deutliche Symptome der Krise des Freiheitsverständnisses der westlichen Wohlstandsgesellschaften, die ja in ihrem liberalen Pluralismus eine immer formalere und inhaltslosere Freiheit kultivieren? Die Frage scheint berechtigt, ob diese Jugendkulturen nicht versuchen, nach einer gescheiterten direkten Konfrontation mit unserer Gesellschaft diese sozusagen »von vorne« mit neuen Symbolen sozialer Identität und produktiven Vorbildern inhaltlicher Freiheitsverwirklichung zu überholen; der Versuch also, vorwegzunehmen, wie menschliches Leben sein kann, wenn es nicht mehr einer reinen Produktions- und Leistungsmentalität unterworfen ist?

Natürlich zielt diese neue politische Orientierung, deren Zielvorstellungen sich nicht in den Plausibilitäten der technologisch-ökonomischen Systeme erschöpfen, keineswegs auf eine Ausschaltung von Technik und Ökonomie überhaupt. Es gibt weder eine Alternative zur Technik noch (bis heute) eine alternative Technik. Gesucht und gefordert aber ist eine neue Mediatisierung, eine neue Instrumentalisierung dieser Technik und dieser technischen und ökonomischen Prozesse. Und eines soll vor allem verhindert werden: die Zersetzung der politischen Phantasie und des politischen Handelns ins reine Geschäft der Planung. Denn nur die Selbständigkeit der politischen Dimension eröffnet die Möglichkeit humaner Zukunft.

Die bekannte Geschichte W. Benjamins von der schachspielenden Puppe läßt sich umerzählen als Geschichte vom Kampf zweier Riesen, von denen der eine, schwächere, fast schon besiegte, doch immer noch einen unvermuteten Streich führt und sich schließlich aus der Umklammerung des anderen befreit. Er vermag das, weil in seinem Riesenohr ein kleiner buckliger Zwerg sitzt, der ihm Mut macht und immer wieder neue Spielarten des Widerstandes einflüstert. Zu diesem Kampf läßt sich als Gegenstück der Streit zwischen Technik und Politik, zwischen rein technologisch-ökonomischer Planung und politischem Entwurf der Zukunft denken. Die politische Phantasie wird sich von den technologischen Zwängen nicht endgültig aufsaugen lassen, wenn sie jene moralisch-religiöse Phantasie und Widerstandskraft behält, die aus dem Gedächtnis des in der Geschichte akkumulierten Leidens erwächst. Der Zwerg versinnbildlicht das Gedächtnis dieses Leidens, da ja das Leiden in den fortgeschrittenen Gesellschaftssystemen sowieso als klein und häßlich gilt und sich besser nicht blicken läßt.

Politisches Bewußtsein ex memoria passionis, politisches Handeln aus dem Gedächtnis der Leidensgeschichte der Menschen: Dies könnte ein Verständnis von Politik andeuten, aus dem neue Möglichkeiten und neue Kriterien einer Verfügung über technologische und ökonomische Prozesse entstehen. Es inspiriert zu einer neuen Form der Solidarität,

der Fernsten-Verantwortung, da die Geschichte des Leidens alle Menschen wie eine »zweite Natur« vereint. Es verhindert ein rein technisches Verständnis von Freiheit und Frieden; es läßt keinen Frieden und keine Freiheit zu auf Kosten der verdrängten Leidensgeschichte anderer Völker und Gruppen.
Die Geschichte des Leidens der Menschen liefert Maßstäbe zur Kritik der planenden Vernunft: Aufklärung und Erziehung zur Verantwortung statt Eingriff in die Erbanlage, Bewußtseinsveränderung statt Gehirnvergrößerung, humanisierte Natur statt Mensch aus der Retorte, Sterbenkönnen statt verzweifeltes Überleben.[3]
Das Gedächtnis des Leidens zwingt dazu, nicht nur vom Standpunkt der Durchgekommenen und Arrivierten, sondern auch vom Gesichtspunkt der Besiegten und der Opfer her auf das öffentliche theatrum mundi zu schauen – gewissermaßen in der streng politischen (und keineswegs »rein ästhetischen«) Perspektive des Narren an den Königshöfen früherer Zeit: Der Narr nahm Partei für die unterlegene, besiegte oder verdrängte Alternative in der Politik seines Herrschers. Seine Politik war sozusagen Politik aus dem Gedächtnis des Leidens – gegen den machiavellistischen Herrscher. Heute geht es darum, die »Arbeitsteilung« im politischen Leben zwischen den Mächtigen einerseits und dem »Narren« und seiner ohnmächtigen Imagination des Leidens andererseits aufzuheben. Darin könnte der Sinn einer neuen, nichttrivialen Verbindung von Politik und Moral liegen: eine Figur politischen Lebens und politischer Verantwortung, für die vermutlich auch die großen moralischen und religiösen Traditionen der Menschheit zu mobilisieren wären, wenn man sie an der Wurzel ihrer Intentionen faßt.

2. Natur und Geschichte

In den vorgetragenen Überlegungen gewinnt das politische und gesellschaftliche Handeln auf Zukunft hin seine Orientierungen, seine »Normen« nicht etwa aus einer universalen Theorie der Natur, sondern aus einem geschichtlichen Begründungszusammenhang. Wird Zukunft damit aber nicht erneut auf schwankenden, unzuverlässigen Boden gestellt? Wenn das gesellschaftliche und politische Handeln die Prioritäten der technologisch-wissenschaftlich-ökonomischen Entwicklung setzt, und wenn dieses Handeln sich selbst aus geschichtlichem Bewußtsein nährt und bestimmt: wird dann nicht Zukunft gerade den Antagonismen geschichtlicher Interessen und Parteien ausgeliefert?

[3] Daß die aufgeklärte Vernunft solche Kritik unterschätzt bzw. verdrängt, wurde bereits angedeutet. Vgl. dazu ausführlicher § 7.

Sollte man also nicht endlich aufhören, in den verbrauchten und ausgebeuteten Geheimnissen der Geschichte zu wühlen? Müßte Zukunft nicht – versuchsweise – aus einer universalen Theorie der Natur bestimmt werden?

Doch gerade wenn man die Probleme der Umwelterhaltung, der Sicherung der Rohstoffquellen und einer über sich selbst aufgeklärten Futurologie ernst nimmt, wird deutlich, daß nicht die Geschichte mit einer Theorie der Natur gestützt, sondern daß umgekehrt die Natur mit einer Reflexion unserer geschichtlich gewordenen Verantwortung vor hemmungsloser Ausbeutung gesichert werden muß. Hier zeigt sich auch, welche weitreichende Bestimmung gemacht wird mit der Aussage, daß Politik der neue Name für Kultur sei. Denn unter dem Auftrag, Natur als Voraussetzung einer vernünftigen Zukunft zu bewahren, bewahrheitet Kultur ihren ursprünglichen Namen ebenso wie ihren Anspruch, Barbarei zu überwinden. Die Kategorie der Verantwortung für das eigene Handeln, für die anderen und für die Natur demonstriert, daß Kultur sich in Politik bewähren muß. Die Gattung erlangt dadurch ein Bewußtsein ihres naturwüchsigen Lebensprozesses. Dieses Bewußtsein gestattet es, die Einheit von Vernunft und Wirklichkeit als die uns aufgegebene Versöhnung von Natur und Geschichte zu begreifen.

Jeder Versuch einer Versöhnung zwischen Natur und Mensch hat im Kern utopischen, also selbst geschichtlich-dialektischen Charakter. Denn der menschliche Geist, welcher sich über die Naturwüchsigkeit erhebt, ist derselbe, welcher seine bleibende Abhängigkeit von der Natur in Form ihrer Beherrschung zu objektivieren versucht. Ist dieser Geist als Geschichte das andere von Natur, insofern er auf den Zustand vorauszeigt, der vom Zwang der Natur befreit und selbst Natur versöhnt, so ist er dies schon nicht mehr, insofern er als Technik den Naturzwang in steigender Ausbeutung und Herrschaft über die Natur fortsetzt. In diesem Spannungsfeld organisiert sich die Gattung als ein sich selbst übersteigendes Stück Natur, das deswegen auch mit sich im Kampfe liegt und sich ständig selbst verletzt. Von daher bleibt der Prozeß der Menschwerdung vom Leiden gezeichnet, und es gibt keine teleologisch-finalistische Vermittlung zwischen Natur und Mensch.

Die moderne Naturwissenschaft, wo sie – wie in der Biologie – zur Anthropologie wird, scheint dies in aller Schärfe zu bestätigen. Man lese nur Monod gegen Teilhard und Whitehead! Monod versucht einen aus der Kombination von Kontinuität und Mutationen bestehenden Begriff der Entwicklung durch eine radikale Betonung des Zufalls aufzulösen, womit er gleichzeitig die Vorstellung vom Menschen als der mit Notwendigkeit hervorgetriebenen Spitze der Evolution zu unterminieren sucht. Der Mensch als »Zufallstreffer« der Natur, als kosmischer »Unfall«. Die ideologischen Hintergründe dieser These Monods sollen hier nicht diskutiert werden. Es sei nur betont, daß der Zufall in der Natur kein Schreckgespenst für eine Theologie der Geschichte ist, die es sich versagen gelernt hat, Wirklichkeit im Modell eines geschlossenen und überraschungsfreien Kosmos zu denken.

Es ist das Leid, das einer affirmativen Theorie der Versöhnung zwischen Mensch und Natur widersteht. Jeder Versöhnungsversuch entartet am Ende in eine schlechte Ontologisierung der Passion des Menschen. Leid kontrastiert Natur und Geschichte, Teleologie und Eschatologie. Zwischen beiden gibt es keine »objektive« Versöhnung, keine durchschaubare und verwaltbare Einheit. Jeder Versuch dieser Art würde unter dem Rang menschlichen Leidens liegen. Das zeigt sich besonders deutlich etwa bei dem Versuch, menschliches Leid als Modalität einer allgemeinen Wechselwirkung zwischen »actio« und »passio« in der Natur zu verstehen. Dies wäre – im doppelt negativen Sinn des Wortes – Scholastik des Leidens! Die kleinste Spur sinnlosen Leidens in der erfahrbaren Welt straft die gesamte affirmative Ontologie und die gesamte Teleologie Lügen und entlarvt sie als Mythologie der Moderne.[4]

Das Leid des Menschen widersteht allen Versuchen, Geschichte und geschichtliche Prozesse von der Natur her zu deuten bzw. Natur als Subjekt dieser Geschichtsprozesse zu interpretieren. Dabei ist freilich immer vorausgesetzt, daß sich im Leiden auf negative Weise ein Identitätsbewußtsein meldet, das nicht reduziert werden kann auf die triviale Identität der naturzeitlichen Beharrung. In diesem Identitätsbewußtsein artikuliert sich nicht die Anthropozentrik der Macht und der Herrschaft gegenüber der Natur, sondern die Anthropozentrik des Leidens, die sich gegenüber jeder Kosmozentrik behauptet. Und es ist deshalb nicht idealistischer Hochmut, sondern der Respekt vor der Dignität des geschichtlich akkumulierten Leidens, wenn man Natur von Geschichte her zu verstehen sucht (wenn man also den Zusammenhang von Natur und Geschichte dialektisch und nicht teleologisch deutet) und die Milliarden Jahre der Naturzeit gegenüber der Leidenszeit des Menschen als »Inflationszeit« (Bloch) interpretiert.

Das Substrat der Geschichte ist demnach nicht Natur als Entwicklung oder subjektloser Prozeß. Die Naturgeschichte des Menschen ist gewissermaßen seine Passionsgeschichte. In ihr ist die Unversöhntheit zwischen Natur und Mensch nicht unterschlagen, sondern aufrechterhalten – gegen jede teleologische Projektion und gegen jede ontologische Verallgemeinerung. Diese Passionsgeschichte nämlich hat kein Ziel, sondern – wenn überhaupt – eine Zukunft. Und nicht Teleologie, sondern die »Spur des Leidens« schafft die uns zugängliche Kontinui-

[4] Im Anschluß an Th.W. Adorno und seine Kritik einer Ontologisierung des Leidens. Vgl. bes. Negative Dialektik, Frankfurt/M 1966, 201.

tät dieser Geschichte. Die wesentliche Dynamik der Geschichte ist das Gedächtnis des Leidens als negatives Bewußtsein von künftiger Freiheit und als Stimulans, im Horizont dieser Freiheit leidüberwindend zu handeln. Geschichte der Freiheit also ist – unter der vorausgesetzten Fremdheit von Mensch und Natur – nur möglich als Leidensgeschichte. Jede Vorstellung einer Geschichte der Freiheit, die in einem undialektischen Stufengang »voranschreitet«, erweist sich als abstrakt und ideologisch. Das aber bindet das gesellschaftliche und politische Handeln fundamental an historisches Bewußtsein und erlaubt weder einen stoischen Rückzug aus den Antagonismen der Geschichte noch eine teleologische Optimierung ihrer Widersprüche.

3. Zukunft aus dem Gedächtnis des Leidens

Das Christentum führt Gott nicht nachträglich als »Lückenbüßer« in den den Streit um die Zukunft ein; es sucht vielmehr die Erinnerung des gekreuzigten Herrn, diese *bestimmte memoria passionis*, als gefährliches Gedächtnis der Freiheit in den gesellschaftlichen Systemen der technologischen Zivilisation präsent zu machen. Diese innerhalb einer praktischen Fundamentaltheologie zentrale und in allen Überlegungen dieses Bandes irgendwie implizierte Aussage bedarf der näheren Entfaltung und Erläuterung.

a) »Erinnerung«[5] scheint eine bürgerliche Gegenfigur zur Hoffnung zu sein, die uns trügerisch dispensiert von den Wagnissen der Zukunft. In welchem Sinn kann sie praktisch-kritischen, ja gefährlich-befreienden Charakter haben?
Es gibt Erinnerungen, in denen man es sich leicht macht im Verhältnis zur Vergangenheit: Erinnerungen, in denen Vergangenheit zum unangefochtenen Paradies wird, zum Asyl für die gegenwärtigen Enttäuschungen, Vergangenheit als »die gute alte Zeit«. Erinnerung taucht hier alles Vergangene in ein mildes, versöhnliches Licht. »Erinnerung verklärt«, heißt es. Dies wird z.B. drastisch deutlich, wenn Kriegsveteranen am Stammtisch ihre Kriegserfahrungen austauschen: Die Hölle des Krieges ist in diesen Erinnerungen ausgeblendet; geblieben sind, so scheint es, allein die längst bestandenen Abenteuer! Die Vergangenheit wird gefiltert durch ein Klischee der Harmlosigkeit; alles Gefährliche und Bedrängende, alles Herausfordernde an ihr ist verschwunden; alle Zukunft scheint ihr geraubt. Die Erinnerung wird so leicht zum »falschen Bewußtsein« von Vergangenheit, zum Opiat für die Gegenwart.

[5] Vgl. hierzu § 11, sowie den dazugehörigen Exkurs.

Es gibt aber auch eine andere Form von Erinnerung: gefährliche Erinnerungen, Erinnerungen, die herausfordern. Erinnerungen, in denen frühere Erfahrungen aufblitzen und die neue, gefährliche Einsichten für die Gegenwart aufkommen lassen. Sie beleuchten für Augenblicke grell und hart die Fraglichkeit dessen, womit wir uns längst abgefunden haben, und die Banalität eines vermeintlichen »Realismus«. Sie durchstoßen den Kanon der herrschenden Plausibilitätsstrukturen und tragen geradezu subversive Züge. Solche Erinnerungen sind wie gefährliche und unkalkulierbare Heimsuchungen aus der Vergangenheit. Es sind Erinnerungen, mit denen man rechnen muß, Erinnerungen sozusagen mit Zukunftsgehalt.[6] Nicht von ungefähr ist die Zerstörung von Erinnerung eine typische Maßnahme totalitärer Herrschaft. Die Knechtung von Menschen beginnt damit, daß man ihnen ihre Erinnerungen nimmt. Alle Kolonisation hat darin ihr Prinzip. Und jeder Aufstand gegen Unterdrückung nährt sich aus der subversiven Kraft erinnerten Leidens. Den modernen Zynikern politischer Macht stellt sich das Gedächtnis des Leidens immer neu entgegen.
Offensichtlich besteht heute die Gefahr, daß alles, was erinnerungsbestimmt ist, und was nicht dem Kalkül der technisch-pragmatischen Vernunft gehorcht, dem Aberglauben gleichgesetzt und der privaten Beliebigkeit überlassen bleibt. Dadurch aber wird der Mensch gerade nicht freier und »aufgeklärter«. Er verfällt nur um so leichter den herrschenden Illusionen und wird in einer neuen Weise verführbar. Insofern stellt sich das Gedächtnis des Leidens auch den modernen Propheten der Geschichtslosigkeit immer neu entgegen. Dieses Gedächtnis erlaubt es nicht, Geschichte entweder nur als Kulisse einer gelegentlichen feierlichen Interpretation des Daseins zu verstehen oder nur als distanziertes Material historischer Kritik. Als erinnerte Leidensgeschichte behält die Geschichte die Gestalt »gefährlicher Überlieferung«, die weder in einer letztlich rein affirmativen Einstellung zur Vergangenheit (wie im Ansatz der hermeneutischen Theorien) noch in einer rein kritischen Attitüde gegenüber der Vergangenheit (wie im Ansatz der Ideologiekritik) »aufgehoben« und stillgestellt werden kann. Ihre »Vermittlung« ist in jedem Falle praktischer Natur. Sie geschieht nie rein argumentativ, sondern immer auch »narrativ«, in gefährlich-befreienden Geschichten.

b) Die hier in Frage stehende memoria ist – nach allem bisher Gesagten – eine memoria passionis: *Erinnerung des Leidens*. Es gibt im gesellschaftlichen Leben eine Art »Bann«, einen »Verblendungszusammenhang«, der die Einsicht in den ursprünglichen kognitiven und praktischen Rang des Leidens versperrt oder doch stört.

[6] Vgl. H. Marcuse, Der eindimensionale Mensch, Neuwied 1967, 117 f.

Das neuzeitliche Wissenschaftswissen – damit werden die unter 2 vorgetragenen Überlegungen zu »Natur und Geschichte« variiert – ist geprägt von dem Modell des Herrschaftswissens über die Natur. Der Mensch versteht sich in ihm anthropologisch vor allem als Herrschaftssubjekt gegenüber der Natur. Scientia et potentia in idem coincidunt: dieser Satz Bacons charakterisiert das neuzeitliche Wissenschaftswissen als Herrschaftswissen. Dementsprechend kommen in einer Gesellschaft, die von diesem Wissenschaftswissen allenthalben bestimmt ist, andere Verhaltens- und Wissensformen des Menschen – Leid, Schmerz, Trauer, aber auch Freude und Spiel – von vornherein nur funktional und abgeleitet zur Geltung und werden in ihrem kognitiven kritischen Rang weithin unterschätzt. Es ist deshalb von Bedeutung, daß sich hier eine Art *Antiwissen* ex memoria passionis bildet, in dem auch die ständige Identifizierung von »Praxis« mit »Naturbeherrschung« ad absurdum geführt wird.
Ebenso sind die gängigen Geschichtsvorstellungen geprägt durch die Ausblendung des Ranges des Leidens. Geschichte wird bewußt oder unbewußt definiert als Geschichte der Durchgekommenen, der Erfolgreichen und Arrivierten. Es ist kaum die Rede von den besiegten und unterlegenen, von den verdrängten und vergesssenen Hoffnungen des geschichtlichen Daseins. Auch auf dem Gebiet der Historie herrscht eine Art Darwinismus. Ensprechend wäre von entscheidender Bedeutung, eine Art *Antigeschichte* zu »erzählen« aus dem Gedächtnis des Leidens. Dies wäre ein Geschichtsverständnis, in dem immer auch die besiegten und zerstörten Alternativen bedacht würden: Geschichte ex memoria passionis als Geschichte der Besiegten. Davon wird in anderem Zusammenhang ausführlicher zu sprechen sein.

c) Christlicher Glaube artikuliert sich als memoria passionis, mortis et resurrectionis Jesu Christi. In der Mitte dieses Glaubens steht das Gedächtnis des gekreuzigten Herrn, eine *bestimmte* memoria passionis, auf die sich die Verheißung künftiger Freiheit für alle gründet. Daß im Gedächtnis seines Leidens die Zukunft der Freiheit erinnert wird: dies ist eine eschatologische Aussage, die durch keine nachträgliche Anpassung plausibler gemacht oder allgemein verifiziert werden kann. Sie bleibt umstritten und bestreitbar; diese Anstößigkeit gehört zu ihrem mitteilbaren Inhalt. Denn die unter dem Namen »Gott« erinnerte Wahrheit der Passion Jesu und der Leidensgeschichte der Menschheit kann nur so gedacht werden, daß sie immer auch die Absichten dessen verletzt, der sie zu denken sucht. Die eschatologische Wahrheit der memoria passionis ist ja nicht ableitbar aus den jeweiligen geschichtlichen, gesellschaftlichen und psychologischen Zwängen. Das erst macht sie zur befreienden Wahrheit. Das aber bedingt auch ihre konstitutionelle Fremdheit innerhalb der geltenden kognitiven Systeme.

Gefordert ist Theologie als menschengerechte, sachgerechte und zeitgerechte Hermeneutik eschatologischer Veränderung. Sie hat die Aufgabe, einen eschatologischen Begriff von Veränderung mit einer technologisch-zweckrationalen Form der Veränderung zu vermitteln, die das Muster nicht nur der technischen Entwicklungen, sondern auch des sozialen Wandels weitgehend bestimmt. Eine eschatologische Kritik des Bestehenden kann die Kategorie der Veränderung nicht *unmittelbar kritisch* einsetzen, weil im zweckrationalen Sinn das Bestehende das sich dauernd Verändernde geworden ist. Das »Neue« der eschatologischen Herrschaft Gottes muß in begründeter unt gezielter Veränderungsabsicht ausgedrückt werden, soll es nicht über das Ziel, d.h. die Verkleinerung der Differenz zwischen vorhandener Unmenschlichkeit und möglicher Menschlichkeit, hinausschießen. Dabei muß Theologie, wenn sie beginnt, sich mit Humanwissenschaften, Technik und Politik über die Veränderung der Welt auseinanderzusetzen, nach Kategorien suchen, die als dialogkonstituierende in Geltung treten können. Leid auf der einen, gelingendes, lebenswertes Leben auf der anderen Seite wären ein solches Kategorienpaar; Karfreitag und Ostern, memoria passionis et resurrectionis ihr theologisches Korrelat. In der Frage, woraufhin verändert werden soll, erweist diese memoria ihre bestimmende Kraft. Nicht der totale Sprung in die eschatologische Existenz des »neuen Menschen«, sondern die Reflexion des konkreten menschlichen Leidens ist der Einstiegspunkt für die Verkündigung der in der Auferstehung Jesu sich ankündigenden neuen Form eines lebenswerten Lebens. Aus dem Gedächtnis des Leidens erwächst ein Wissen um Zukunft, das keine leere Antizipation bedeutet, sondern aus der Erfahrung der Neuschöpfung des Menschen in Christus sich auf die Suche nach menschlicheren Lebensformen begibt.
Die christliche memoria insistiert darauf, daß die Leidensgeschichte der Menschheit nicht einfach zur Vorgeschichte der Freiheit gehört, sondern daß sie inneres Moment der Geschichte der Freiheit ist und bleibt. Die Imagination künftiger Freiheit nährt sich aus dem Gedächtnis des Leidens, und Freiheit verdirbt, wo die Leidenden mehr oder minder im Klischee behandelt und degradiert werden. Damit aber wird die christliche memoria zu einer Erinnerung, die aufschreckt aus der vorschnellen Versöhnung mit den »Tatsachen« und »Tendenzen« der technologischen Gesellschaft. Sie wird zu einer gefährlich-befreienden Erinnerung gegenüber den Zwängen und Mechanismen des herrschenden Bewußtseins und seinem abstrakten Ideal von Emanzipation.[7]

[7] Zur ausgeführten theologischen Kritik an einem solchen abstrakten Ideal von Emanzipation vgl. den folgenden Paragraphen.

Eine Gesellschaft, die diese Dimension in der Geschichte der Freiheit und im Verständnis von Freiheit verdrängt, bezahlt das mit dem wachsenden Verlust an anschaulicher Freiheit. Sie kann keine Ziele und Prioritäten entwickeln, die die schleichende Anpassung der Freiheit an die immer anonymer und subjektloser werdende Gesellschaft verhindern.

Dem seien noch zwei Erläuterungen angefügt:

Einmal könnte man darauf hinweisen, daß in diesem Ansatz das christliche Gedächtnis einseitig zum Leidensgedächtnis verkürzt sei und daß das *Gedächtnis der Auferweckung Jesu Christi* in den Hintergrund trete, ja unterschlagen sei. Offensichtlich kann man beide – die memoria passionis und die memoria resurrectionis – nicht einfachhin trennen. Es gibt kein Verständnis der Auferweckung, das nicht über das Gedächtnis des Leidens entfaltet werden müßte. Es gibt kein Verständnis der Herrlichkeit der Auferweckung, das frei wäre von den Finsternissen und Bedrohungen der menschlichen Leidensgeschichte. Eine memoria resurrectionis, die sich nicht als memoria passionis verstünde, wäre bare Mythologie.

Was aber besagt eine memoria passionis, die sich selbst im Glauben als memoria resurrectionis versteht? Was heißt es, »Auferweckung« zugänglich zu machen über das Gedächtnis des Leidens? Läßt sich solcher Auferweckungsglaube auch in sozial mitteilbaren Symbolen ausdrücken, die kritisch-befreiende Kraft haben? Ein solcher Auferweckungsglaube drückt sich m.E. darin aus, daß er – »kontrafaktisch« – dazu befreit, auf die Leiden und Hoffnungen der Vergangenheit zu achten und sich der Herausforderung der Toten zu stellen. Es gibt für ihn nicht nur eine Revolution, die die Dinge von morgen ändert, für künftige Generationen, sondern auch eine Revolution, die über den Sinn der Toten und ihrer Hoffnungen neu entscheidet (W. Benjamin!). Auferweckung, die über das Gedächtnis des Leidens vermittelt ist, heißt: Es gibt einen unabgegoltenen Sinn der Toten, der bereits Besiegten und Vergessenen. Das Sinnpotential der Geschichte hängt nicht nur an den Überlebenden, an den Erfolgreichen und Durchgekommenen! »Sinn« ist eben keine den Siegern reservierte Kategorie!

Hierauf hätten eine Kirche und eine Theologie zu achten, in deren Mitte das »Gedächtnis des Leidens« steht! Nur dann werden sie es verhindern, daß sie auf ihre Art jeweils zu einer Kirche oder einer Theologie der Sieger und damit zu einer politischen Religion (etwa im konstantinischen Sinn) herabsinken! – Gleichwohl hat der Glaube an die Auferweckung der Toten einen durchaus politischen Sinn. Er insistiert hartnäckig auf dem Gedächtnis des in der Geschichte angewachsenen Leidens, um daraus das Handeln und die Hoffnungen zu bestimmen.

Ein solches Verständnis der Einheit von memoria passionis und memoria resurrectionis widersetzt sich übrigens dem Versuch, zwischen einer innerweltlichen Leidensgeschichte und einer überweltlichen Gloriengeschichte, ja überhaupt zwischen Weltgeschichte und Heilsgeschichte in dem *üblichen* Sinn zu unterscheiden. Weder sind Weltgeschichte und Heilsgeschichte zwei Größen, die durch theologische Spekulation in eine Art Deckungsgleichheit zu bringen wären, noch können und sollen sie paradoxal kontrastiert werden. Heilsgeschichte ist vielmehr Weltgeschichte, in der den unterlegenen und verdrängten Hoffnungen und Leiden ein Sinn eingeräumt wird. Heilsgeschichte ist jene Weltgeschichte, in der den besiegten und vergessenen Möglichkeiten menschlichen Daseins, die wir »Tod« nennen, ein Sinn in Aussicht gestellt wird, der durch den Ablauf künftiger Geschichte nicht widerrufen oder aufgehoben wird.
Eine zweite Erläuterung gilt der näheren Bestimmung dessen, was hier konkret unter »Leid« zu verstehen ist. Ist es nicht sehr gefährlich, vom »Leid im allgemeinen« zu reden? Verliert so nicht das »Gedächtnis des Leidens« seine kritische, vor allem auch seine sozialkritische und politische Kraft? Wird das Leid dann nicht völlig privatisiert und internalisiert? Leidet nicht irgendwie jeder? Wo liegen die Kriterien, die Ansätze für ein kritisches Bewußtsein gerade im Interesse der Unterdrückten und ihrer Leiden? Gerät das soziale und politische Engagement ohne sie nicht in jenes langweilige, unbestimmte Grau in Grau, in dem sich das Bild des Christentums und der Kirche der Welt von heute zumeist zeigt? Und läuft nicht doch alles auf jenen Trost hinaus, der letztlich *niemanden* tröstet, weil er *alle* in gleicher Weise zu trösten vorgibt?
Im Lichte des christlichen Leidensgedächtnisses zeigt sich nun jedoch, daß soziale Macht und politische Herrschaft nicht einfach hingenommen werden dürfen, sondern daß sie sich angesichts des konkreten Leidens immer neu rechtfertigen müssen. Die soziale und politische Macht der Reichen und Herrschenden muß sich befragen lassen, inwiefern sie selbst leidverursachend ist. Sie kann sich von dieser Rechenschaft nicht dispensieren unter Berufung auf das je eigene Leid der Reichen und Mächtigen. Diese kritische Befragung der Herrschaft und des Reichtums gehört genau zu jenem Trost, den das Evangelium den Reichen und Herrschenden spenden will. Das Gedächtnis des Leidens im christlichen Sinn weicht also nicht aus in das Grau sozialer und politischer Beliebigkeit, sondern schärft das soziale und politische Gewissen im Interesse des fremden Leids. Es verhindert die Privatisierung und Internalisierung des Leids und die Nivellierung seiner gesellschaftlichen Dimension. In diesem Leidensgedächtnis sind Leidensgeschichte und soziale Unterdrückungsgeschichte zwar nicht einfachhin identisch, aber konkret auch nicht trennbar.

4. Gott als eschatologisches Subjekt der Geschichte?[8]

Am Anfang dieser Überlegungen wurde davon gesprochen, daß das Zukunftsproblem primär ein politisches und fundamental ein gesellschaftliches Problem ist. Zu dieser Feststellung ist nun zurückzukehren und zu fragen: Wie und mit welcher Berechtigung läßt sich die christliche *memoria* passionis überhaupt mit dem *politischen* Leben *verbinden?* Was haben beide miteinander zu tun? Werden nicht beide verdorben, wenn sie miteinander in Beziehung gesetzt werden? Nun wurde zwar betont, daß es nicht um eine Einführung des christlichen Leidensgedächtnisses in die bestehenden Formen des politischen Lebens geht, sondern daß diese memoria passionis wirksam werden soll zur Wandlung des politischen Lebens und seiner Strukturen, da sich dieser Wandel als die entscheidende Forderung für die Frage nach der Zukunft ergab. Gleichwohl bleibt die grundsätzliche Frage: Gerät das politische Leben nicht in reaktionärer Weise unter den Zwang universalistischer Normen, wenn es mit der christlichen memoria passionis verbunden wird? Schließlich enthält diese christliche Erinnerung als eschatologische eine bestimmte Auslegung des Sinns und Subjekts der ganzen Geschichte!

Was aber kann die Frage nach Sinn und Subjekt der Geschichte im ganzen mit dem politischen Leben zu tun haben? Führt nicht jede Rede vom universalen Geschichtssinn in ihrer politischen Wendung zum Totalitarismus oder doch in einen unkritisch-schwärmerischen Utopismus? Alle positivistischen Theorien des gesellschaftlichen und politischen Lebens insistieren auf dieser Gefahr. Ihrerseits muß sich diese Position jedoch die Frage gefallen lassen, ob sie durch ihre rigorose Verwerfung der Sinnfrage das politische Leben nicht letzten Endes dem rein instrumentellen Denken unterwirft und es damit am Ende doch der Technokratie ausliefert. Und vor allem muß sie sich fragen lassen, ob sie durch ihre Tabuierung oder Ignorierung der Sinnfrage nicht blind wird für jene Ideologien, die sich immer wieder als Subjekt und Sinnträger der Gesamtgeschichte inthronisieren und das gesellschaftliche und politische Leben von hier aus gefährden.

Zwar wird im klassischen Marxismus und seiner Theorie des politischen Lebens die Frage nach Sinn und Subjekt der Gesamtgeschichte durchaus aufrechterhalten: als Bestimmung des Inhalts und Ziels revolutionärer Praxis. (Der Marxismus kennt sehr wohl einen politisch identifizierbaren Träger des Sinns der Geschichte, nämlich das Prole-

[8] Inzwischen habe ich – wie aus dem Konzeptteil (I) deutlich geworden sein dürfte – die im folgenden vorgetragene Argumentation von Gott als dem Subjekt der Geschichte modifiziert, um der dem Menschen epochal zugefallenen Rolle seines Subjektseins in Geschichte deutlicher Geltung zu verschaffen. Vgl. dazu die Argumentation in »Vergebung der Sünden«.

tariat, das in seiner politischen Praxis zur Erfüllung dieses Sinns antritt.) Freilich ist schwer einzusehen, wie eine solche Verquickung von Sinn der Geschichte und politischer Praxis – ohne Totalitarismus – jenen Wandel des politischen Lebens durchsetzen kann, der um der Zukunft der Freiheit willen gesucht ist.

Auch der klassische Idealismus hält in seiner »liberalen« Theorie des politischen Lebens die Frage nach Sinn und Subjekt der Geschichte aufrecht. Diese Position unterscheidet sich gegenüber dem Marxismus dadurch, daß sie gerade kein sozial angebbares und politisch identifizierbares Subjekt der Gesamtgeschichte kennt, daß sie sogar jeden Versuch der politischen Identifizierung dieses Subjekts abweist. Hegel etwa nennt als Subjekt der Gesamtgeschichte den »Weltgeist«, andere sprechen von der »Natur«, dritte von »universaler Humanität« ... Das sind apolitische Begriffe, unter deren Herrschaft die Rede vom Subjekt und Sinn der Geschichte wesentlich abstrakt bleiben muß. Immerhin zeigt sich, daß diese abstrakte Rede von der Geschichte im ganzen eine eminent praktisch-politische Bedeutung haben kann: Das politische Leben wird in eine rein pragmatische Orientierung entlassen; Politik kommt unter das Diktat »der Sache selbst«. Sind jedoch diese »sachlichen Strukturen« etwas anderes als die tatsächlichen Strukturen und Tendenzen des technologisch-ökonomischen Prozesses? Woher, wenn nicht durch reinen Dezisionismus, entsteht hier ein »kontrafaktisches« Bewußtsein, aus dem sich die politische Alternative zu diesen Prozessen und ihrer quasi strukturalistischen Anonymität nährt? So ist zwar der antitotalitäre Zug in der liberalen Auffassung politischen Lebens wichtig; aber in ihrer positiven Version scheint sie kaum Impulse zum gesuchten Wandel des politischen Lebens zu enthalten.

Blickt man auf die Verbindung der christlichen memoria passionis mit dem politischen Leben, so zeigt sich: Im Gedächtnis dieses Leidens erscheint Gott in seiner eschatologischen Freiheit als das Subjekt und der Sinn der Geschichte im ganzen. Das besagt zunächst, daß es auch für diese memoria kein politisch identifizierbares Subjekt der universalen Geschichte gibt. Sinn und Ziel der Gesamtgeschichte stehen vielmehr – wiederum extrem kurz formuliert – unter dem »eschatologischen Vorbehalt Gottes«. Die christliche memoria erinnert den Gott der Passion Jesu als das Subjekt der universalen Leidensgeschichte und wendet sich in gleichem Zuge dagegen, ein solches Subjekt politisch auszumachen und zu inthronisieren. Wo immer eine Partei, eine Rasse, eine Nation oder eine sich im Sinne des Dostojewskijschen Großinquisitors mißverstehende Kirche versucht, sich als dieses Subjekt zu bestimmen und einzuführen, muß sich die christliche memoria dagegen wenden und diesen Versuch entlarven als politischen Götzendienst, als politische Ideologie mit totalitärer oder – in der Sprache der

Apokalyptik – mit »tierischer« Tendenz. So wird auch im Lichte der christlichen memoria passionis das politische Leben freigesetzt und vor Totalitarismus geschützt. Doch nun – im Unterschied zur liberalen Version des Idealismus – in einer utopisch gerichteten, nicht einer unbestimmten Freisetzung.

Das christliche Gedächtnis des Leidens ist in seinem theologischen Gehalt eine antizipatorische Erinnerung; es enthält die Antizipation einer bestimmten Zukunft der Menschheit als einer Zukunft der Leidenden, der Hoffnungslosen, der Unterdrückten, der Beschädigten und der Nutzlosen dieser Erde. Darum entläßt dieses Gedächtnis des Leidens die an ihm Orientierten nicht einfach indifferent in das Spiel der gesellschaftlichen Interessen und Kräfte, das seinerseits auf der Voraussetzung des Konflikts beruht, so daß es immer den Mächtigen, nicht aber den Freundlichen begünstigt und immer nur jenes Humanitätsquantum zur Geltung bringt, das man einkalkulieren muß, um die eigenen Interessen erfolgreich durchzusetzen. Das Gedächtnis des Leidens bringt hingegen eine neue moralische Phantasie ins politische Leben, eine neue Imagination fremden Leidens, aus der eine überschießende, unkalkulierte Parteilichkeit für die Schwachen und Nichtvertretenen reifen soll. So aber kann die christliche memoria passionis zum Ferment für jenes neue politische Leben werden, das wir um unserer menschlichen Zukunft willen suchen.

§ 7 Erlösung und Emanzipation

Überarbeitete und ins Gesamtkonzept eingepaßte Fassung eines Textes von 1972; ursprünglich vorgetragen auf der Tagung der deutschsprachigen Dogmatiker und Fundamentaltheologen in München, Dezember 1972; erstmals vollständig veröffentlicht unter dem Titel »Erlösung und Emanzipation« in: L. Scheffczyk (Hrsg.), Erlösung und Emanzipation, Freiburg 1973.

1. Akzentuierung des Themas

Der theologische Pluralismus, zuweilen nicht mehr als Ausdruck einer begriffslosen Unterwerfung unter das gegenwärtige Elend der Theologie und inzwischen selbst starrer und steriler geworden als alle Systeme, die man in seinem Namen bekämpft, kann m.E. in Bewegung geraten und die zur Standpunktfrage herabgedeutete Wahrheitsfrage neu in Gang setzen, wenn die *eine* theologische Position sich gerade dessen annimmt, was die *andere* bei ihr vermißt oder doch vernachlässigt sieht – und umgekehrt; wenn also bei dem Thema »Erlösung und Emanzipation« ein »politischer Theologe« sich nicht um die Erörterung der Substanz christlicher Erlösungslehre herumdrückt und andererseits freilich auch eine sorgsam auf das »spezifisch Christliche« bedachte und – falls es sie geben sollte – »reine« Theologie der Erlösung sich redlich den Herausforderungen durch das Emanzipationsthema stellt. Schließlich macht es die Pointe des Christentums aus, daß man in seinem Namen nicht nur das Heilige, sondern auch die Welt mit ihrer Leidensgeschichte keineswegs um ein Linsengericht verschleudern darf.

Damit ist die Akzentuierung des Themas bereits vorentschieden. Sie soll auch nicht dadurch wieder zurückgenommen werden, daß der Fundamentaltheologe sich zu sehr von der Arbeit des Dogmatikers absetzt. Schließlich gehören beide Disziplinen – nach dem im Konzeptteil Gesagten – eng zusammen, ja ineinander.

2. Emanzipation, universal und total

Emanzipation verstehe ich hier als eine Art epochales Stichwort für unsere heutige Welterfahrung, als universale, gewissermaßen geschichtsphilosophische Kategorie zur Charakterisierung jener neuzeitlichen Welt und ihrer Freiheits- und Aufklärungsprozesse, in deren Verhältnissen (nicht einfach: unter deren Bedingungen!) die christliche Erlösungsbotschaft artikuliert und verantwortet werden muß. Dieser hiermit nahegelegte universale Gebrauch von Emanzipation ist so selbstverständlich und so unbedenklich nicht. Überall lauert die Gefahr der Ideologisierung.[1] Und kaum ein anderes Wort scheint in der gegenwärtigen Diskussion so überlegitimiert, so übergebraucht und in jedem Fall so affektiv überbesetzt zu sein; man mustere nur einmal die pädagogische, speziell die religionspädagogische Literatur daraufhin durch.[2]

Gleichwohl scheint es wenig sinnvoll und wenig hilfreich, Emanzipation auf ihren ursprünglichen Geltungsbereich im Recht zu beschränken, wo sie die huldvoll gewährte Freilassung von Sklaven und Leibeigenen oder die dem Vater verdankte Freisprechung des Sohnes bezeichnete.[3] Denn erst das Zurücktreten der hoheitsvollen Gewährung und das Hervortreten der Autonomie im Emanzipationsgeschehen, also das Verständnis von Emanzipation als *Selbst*befreiung menschlicher Gruppen und Klassen in der neuzeitlichen Revolutions- und Aufklärungsgeschichte bringt jene Spannung und jenen Kontrast in das Verhältnis von Erlösung und Emanzipation, dem sich unsere Überlegungen zuzuwenden haben. Deshalb wird Emanzipation universal, als quasi geschichtsphilosophische Grundkategorie neuzeitlicher Freiheitsgeschichte gebraucht, die entsprechend im Kontext einer Geschichtstheologie der Erlösung erörtert werden soll.

Diese Festlegung ist folgenreich. Sie zwingt die Theologie zunächst, dem nüchtern Rechnung zu tragen, was ich hier das Totale und Kompromißlose der so verstandenen emanzipatorischen Freiheitsgeschichte nennen möchte. Dies hat seine erste programmatische Formulierung bei Marx gefunden, wird in dieser Allgemeinheit aber auch von Emanzipationstheoretikern ganz anderer Couleurs geteilt; Marx: »Alle Emanzipation ist Zurückführung der menschlichen Welt, der Verhältnisse auf den Menschen selbst.«[4] Diese Emanzipationsgeschichte ist gewissermaßen nicht nur kategorialer, sondern transzendentaler Art; sie tangiert und revolutioniert schließlich die Wurzeln menschlichen Freiheitsverständnisses überhaupt. In der Selbstbefreiung einzelner Gruppen und Klassen von Bevormundung, Unterprivilegierung und

[1] R. Spaemann, Autonomie, Mündigkeit, Emanzipation, in: Kontexte 7, Stuttgart–Berlin 1971, 94–102.
[2] Vgl. die Übersicht über einschlägige religionspädagogische Literatur in: Katechetische Blätter, Dez. 1971; dazu: W. Offele (Hrsg.), Emanzipation und Religionspädagogik, Einsiedeln 1972.
[3] Zur Begriffsgeschichte vgl. Art. Emanzipation, in: Historisches Wörterbuch der Philosophie (Hrsg. J. Ritter) II 448 f (M. Greiffenhagen).
[4] Zur Judenfrage, in: Die Frühschriften (ed. Landshut) 199.

sozialer Unterdrückung bahnt sich die »allgemein menschliche Emanzipation«[5] an, die im Marxismus pointiert gegen jede Form gewährter, befreiter, erlöster Freiheit steht, deren Freiheitsschein den Menschen davon ablenkt, reale Freiheit zu gewinnen.
Nun wurden zwar im Verlauf der jüngeren Geschichte die Widersprüche immer deutlicher, die innerhalb der Geschichte universaler menschlicher Selbstbefreiung auftreten. Es wurde sichtbar, daß Revolutionsgeschichte in neue Gewalt- und Unterdrückungsgeschichte ausarten kann; daß innerhalb emanzipatorischer Gesellschaften neue Leidensgeschichten entstehen; daß Industrialisierung und Technologie einen neuen, geradezu ins Planetarische erhobenen Mechanismus der Anpassung und der Unmündigkeit in Gang setzen.[6] Ernst Bloch: »Im Citoyen der Französischen Revolution steckte der Bourgeois; gnade uns Gott, was im Genossen steckt.«[7]
Dies führte indes in den emanzipatorischen Geschichts- und Freiheitstheorien nicht etwa zur Zurücknahme eines zu hoch, zu abstrakt angesetzten Emanzipationsbegriffs, sondern zu dem, was hier abgekürzt die »Dialektik der Emanzipation« genannt werden soll, wie sie vor allem im Umkreis der Frankfurter Schule entfaltet wurde. Diese Dialektik entschärft nicht etwa das Totale und Kompromißlose am Emanzipationsbegriff, sie macht ihn im Gegenteil unangreifbarer, undurchlässiger, immuner gegen externe Bestreitung, indem sie die im Emanzipationsprozeß auftauchenden gesellschaftlichen Widersprüche selbst noch einmal in ihn aufzunehmen sucht. Dies möchte ich allen zu bedenken geben, die in der Dialektik der Emanzipation eine offene Flanke für christlich verstandene Erlösungsgeschichte sehen wollen – es sei denn, man deute diese Erlösungssgeschichte herab zu einem Remedium für verzögerte Emanzipationsgeschichte oder fasse Erlösungsgeschichte als emphatische Verdoppelung dieser Emanzipationsgeschichte auf. Die in der Dialektik der Emanzipation entfalteten Unterscheidungen zwischen Arbeit und Interaktion, zwischen Technik und Praxis, zwischen Empirie und Antizipation usw. sind keine theologischen Differenzen; sie sind Instrumentarium der dialektischen Verarbeitung gesellschaftlicher Widersprüche im Interesse totaler Emanzipation. Dies gilt schließlich auch für die in dieser Dialektik vorkom-

[5] Marx, a.a.O. 500.
[6] Vgl. Th.W. Adorno, Erziehung zur Mündigkeit, Frankfurt/M ^{2}1972, 146.
[7] Vgl. Spuren, Frankfurt/M 1959, 30. – Es sei darauf aufmerksam gemacht, daß besonders im folgenden Passus eine rigoristische Haltung auch gegenüber geschichtsdialektischen Ansätzen eingenommen ist, die nicht problemlos ausgeglichen werden kann mit den Überlegungen im Konzeptteil (I). Sie dient der Klärung der Position und wird aus heuristischen Gründen – selbst um den Preis der Überdeutlichkeit – aufrechterhalten. Kritisiert bleibt dennoch (in Übereinstimmung mit Teil I) die totalisierende, subjektlose Tendenz, die auch in dieser Dialektik liegt.

menden theologischen Begriffe, wie »Erlösung« bei Walter Benjamin und Theodor W. Adorno[8], wie »Resurrektion der gefallenen Natur« bei Ernst Bloch, bei Herbert Marcuse und Jürgen Habermas[9], und wie vermutlich auch die Forderung einer neuen Dämonologie und Satanologie beim alten Ernst Bloch.[10]
Zwischen diese Dialektik der Emanzipationsgeschichte ist kein theologischer Fuß zu bekommen! Sie kann allenfalls als ganze zur Diskussion stehen, aber sie kann nicht theologisch halbiert werden. So würde man etwa das Negativ-Kritische dieser Emanzipationsdialektik gründlich verkennen, wollte man meinen, es wäre durch das Affirmative einer christlichen Erlösungslehre zu »ergänzen«. Solche Obenhin-Versöhnungen unterschätzen das (negativ-kritisch vermittelte) Totale dialektischer Emanzipationsgeschichte ebenso wie das Unverzichtbare christlicher Erlösungsgeschichte. Hier scheitern m.E. auch die beachtlichen Versuche, «die Sache (Jesu) in den emanzipatorischen Prozeß einzubringen«[11] und Erlösungsgeschichte als Übersteigerung, Überbietung und Vervollkommnung von Emanzipationsgeschichte zu interpretieren[12]. Emanzipation ist eben nicht einfachhin Immanenz der Erlösung und Erlösung nicht einfachhin Transzendenz der Emanzipation, wie es eine bekanntgewordene Versöhnungsformel wahrhaben möchte[13]. Sie scheitert, wenn an nichts anderem, so wiederum am Totalen der dialektischen Emanzipationsgeschichte, die auch die transzendentalen Wurzeln der Freibeit in sich hineinzieht. Sie scheitert daran ähnlich wie auch alle theologischen Versuche zur schiedlich-friedlichen Trennung von Erlösungsgeschichte und Emanzipationsgeschichte – im Sinne etwa einer abstrakt durchgehaltenen Zwei-Reiche-Lehre oder im Sinne einer Paradoxsoteriologie transzendentaler oder existentialer Provenienz, die alle in ihrer extremen Geschichtslosigkeit den Bann emanzipatorischer Totalität, der über die neuzeitliche Freiheitsgeschichte verhängt scheint, nicht brechen, sondern – ungewollt – bestätigen.
Eine Theologie der Erlösung ist also nicht etwa dann kritisch, wenn sie die »Kritische Theorie« einfach übernimmt, sich ihr ein- oder (ver-

[8] Freilich lohnten m.E. der Gebrauch von »Erlösung« bei Adorno und vor allem die geschichtsphilosophischen Überlegungen bei W. Benjamin eine genauere theologische Aufmerksamkeit.
[9] Vgl. z.B. J. Habermas, Technik und Wissenschaft als »Ideologie«, Frankfurt/M 1968, 54 f.
[10] Vgl. E. Bloch, Aufklärung und Teufelsglaube, in: O. Schatz (Hrsg.), Hat die Religion Zukunft?, Graz–Wien–Köln 1971, 120-134.
[11] Vgl. H. Kessler, Erlösung als Befreiung, Düsseldorf 1972, 115.
[12] Vgl. H. Kessler, a.a.O. 114 f, 122.
[13] Vgl. J. Moltmann, Perspektiven der Theologie, München–Mainz 1968, 207. Daß J. Moltmann das Verhältnis zwischen Erlösung und Emanzipation differenzierter sieht als es diese Formel insinuiert, zeigt z.B. deutlich sein Werk: Der gekreuzigte Gott, München 1972.

meintlich) überordnet. Sie bliebe dann in unkritischer Manier bewußtlos gegenüber der Totalität des Ansatzes neuzeitlicher Emanzipationsgeschichte. Nur indem sie diesen als ganzen vor sich zu bringen sucht, in seinen Voraussetzungen und Intentionen, in seiner dialektischen oder auch evolutiven Version, kann sie sich mit ihm so auseinandersetzen, daß sie dabei weder regressiv-entdifferenzierend hinter neuzeitliche Fragestellungen zurückfällt bzw. sich von vornherein durch abstrakte geschichtslose Distinktionen in ihrem Erlösungsverständnis den Anfechtungen durch diese Emanzipationsgeschichte entzieht noch daß sie den Erlösungslogos einfach dem Logos emanzipatorischer Vernunft unterwirft[14]. Der Nachweis christlicher Legitimität der neuzeitlichen Emanzipationsgeschichte mag dabei eine wichtige Voraussetzung sein[15]; er ersetzt jedoch nicht die Verhältnisbestimmung von Erlösung und Emanzipation in sich und entkräftet nicht schon den Verdacht, die christliche Erlösungsbotschaft habe wirkungsgeschichtlich eine Situation mit heraufgeführt, in der sie sich am Ende selbst überflüssig macht und in der nun Erlösung von Emanzipation endgültig beerbt wird.

3. Erlösungsgeschichte – Freiheitsgeschichte – Leidensgeschichte

Befreiende Erlösung in und durch Jesus Christus einerseits und emanzipatorisch-revolutionär-kritische Selbstbefreiung des Menschen andererseits, also soteriologische und emanzipatorische Befreiungsgeschichte sollen deshalb im Blick auf das erörtert werden, was ich hier etwas großflächig und nicht unbedenklich die menschliche Leidensgeschichte nennen will – wohl wissend, daß es sie eigentlich nur im Plural gibt: als jäh abbrechende und abstürzende Leidensgeschichten, die man allenfalls betroffen erzählen, aber nicht eigentlich argumentativ systematisieren kann. Davon wird noch ausführlicher zu sprechen sein. Hier sei diese Leidensgeschichte etwas unvorsichtig als Medium für erlösende und emanzipierende Befreiungsgeschichte angesprochen. Und dies zunächst, um Bestimmtheit und Differenz in das Verhältnis von Befreiung durch Erlösung einerseits und Selbstbefreiung

[14] Daß man das Verhältnis der Theologie zu den spezifisch neuzeitlichen Fragestellungen unter diesem Gesichtspunkt auffächern kann, suchte ich zu zeigen in: »Grond en functie van de politieke theologie«: Tijdschrift voor Theologie 12 (1972) 159-170.

[15] Vgl. W. Pannenberg, Gottesgedanke und menschliche Freiheit, München 1972; auch J.B. Metz, Christliche Anthropozentrik, München 1962, und ders., Kirchliche Autorität im Anspruch der Freiheitsgchichte, in: Metz/Moltmann/Oelmüller, Kirche im Prozeß der Aufklärung, Mainz–München 1970.

durch Emanzipation andererseits zu bringen und um nicht in jene Orgie von Äquivokationen hineinzutreiben, in der gegenwärtig über der dünnen Decke eines unbestimmten Freiheits- und Befreiungsbegriffs rasche Versöhnungen (oder auch Entzweiungen) zwischen Erlösung und Emanzipation gesucht werden – zum Schaden beider.

Die Leidensgeschichte sei hier so umfassend verstanden, wie sie in den Leidensgeschichten auch tatsächlich erfahrbar wird. Also nicht von vornherein eingeschränkt auf soziale Unterdrückungsgeschichte und politische Gewaltgeschichte, als welche sie auch in der emanzipatorischen Befreiungsgeschichte thematisiert wird. Sie umfaßt hier vielmehr auch und unzertrennlich Leidensgeschichte als Schuldgeschichte und als Geschick der Endlichkeit und des Todes. Erst so wird sie im ganzen zu jener Leidensgeschichte, der gegenüber sich christliche Erlösung als Befreiung artikulieren läßt: zum einen als gewährte Befreiung vom Leid der Schuld und der sündigen Selbstverfallenheit des Menschen, wie sie besonders in der sog. staurologischen (satisfaktorischen) Soteriologie herausgearbeitet wird, zum anderen als gewährte Befreiung vom Leid der Endlichkeit, der Sterblichkeit, des inwendig fressenden Nihilismus der Kreatur, wie sie vor allem die sog. inkarnatorische Soteriologie akzentuiert. Ich sehe nicht, wie man von christlicher Erlösung als Befreiung sprechen kann und dabei diese gnädige Befreiung von der Leidensgeschichte als Geschichte der Schuld und der tödlichen Endlichkeit suspendiert oder auch nur hintanstellt.

Dies ist nicht um einer wohlfeilen »Unterscheidung der Geister« willen gesagt, die sich einen Teufel darum schert, wie von solcher Erlösung zum Menschen im Zeitalter der Emanzipation geredet werden könne. Es ist – im Gegenteil – gesagt, um dadurch den Blick freizubekommen auf durchaus reale geschichtliche und gesellschaftliche Vorgänge, auf jene tatsächliche und umfassende Leidensgeschichte, an der der dialektische und evolutionistische Begriff emanzipatorischer Totalität immer wieder strandet[16], an der sich moderne Emanzipationstheorien mit geschichtsphilosophischer Universalität als abstrakt, ja als Theorien einer irrational halbierten Freiheitsgeschichte erweisen und an der m.E. auch jede rein argumentative Soteriologie in die Krise gerät.

a) Leidensgeschichte als Schuldgeschichte und der Entschuldigungsmechanismus einer abstrakt-totalen Emanzipation

Die konkrete Leidensgeschichte war bekanntlich die Crux jeder Theodizee, solange Gott selbst als Subjekt der Geschichte angesehen wurde, und sie war schließlich einer der entscheidenden Anstöße dafür,

[16] Vgl. zu diesem Problemkreis explizit § 10.

Gott selbst in den neuzeitlichen Geschichts- und Freiheitstheorien aus der Mitte der Geschichte abzuberufen und anstelle des Deus Salvator den Homo Emancipator zum universalen Geschichtssubjekt zu erheben.
Doch da der Mensch sein geschichtliches Schicksal selbst in die Hand nahm, verschwand die anklagende Instanz der Leidensgeschichte nicht; Unglück und Not, Schlimmes und Böses, Unterdrückung und Leid blieben, steigerten und steigern sich zuweilen gar ins Planetarische. Wer ist schuld, wem ist dies alles anzulasten? Angesichts dieser Frage setzt in den emanzipatorischen Geschichtstheorien in Analogie zur Theodizee eine Art Anthropodizee ein – mit einem diffizilen Rechtfertigungs- bzw. Entschuldigungsmechanismus, der alles argumentative Raffinement der klassischen Theodizee weit in den Schatten stellt. Da Gott als Zurechnungsobjekt nicht mehr zur Verfügung steht, scheint nun alle Schuld angesichts der Leidensgeschichte auf den Menschen als Geschichtstäter selbst zurückzufallen.
Der Homo Emancipator müßte sich eigentlich dadurch »rechtfertigen«, daß er als verantwortlicher Geschichtstäter Schuld und Versagen auf sich nimmt. Der Homo Emancipator müßte als Homo Peccator leben und sich verstehen. Doch da er die vermeintliche Heteronomie der Schuld so sehr fürchtet, schafft er sich lieber selbst neue Heteronomien. Er halbiert seine geschichtliche Verantwortung, er will als Geschichtssubjekt nun doch nicht so ganz ernstgenommen sein. Angesichts der Leidensgeschichte schleicht er sich wieder fort vom Thron des Geschichtssubjekts. Ihr gegenüber entwickelt er trickreich »die Kunst, es nicht gewesen zu sein«.[17] Dieser Entschuldigungsmechanismus läßt sich an den dominierenden geschichtsphilosophischen Emanzipationstheorien illustrieren, seien sie nun idealistisch-liberaler, marxistischer oder positivistischer Herkunft.[18]
So findet man in liberalen und auch in liberal temperierten marxistischen Emanzipations- und Aufklärungstheorien[19] eine Theorie subjektloser Geschichtsprozesse. Deutlicher: als universales Geschichtssubjekt wird hier, etwa im Gefolge von Hegel, der »Weltgeist« benannt oder – etwa mehr im Anschluß an Schelling – die »Natur«, und dies besonders, in immer wieder durchschlagender Vorliebe, bei den Emanzipationstheoretikern der Frankfurter Schule.[20] Solche und ähnliche

[17] O. Marquard, Wie irrational kann Geschichtsphilosophie sein?, in: Phil. Jahrb. 79 (1972) 246.
[18] Zur theologischen Interpretation dieser emanzipatorischen Geschichtstheorien unter Berücksichtigung der Frage nach dem Subjekt der Geschichte vgl. den vorigen §.
[19] Zur liberalen Version vgl. z.B. H. Lübbe, Geschichtsphilosophie und politische Praxis, in: ders., Theorie und Entscheidung, Freiburg i.Br. 1971, 111–133.
[20] Vgl. dazu M. Theunissen, Gesellschaft und Geschichte, Berlin 1969.

Wesenheiten fungieren wie transzendentale Geschichtssubjekte, denen man gewissermaßen folgenlos die Nachtseite der Emanzipation, die Schuldgeschichte, zuschlagen kann, während die Erfolge, die Siege, die Fortschritte »auf der Erde« bleiben und der emanzipatorischen Geschichtstat des Menschen zugerechnet werden. Emanzipationsgeschichte ohne Erlösungsgeschichte entlarvt sich so als abstrakte Erfolgsgeschichte, als abstrakte Siegergeschichte – sozusagen als halbierte Freiheitsgeschichte mit einem perfekten Rechtfertigungs- und Entschuldigungsmechanismus für den Homo Emancipator als Geschichtssubjekt.

Demgegenüber scheut sich bekanntlich die klassische marxistische Version von Emanzipationsgeschichte nicht, durchaus ein konkretes, bestimmtes Subjekt dieses emanzipatorischen Handelns zu benennen, nämlich das Proletariat. Doch auch hier ist und bleibt, extrem abgekürzt gesagt, Emanzipationsgeschichte, soweit sie diesem konkreten Geschichtssubjekt zugeschlagen wird, reine Erfolgsgeschichte, reine Siegergeschichte, in einer unwirklich-umnenschlichen Weise Geschichte mit reiner Weste. Denn für das Versagen, für die Schuld angesichts der Leidensgeschichte, werden nun ausschließlich die anderen, die Gegner, die Feinde dieses Geschichtssubjekts haftbar gemacht. Auch hier funktioniert also der Entschuldigungsmechanismus. Das Alibi ist allemal der Feind mit den Restbeständen seiner Geschichtsmächtigkeit. Und er wird als Alibisubjekt überdesavouiert. Auch eine revolutionäre Emanzipationstheorie ohne Soteriologie ist dem Entschuldigungszwang unterworfen; er manifestiert sich hier im Zwang zur zwischenmenschlichen Verfeindung[21]. Freilich, gerade innerhalb neomarxistischer Geschichts- und Gesellschaftstheorien taucht die beunruhigende Frage nach dem Versagen, nach dem Verhältnis von Freiheitskampf und Schuld auch immer wieder auf. Und es meldet sich ein Bewußtsein davon, daß das Elend und die Schuld nicht nur in den Verhältnissen, sondern eben womöglich auch in uns selber liegen.

Diese Ansicht verbietet es, die Geschichte der Freiheit als eine reine Erfolgs- und Siegergeschichte zu lesen, sie zwingt dazu, auf die anhaltende Paradoxie von Freiheitsgeschichte und Schuldgeschichte aufmerksam zu machen. Etwas von der inneren Verstrickung von Kampf und Schuld, die den revolutionären Freiheitskämpfer nicht einfach entschuldigt und die revolutionäre Geschichte der Freiheit nicht zu einer reinen Erfolgsgeschichte hochstilisiert, klingt auch in dem bekannten Emigrationsgedicht von Bert Brecht »An die Nachgeborenen« an: »Ach wir, die wir den Boden bereiten wollten für Freundlichkeit, konnten selber nicht freundlich sein. Ihr aber, wenn es so weit sein wird, daß der Mensch dem Menschen ein Helfer ist, gedenkt unsrer mit Nach-

[21] Vgl. O. Marquard, a.a.O. 248.

sicht.« – Hier scheint der Wille zur Emanzipation als Wille zur Unschuld zumindest irritiert[22].

Schließlich ist dieser Entschuldigungszwang angesichts der Leidensgeschichte auch in den positivistisch-technokratischen Geschichts- und Freiheitskonzeptionen (in denen die Frage nach Sinn und Subjekt der Geschichte als ideologisch demaskiert gilt und deshalb überhaupt fallengelassen wird) nicht etwa abgebrochen, sondern vielleicht in seiner unheimlichsten Gestalt am Werk. Emanzipationsprozesse werden hier mit technologisch-ökonomischen Fortschrittsprozessen synchronisiert. In diesen Prozessen aber werden die handelnden Mächte immer subjektloser, immer anonymer, Freiheitsgeschichte wird in neuer Weise zur »Naturgeschichte«, zum Zwangsmechanismus des technologischen Fortschritts, zum »Schicksal zweiter Ordnung«, zum posthistoire, zum gesellschaftlichen Strukturalismus mit einer geradezu subjektlosen Teleologie der Emanzipation. Der Entschuldigungsmechanismus führt hier zur Auflösung eines zurechnungsfähigen geschichtlichen Handlungssubjekts überhaupt. So wie eine gewisse Theodizee der Aufklärung Gott angesichts der menschlichen Leidensgeschichte dadurch zu »rechtfertigen« suchte, daß sie seine Existenz einfachhin bestritt, führt der Entschuldigungsmechanismus der Anthropodizee innerhalb einer abstrakten Emanzipationsgeschichte schließlich dazu, den Menschen angesichts dieser Leidensgeschichte dadurch zu rechtfertigen und zu entschuldigen, daß sein Tod als Subjekt freier Verantwortung insinuiert oder gar (wie gehabt)[23] proklamiert wird.

Mit diesen allzu knappen Hinweisen sei vor allem dies eine erläutert: Emanzipation in universalgeschichtlicher Totalität ist in gefährlicher Weise abstrakt und widersprüchlich. Eine universale Emanzipationstheorie ohne Soteriologie bleibt einem irrationalen Entschuldigungsbzw. Schuldverdrängungsmechanismus unterworfen. Emanzipationsgeschichte ohne Erlösungsgeschichte unterwirft das geschichtliche Subjekt angesichts der konkreten Leidensgeschichte neuen irrationalen Zwängen: entweder dem Zwang zur transzendentalen Suspendierung der eigenen geschichtlichen Verantwortung oder dem Verfeindungszwang oder schließlich dem Zwang, sich selbst überhaupt als Subjekt zu negieren. In der Verweigerung der Schuldannahme wird nicht bestimmte anschauliche Freiheit, sondern mühsam kaschierte Heteronomie gefördert. Die Autonomie und Mündigkeit totaler Emanzipation ist voll innerer Widersprüche. Sie basiert auf partiell oder

[22] Diese Bemerkung über den Neomarxismus habe ich (nahezu wörtlich) aus meinem Artikel »Vergebung der Sünden«, a.a.O. 122, übernommen.

[23] Vgl. M. Foucault, Les Mots et les Choses, Paris 1966. Für Foucault gilt der als Subjekt freier Verantwortung verstandene Mensch selbst als ein Anthropomorphismus, als eine »Erfindung des 18. Jahrhunderts«.

schließlich total suspendierter Identität des Handlungssubjekts, und am Ende ist diese Autonomie und Mündigkeit, wo sie aus verdrängter Schuld bzw. zu Lasten von Alibisubjekten lebt und sich deshalb ohne Sehnsucht nach Erlösung und Versöhnung begreift, genau das, was Adorno so hellsichtig befürchtete: banal. Ausdruck abstrakt halbierter Freiheit. Endgeschichte der Freiheit als Apotheose der Banalität!

Christliche Soteriologie rückt demgegenüber unerbittlich Leidensgeschichte als Schuldgeschichte in den Blick. Sie enthält, wie Karl Rahner das formulierte, immer auch die »Anleitung, den Menschen in die Anerkennung seiner Schuldsituation mystagogisch einzuweihen«.[24] Dies freilich nicht, um neue Unterdrückung in Gang zu setzen, um durch Indoktrination von Schuldgefühlen kaltblütig menschliche Herrschaftsinteressen durchzusetzen oder zu stabilisieren, nicht um die Ohnmächtigen mit mehr Schuld und die Mächtigen mit noch mehr unschuldiger Macht auszustatten, nicht um durch die Schuldpredigt die Privilegierten und die sich selbst Privilegierenden um so erfolgreicher zu entschuldigen und das Mysterium der Schuld als einen kalkulierten Faktor subtiler Ausbeutung einzusetzen: dies alles sind keine abstrakten Gefahren, sie sind oft genug innerhalb der Geschichte des Christentums aufgetaucht und wirklich geworden, und jede Soteriologie hat sich in aller Redlichkeit und in aller Bestimmtheit, aber auch mit einer bisher unbekannten Sensibilität dem einschlägigen ideologie- und religionskritischen Verdacht zu stellen; sie kann von der Leidensgeschichte als Schuldgeschichte nicht ohne Rücksicht auf die Mechanismen der Unterdrückungs- und Machtgeschichte reden und Gebrauch machen. Darum läßt sich sinnvoll von *Soteriologie als politischer Theologie der Erlösung* sprechen. Aber gerade als solche kann und darf sie sich das unbeliebte, für viele längst ausgetrocknete Thema »Schuld« nicht ausreden lassen und es nicht auf dem Altar eines abstrakten Emanzipationsideals opfern. Wovon spräche sie sonst, wenn sie »Erlösung« sagt? Und wie vermöchte sie sonst jene kritische Befreiungsarbeit zu leisten, die innerhalb der neuzeitlichen Emanzipationsgeschichte zu tun ist und die darin besteht, dem Entschuldigungsmechanismus einer abstrakt totalen Emanzipation zu widerstehen und den heimlichen Unschuldswahn, der ihn begleitet, als das zu entlarven, was er ist: als das neue Opium der Totalemanzipierer angesichts der konkreten und umfassenden Leidensgeschichte?[25]

[24] K. Rahner, Art. Erlösung, in: Sacramentum Mundi I, Freiburg i.Br. 1967, 1162.

[25] Hier wäre eine Fülle von Problemen zu verfolgen, wie sie gerade auch im außertheologischen Raum angeschnitten worden sind, etwa bei E. Fromm, Die Furcht vor der Freiheit, Zürich 1945, bei A. Mitscherlich, Die Unfähigkeit zu trauern, München 1967, u.a.

b) Leidensgeschichte als Geschichte der Besiegten und emanzipatorische Fortschrittsideologie

Die tatsächliche und umfassende Leidensgeschichte, die im christlichen Erlösungsgedächtnis im Blick steht, enthält das Leid der Endlichkeit und des Todes, das vergangene Leid, das Leid der Toten. Ihm gegenüber artikuliert sich das Befreiende und Sinnspendende christlicher Erlösungsbotschaft. Diese Dimension der Leidensgeschichte ist den erfahrbaren Leidensgeschichten keineswegs nachträglich angesonnen, ist nicht von christlicher Soteriologie ad usum delphini hinzugedacht. Vielmehr bleibt Freiheitsgeschichte allemal auch Leidensgeschichte[26]. Es bleibt der Schmerz, die Trauer, die Melancholie, es bleibt vor allem das oft sprachlose Leiden am ungetrösteten Leid der Vergangenheit, am Leid der Toten, denn auch die größere Freiheit künftiger Geschlechter macht vergangenes Leid nicht wieder gut und macht es nicht frei. Keine innerweltliche Besserung der Freiheitsverhältnisse reicht aus, den Toten Gerechtigkeit widerfahren zu lassen, keine rührt verwandelnd an das Unrecht und den Un-Sinn vergangener Leiden[27]. Eine emanzipatorische Freiheitsgeschichte, die diese Gestalt der Leidensgeschichte unterschlägt oder verdrängt, wird selbst zur halbierten, abstrakten Freiheitsgeschichte; ihr »Fortschritt« vollzieht sich am Ende als Einmarsch in die Inhumanität.

Wieder erweist sich die abstrakte Freiheitsgeschichte als eine reine Erfolgsgeschichte, als eine reine Siegergeschichte. Der Freiheitssinn der Geschichte ist hier eine den Siegern, den Durchgekommenen reservierte Kategorie: Vae Victis! Vae Victis aber ist kein Sinnprinzip für Freiheitsgeschichte, sondern die genaue Definition des Darwinismus in der Naturgeschichte. Darum ist solche abstrakte Freiheitsgeschichte schließlich nichts anderes als imitierte Naturgeschichte. Hier wie dort gilt das Recht des Stärkeren, das Selektionsprinzip des Überlebens; solche Freiheit vermehrt sich und schreitet voran auf dem Rücken der massa damnata der Toten. Das Leid der Väter findet Trost allenfalls im Glück der Enkel, vergangenes Leid düngt die künftige Harmonie, wie es Iwan Karamasoff bitter formuliert[28]; es herrscht ein Darwinismus zweiter Ordnung, ein objektiver Zynismus gegenüber dem vergangenen Leid und gegenüber der Freiheit der Toten und der Besieg-

[26] Auch dann, wenn sie dereinst in eine soziale und ökonomische Schicksalslosigkeit, in eine politische Situationslosigkeit aller münden sollte, weil vermutlich gerade dann jene latente Verzweiflung, jener »Kiefer des Todes« (E. Bloch) merklich an unseren Seelen frißt, von denen wir uns jetzt durch Leistung und sozialen Kampf (noch) erfolgreich ablenken lassen.

[27] Vgl. Th.W. Adorno, Negative Dialektik, Frankfurt/M 1966, 376.

[28] Vgl. F.J. Dostojewski, Die Brüder Karamasoff (deutsch: E.K. Rahsin), in: Werke in Einzelausgaben 1, Frankfurt/M 1971, 281 ff.

ten. An dieser ungeheuren Halbierung des Freiheitsthemas zergeht aber am Ende die Freiheitsgeschichte selbst.
Das Christentum bietet in seiner Erlösungsbotschaft nicht einen noch so ausgelaugten Sinn für die ungesühnten Leiden der Vergangenheit an; es erzählt vielmehr eine bestimmte Freiheitsgeschichte: Freiheit aus erlösender Befreiung durch Gott im Kreuz Jesu. Diese Befreiungsgeschichte enthält nicht zufällig den descensus ad inferos, bei dem es sich um keinen mythologischen Topos handelt, den man schleunigst auszuscheiden oder doch als nachträgliche Interpolation in das christliche Erlösungsgedächtnis zu relativieren hätte, da er nicht zur genuinen Sache Jesu gehöre. Auf diese Weise hat man der christlichen Soteriologie jeden apokalyptischen Stachel gezogen; auf diese Weise wird man auch ihren entscheidenden Freiheitssinn verdunkeln. Dieser descensus, dieses »Mitsein (des Gekreuzigten) mit den Toten«[29] zeigt nämlich die originäre Befreiungsbewegung der Erlösungsgeschichte an, ohne die jede Freiheitsgeschichte sich auf Naturgeschichte zurückstuft und in ihr sich tendenziell stillegt: Endgeschichte der Freiheit als Apotheose der Natur!
Dies ist nicht zur Beschwichtigung bemerkt, nicht als Opium für gegenwärtiges Leiden. Die Erlösungsgeschichte nimmt ja nicht aus der Solidarität der geschichtlich Existierenden heraus, sie fügt vielmehr eine verdrängte Gestalt dieser Solidarität hinzu. Sie will dazu befreien, auf die Leiden und Hoffnungen der Vergangenheit zu achten. Es gibt im Lichte dieser Erlösungsgeschichte nicht nur eine »Solidarität nach vorn«, mit den kommenden Geschlechtern, sondern auch eine »Solidarität nach rückwärts«, eine praktische Erinnerungssolidarität mit den tödlich Verstummten und Vergessenen[30]. Sie blickt vom Standpunkt der Besiegten und der Opfer auf das Welttheater der Geschichte. Doch sie entlarvt nicht nur den Un-Sinn der Geschichte gegen den forschen Optimismus der Sieger. Für sie hängt das Sinnpotential der Freiheitsgeschichte nicht nur an den Überlebenden, den Erfolgreichen und Durchgekommenen. Sie erzählt den Gegen-Sinn der Erlösung. – Obsolet ist dieser Gegensinn der Erlösung nur für eine Vernunft, die sich aus Angst vor Heteronomie den Respekt vor dem geschichtlich akkumulierten Leiden versagt und deshalb sogar die »Autorität der Leidenden« im Interesse abstrakter Autonomie zerstört[31].

[29] Vgl. H.U. v. Balthasar, Mysterium Paschale, in: Mysterium Salutis III/2, 185 ff.
[30] Zum Begriff der Erinnerungssolidarität vgl. unten § 11 und § 13. Um die Einheit der Argumentation zu wahren, sind in diesem Passus Überschneidungen mit dem vorangegangenen Text (§ 6) in Kauf genommen.
[31] Zu dem hier angesprochenen »erinnernden Vernehmen«, als einem Grundzug praktischer Vernunft, vgl. ausführlicher die in § 11 dargelegte Argumentation.

c) *Leidensgeschichte als Krise argumentativer Soteriologie*

Angesichts der tatsächlichen und umfassenden Leidensgeschichte der Menschen gerät jede rein argumentative Soteriologie in die Krise. Dies ist kurz auszuführen, um dabei gleichzeitig sichtbar zu machen, daß in all unseren bisherigen Überlegungen Leidensgeschichte nicht als ein »Drittes« neben Erlösung und Emanzipation verstanden wird. Die Frage heißt: Kann die theologische Rede von Heil und Erlösung dieser Leidensgeschichte und der darin sich manifestierenden schmerzlichen Nicht-Identität geschichtlichen Lebens unverstellt und redlich standhalten? Entzieht sie durch ihre Rede von dem in Jesus Christus besiegelten Heil und von der in ihm unwiderruflich geschehenen Erlösung und Vesöhnung den Menschen nicht von vornherein dem Wagnis, dem Risiko und dem Leid der Nicht-Identitat geschichtlicher Existenz? Treibt sie nicht ein geschichtsloses und deshalb immer auch mythologieverdächtiges Wesen über den Köpfen der durch ihre Leidensgeschichte gebeugten, gedemütigten, zerstörten Menschen? Mündet sie angesichts des geschichtlich angestauten Leidens schließlich nicht in einen objektiven Geschichtszynismus? Gibt es eine theologische »Vermittlung« zwischen Erlösung und Geschichte, die als Leidensgeschichte überhaupt erst in ihrer geschichtlichen Eigenart ernstgenommen ist? Gibt es diese theologische »Vermittlung«, ohne daß sie zu einer steilen, hochfliegenden und am Ende sich selbst betrügenden spekulativen Versöhnung mit dieser Leidensgeschichte gerät oder aber Erlösungsgeschehen selbst wieder angesichts dieser Leidensgeschichte suspendiert? An diesem Vermittlungsproblem, das sich leicht als Zentralproblem gegenwärtiger Theologie überhaupt formulieren ließe, scheitert m.E. jede rein argumentative Theologie.

Es gibt im Blick auf diese Problematik gegenwärtig vor allem drei Trends von theologischen Lösungsversuchen. Der erste zeigte sich in der existentialen und transzendentalen Interpretation des Verhältnisses von Heil und Geschichte. Hier stellt sich die inzwischen ja oft angemeldete Frage, ob die Versöhnung nicht dadurch gesucht wird, daß man Geschichte verkürzt zur »Geschichtlichkeit«, daß man sich also aus der Nicht-Identität geschichtlichen Lebens zurückzieht auf einen geheimen, unverfügbar-unsagbaren Identitätspunkt der Existenz bzw. des Subjekts.

Die zweite Lösungsrichtung tendiert auf eine Konditionierung des Heils und der Erlösung angesichts der Leidensgeschichte. Heil und Erlösung werden extrem futurisiert, sie bleiben im durchgehaltenen Respekt vor der Nicht-Identität der Geschichte als Leidensgeschichte – »auf dem Spiel«. Was aber ist eine auf dem Spiel stehende Erlösung am Ende anderes als Erlösungsutopie, von der man allenfalls einen heuristischen Gebrauch im Gang menschlicher Freiheitsgeschichte machen kann? Was ist konditioniertes Heil, wenn nicht Chiffre für die gesuchte Selbstbefreiung und Selbsterlösung der Menschheit, die wieder in jene Aporien stürzt, von denen bereits gesprochen wurde? Diese Konditionalsoteriologie löst sich schließlich in jene Formen einer praktischen Geschichtsphilosophie auf, die in der Beerbung der christlichen Erlösungsidee zwar – etwa seit der Aufklärung – utopische und politische Elemente in sich aufgenommen haben, denen aber z.B. Habermas die Unfähigkeit bescheinigt, »die faktische Sinnlosigkeit des kontingenten Todes, des individuellen Leidens, des privaten Glücksverlustes, überhaupt die Negativität lebensgeschichtlicher Existenzrisiken durch Trost und Zuversicht so zu überspielen (oder zu bewältigen?), wie es die Erwartung des religiösen Heils vermocht hat«[32].

Die dritte Lösungsrichtung, die gegenwärtig vor allem im deutschen Sprachraum viel Aufmerksamkeit beansprucht, sei hier etwas ausführlicher erwähnt und beim Namen genannt. Sie behandelt Soteriologie von vornherein nicht rein präzisiv, sieht also Erlösung nicht als ein bestimmtes (kategoriales) »Werk« Gottes in Jesus Christus. Sie bindet die Soteriologie – mit Recht – stärker in die Mitte der Theologie zurück, nicht nur in die Inkarnationstheologie, nicht nur in die Eschatologie, sondern in die spezifische Bestimmung des christlichen Gottesverständnisses überhaupt, d.h. in die Trinitätstheologie. Leid wird nun zum »Leid zwischen Gott und Gott«[33]; die Nicht-Identität menschlicher Leidensgeschichte wird, im Blick auf Gottes Kenose in Jesu Kreuz, hineingenommen in die trinitarische Gottesgeschichte.

Solche Versuche finden sich im Bereich evangelischer Theologie im Anschluß an Karl Barth z.B. bei Eberhard Jüngel und vor allem in Jürgen Moltmanns Buch über den »gekreuzigten Gott«[34]. Im katholischen Raum können solche Überlegungen anknüpfen an Karl Rahners Vorschläge zur Einheit von immanenter und ökonomischer Trinität; sie finden sich ansatzweise z.B. in Hans Küngs Rede von der Geschichtlichkeit Gottes im Zusammenhang seiner Interpretation der Hegelschen Christologie[35] (»rechte« Hegelianer sind die Genannten allemal!), am eindrucksvollsten und eindringlichsten meines Wissens jedoch bei Hans Urs von Balthasar und seiner Interpretation des mysterium paschale im Horizont der trinitarisch verstandenen Selbstentäußerungsgeschichte Gottes[36].

[32] J. Habermas, Philosophisch-politische Profile, Frankfurt/M 1971, 35.
[33] Vgl. J. Moltmann, Die Verwandlung des Leidens, in: Evangelische Kommentare 5 (1972) 713–717.
[34] Vgl. Anm. 13.
[35] Vgl. H. Küng, Menschwerdung Gottes, Freiburg–Basel–Wien 1970.
[36] In: Mysterium Salutis III/2, 133–326.

Viel Rühmendes wäre zu diesen und ähnlichen[37] Ansätzen zu sagen. Hier sei indes ein zentrales Bedenken formuliert, abgekürzt freilich und in extrem formalisierter Gestalt: Die Nicht-Identität menschlicher Leidensgeschichte kann auch in einer theologischen Dialektik trinitarischer Soteriologie nicht unter Wahrung ihres Geschichtscharakters »aufgehoben« werden. Denn diese schmerzlich erfahrene Nicht-Identität des Leidens ist gerade nicht identisch mit jener Negativität, die zu einem dialektisch verstandenen Geschichtsprozeß gehört, und sei es jener der trinitarischen Gottesgeschichte. Wo immer der Versuch gemacht wird, die in Jesus Christus vollbrachte Erlösungsgeschichte und die menschliche Leidensgeschichte zwar nicht einfach geschichtslos paradoxal gegeneinanderzusetzen bzw. das eine sub contrario im anderen zu behaupten, aber doch die Entzweiung menschlicher Leidensgeschichte selbst noch einmal in der Dialektik der trinitarischen Gottesgeschichte zu deuten und zu begreifen, liegt die genannte Verwechslung zwischen der Negativität des Leidens und der Negativität des dialektisch vermittelten Begriffs von Leid vor. Eine begrifflich-argumentative Vermittlung und Versöhnung zwischen geschehener und wirksamer Erlösung einerseits und menschlicher Leidensgeschichte anderseits scheint mir ausgeschlossen; sie führt entweder zur dualistisch gnostischen Verewigung des Leidens in Gott oder zur Herabdeutung des Leidens auf dessen Begriff; tertium non datur. Das Dilemma kann m.E. nicht durch eine noch subtilere spekulative Argumentation gelöst werden, sondern allein durch eine andere Art, geschehene und wirkende Erlösung in der Nicht-Identität der Leidenszeit zur Sprache zu bringen.

4. Für eine erinnernd-erzählende Erlösungstheologie

Soteriologie – dies ist die These –, die weder das Erlösungsgeschehen konditioniert oder suspendiert, noch die Nicht-Identität der Leidensgeschichte ignoriert bzw. dialektisch überfährt, kann nicht rein argumentativ, sie muß narrativ expliziert werden; sie ist fundamental memorativ-narrative Soteriologie[38]. Sie sucht das christliche Erlösungsgedächtnis als gefährlich-befreiendes Gedächtnis erlöster Freiheit erzählend wachzuhalten und argumentativ zu schützen in den Systemen unserer sog. emanzipatorischen Welt[39].

[37] Zum Beispiel H. Mühlen, Die Veränderlichkeit Gottes als Horizont einer zukünftigen Christologie, Münster 1969.
[38] So ist es wohl nicht von ungefähr, daß z.B. v. Balthasars, aber auch Moltmanns einschlägige Passagen (vgl. oben Amn. 36 und 34) streckenweise wie argumentativ abgekürzte, chiffrierte Erzählvorgänge wirken.
[39] Vgl. in diesem Zusammenhang die Ausführungen unter § 5.

An anderer Stelle ist sowohl über die narrative Grundverfassung der Theologie wie über die erzählende Tiefenstruktur praktischer Vernunft und über die innere Verbindung von Narrativität und Praxis zu handeln – Überlegungen, die die hier thesenhaft vorgetragene Position im einzelnen begründen.[40]

[40] Vgl. aus dem Themenbereich § 9 sowie aus dem Kategorienbereich § 11 und § 12.

§ 8 Kirche und Volk
Vom vergessenen Subjekt des Glaubens

Überarbeitete und ins Gesamtkonzept eingepaßte Fassung eines Textes von 1974; ursprünglich vorgetragen auf einer Tagung in Madrid, April 1974; erstmals veröffentlicht unter dem Titel »Kirche und Volk – oder der Preis der Orthodoxie« in: Stimmen der Zeit, Dez. 1974.

Die folgenden Überlegungen könnten auch überschrieben sein: Das vergessene Volk. Das vergessene Volk? Reden denn nicht alle (wieder) vom Volk: auch die Theologie, auch die Kirche? Was also kann gemeint sein?

1. Kleiner Lagebericht von einem »Schisma«

Im Unterschied zu den romanisch-lateinischen Ländern ist der Begriff »Volk« gegenwärtig in Deutschland weniger gebräuchlich. Lange Zeit war er geradezu tabuiert. Das hatte zunächst einen historischen Grund. Der vorsichtige Umgang mit dem Begriff »Volk« war bedingt durch jenen Mißbrauch, der im Nationalsozialismus mit diesem Begriff getrieben wurde. Freilich gibt es, wenn ich recht sehe, auch soziologische Gründe dafür, daß der übliche Gebrauch des Begriffs »Volk« immer mehr zurücktritt. In sog. spättechnologischen Gesellschaften – mit hoher Mobilität, wachsender Geschichtslosigkeit und gesteigerter Beziehungslosigkeit – wird es immer schwieriger, den Begriff »Volk« problemlos als Muster kollektiver Identität zu verstehen und zu gebrauchen. (Dem wird im folgenden durch den wechselnden Gebrauch von »Volk« und »Leute« Rechnung zu tragen versucht.) Gleichwohl ist und bleibt »Volk« eine zentrale theologische Kategorie mit durchaus biblischem Fundament. Sie ist überdies durch die Kirchenkonstitution des Vatikanum II wieder deutlicher ins kirchliche und theologische Bewußtsein gerückt worden. Bekanntlich wird die Kirche in »Lumen gentium« ausdrücklich als »Volk Gottes« angesprochen und erläutert. Die Frage nach »Kirche und Volk« hat also ihre theologische Legitimation; sie hat in mancher Hinsicht ihre besondere Aktualität[1].

[1] Eine Erläuterung des Begriffs »Volk« in seinen verschiedenen Bedeutungsschichten bietet z.B.: Evangelisches Staatslexikon, Stuttgart 1966, 2442–2447. Zum Begriff »Volk Gottes« vgl. die einschlägigen theologischen Lexika und Konzilskommentare. Zur Diskussion um die sog. »Volkskirche« im deutschen Sprachraum vgl. Herder-Korrespondenz, Februar 1974. – »Schisma« ist hier bewußtseinssoziologisch-beschreibend, nicht dogmatisch-rechtlich gemeint.

Die religiöse Situation hierzulande scheint bestimmt von einem heimlichen »Schisma« zwischen Kirche und Volk. Die Kirche hat, so scheint es, zwar immer noch ein starkes Milieu, aber immer weniger ein Volk. Sie bekommt es immer mehr mit den Zweifeln ihres Volkes, ihrer »einfachen Leute« zu tun, mit Zweifeln, die vergleichsweise viel schwerer wiegen als die Zweifel ihrer Theologen und ihrer Intellektuellen. Ein lautloser Abfall breitet sich aus, die Identifikationen des Volkes mit der Kirche nehmen nicht zu, sondern ab.
Man sucht nach Schuldigen. Die »moderne Theologie« steht am Pranger. Sie verwirre die Leute. »Das Volk weiß nicht mehr, wo ihm der Kopf steht.« Indes, das Problem wäre harmlos, wenn es letztlich nur von einer gewissenlosen Theologie verursacht wäre. Aber die Krise sitzt tiefer. Das jüngste Konzil hat sie nicht hervorgerufen, sondern nur offengelegt. Die Kirche zahlt den Preis für einen zu protektionistisch erscheinenden Umgang mit dem Volk; sie zahlt den Preis dafür, daß das Volk selbst bisher zu wenig zum Subjekt in der Kirche geworden ist; dafür, daß in der Sprache der Kirche die Lebens- und Leidensgeschichte des Volkes zu wenig laut und verlautbart wurde; dafür *daß die Kirche zwar »Kirche für das Volk« sein will, aber zu wenig »Kirche des Volkes« ist.*
Wer die Ursachen für diese Krise nur »bei den andern« sucht, bei den Theologen oder bei den Leuten selbst, der rettet am Ende nichts, der verbreitert nur die Kluft zwischen Kirche und Volk. Nicht selten empfiehlt man angesichts dieser Entwicklung entschiedene Abschließung, einen neuen beziehungslosen und humorlosen Fundamentalismus. Das Wort von der »kleinen Herde« hat Hochkonjunktur – und wirkt doch unwillkürlich mehr als Abwehrmechanismus, als Schutzbehauptung einer bürgerlichen Milieukirche denn als gefährlich-befreiende Erinnerung an jene »Kirche der Kleinen«, von der Jesus sprach. Religiöser Underground breitet sich zaghaft aus; religiöse Sub- und Gegenkulturen werden importiert und bleiben doch vom Volk mindestens ebenso abgeschnitten wie die Großkirche, als deren Korrektiv oder Widerpart sie sich begreifen.
Und die Theologie? Ihr nahezu ausschließliches Subjekt ist der Theologieprofessor oder der Berufstheologe. Die aber tun sich schwer, eine Theologie »für das Volk« zu entfalten – geschweige denn eine Theologie »des Volkes« zu artikulieren, an der mystischen Biographie der Leute zu schreiben. Theologie, auch progressive, sozial und politisch engagierte Theologie, ist vor allem Buchtheologie, Bildungstheologie, in der man von der Meinung oder Gegenmeinung des Kollegen weit mehr erfährt als von der religiösen Lebens- und Leidensgeschichte und von der zumeist sich selbst verborgenen Mystik des christlichen Volkes. Ein standardisiertes Wissenschaftsideal verbreitet Vulgarisierungsangst in der Theologie, Berührungsangst der Theologen vor den

zumeist sprachlosen Zweifeln der Leute. Das ekklesiologische Stichwort des letzten Konzils vom »Volk Gottes« wurde (zumindest hierzulande) in seltsame Kanäle geschleust: es führte vor allem zu einer Diskussion über die kirchlichen Ämter; das Thema »Volk«, vom Konzil auf die Tagesordnung gesetzt, fiel praktisch aus. Viel ist zwar, vor allem in der Pastoraltheologie, von der »Kirche für das Volk« die Rede, aber die »Kirche als Volk« oder gar eine »Kirche des Volkes« ist wenig im Blick. Und doch hängt schließlich alles daran, ob die »Kirche für das Volk« zu einer »Kirche des Volkes« werden kann.

2. Die Kirche und die Leidensgeschichte eines Volkes – oder: Der Preis der Orthodoxie

Kirche des Volkes – das ist offensichtlich nicht selbstverständlich. Am deutlichsten wird das im Blick auf jene Kirchen, die noch ausgesprochene »Volkskirchen« sind, in denen also eine materiale Identität zwischen Kirche und Volk besteht – wie vor allem in den lateinischen Ländern. Deshalb sind die folgenden Erwägungen zunächst auf die kirchliche Situation dieser Länder ausgerichtet – nicht besserwisserisch, nicht in kritischer Absicht, sondern eigentlich hoffnungsvoll, weil hier etwas auf dem Spiel steht, was in anderen kirchlichen Situationen vielleicht schon nicht mehr oder kaum mehr möglich erscheint. Im großen Corpus der einen katholischen Weltkirche haben ja die einzelnen Teilkirchen besondere geschichtliche und soziale Schicksale, aus denen ihnen auch besondere Aufgaben und Sendungen für den geschichtlichen Weg der Gesamtkirche zuwachsen.
Viele Teilkirchen stehen heute in Übergangs- und Umbruchsituationen von größtem Ausmaß. Ganz allgemein handelt es sich dabei zumindest um Transformationen der bisherigen »Volkskirchen«. In Frankreich z.B. und auch in der deutschen Kirche haben diese Übergangsprozesse m.E. einen wenig verheißungsvollen Verlauf genommen. Vielleicht steht in den lateinamerikanischen Ländern noch ein Umgestaltungsprozeß offen, der von einer traditionellen Volkskirche zu einer entwickelten Kirche des Volkes führt, der keineswegs auf eine autoritäts- und amtslose Kirche zielt, aber auf eine Kirche, in der das Volk selbst entschiedener und lebendiger zum Subjekt der kirchlichen Hoffnungsgemeinschaft wird.
Dem »Kirchenvolk« ergeht es zuweilen ähnlich wie dem Volk überhaupt: Die es am häufigsten im Mund führen, wissen oft besonders wenig von ihm und verschließen sich vor seinen tiefen Verletzungen und Beschädigungen. Volkstümlichkeit ist noch keine Garantie für Volksfreundlichkeit. Getauftes Volk: ist das schon selbstverständlich und jedenfalls »Volk Gottes«, als das sich die Kirche versteht? Und ist

das schon Kirche, so wie sie sich definiert im Namen Jesu Christi? Kirche ist ja kein naturwüchsiges Volk, sondern ein herausgerufenes Volk, ein neues Volk, das zum Subjekt einer neuen unerhörten Geschichte Gottes mit den Menschen geworden ist und das sich dadurch identifiziert, daß es diese Heilsgeschichte erzählt und aus ihr zu leben sucht. Man kann nicht Kirche, nicht »Volk Gottes« sein, ohne Mitträger dieser neuen Geschichte zu sein. Kirche sein ist eine Bewegung: ist »Herausgerufen-Sein«, »Exodus«, »Erheben des Hauptes«, »Umkehr des Herzens«, »Nachfolge«, »Annahme« des Lebens und seiner Leidensgeschichte im Licht einer großen Verheißung. Kirche ist nicht ohne diese Bewegung, in der ein Volk zum Subjekt einer neuen Geschichte wird. So beginnt sie auch historisch als eine große Freiheitsbewegung – heraus aus den Zwängen archaischer Völker. Und die frühe Geschichte der Kirche zeigt, wie hoch der Preis war, um sich aus dem Populismus der damaligen Gesellschaften zu befreien und ein »neues Volk« zu werden. – Als »atheistisch« wurden die Glieder dieses neuen Volkes von den Religionen seiner Umwelt angeprangert und bekämpft.

Ist das Kirchen-Volk Subjekt einer solchen neuen Geschichte und in *diesem* Sinn Kirche? Wir sprechen von Volkskirche, von Volksreligion, von Volkskatholizismus. Was hat dies alles wirklich mit Kirche, mit Kirche Jesu Christi zu tun? Inzwischen wissen wir deutlicher als früher um den ungeheuren Riß zwischen dem tatsächlichen Glauben des Volkes und dem offiziellen Glauben der Kirche, zwischen der Religion des Volkes und der kirchlichen Orthodoxie. Das Volk tut diese Orthodoxie nicht selten ab als Priesterreligion, mit der es wenig zu tun hat, weil in ihr die eigene Lebensgeschichte nicht oder kaum zur Sprache zu kommen scheint. Wer will diese Fremdheit, dieses »Schisma« bestreiten? Beispiele dafür gibt es genug. Im Blick auf den Volkskatholizismus in Lateinamerika seien einige genannt[2], die nicht ganz ohne Parallelen zur hiesigen Situation zu sein scheinen.

Vielfältige Zeugnisse aus dem brasilianischen Volkskatholizismus zeigen, daß der Jesus-Glaube nicht als ein herausrufender Glaube erfahren wird, nicht als ein Glaube, der das Herz und den Geist umwendet und der Hoffnung und Freude schenkt, sondern als eine Art mystische Wiederholung der eigenen, in sich selbst leidvoll zerstörten Existenz[3]. Über die Kirche Guatemalas ist zu lesen: »In der Karwoche zeigen die Prozessionen der Erben der Mayas furchtbare Darbietungen von kollektivem Masochismus. Schwere Kreuze werden mitgeschleppt; man nimmt an der Geißelung Jesu Schritt für Schritt während der endlosen

[2] Ich stütze mich bei den folgenden Belegen auf die bisher unveröffentlichte Dissertation des Brasilianers Luis Alberto De Boni, Kirche auf neuen Wegen, Münster 1974.

[3] Vgl. De Boni 383.

Golgotha-Ersteigung teil; unter Schmerzensgeheul wird Sein Tod und Seine Beerdigung zum Kult des eigenen Todes und der eigenen Beerdigung, zur Vernichtung des fernen schönen Lebens. Die Karwoche der guatemaltekischen Indianer endet ohne Auferstehung.« Ich habe selbst gezögert, als ich diese Deutung las; ich empfand sie als ausgesprochen »mitteleuropäisch«. Da sie aber von einem Südamerikaner selbst[4] stammt, sei sie angeführt. Andere Beispiele aus dem brasilianischen Volkskatholizismus legen nahe, daß die Bewegung der Umkehr, das Pathos der Metanoia, der Aufbruch in ein neues Leben, in eine neue Geschichte vor Gott praktisch unbekannt sind. Dem korrespondiert ein ausgesprochen magisch-ritualistischer Umgang mit den Lebenszeichen der Kirche, den Sakramenten[5]. Das Kirchenverständnis ist ähnlich problematisch: »Kirche ist in den Augen des Volkes nicht mehr als das sichtbare Kirchengebäude. Sie ist ein dem Bischof und den Priestern gehörendes Geschäft, in dem man bestimmte Bedürfnisse befriedigen kann. In einer solchen Vorstellung ist der Gedanke, selbst Glied dieser Kirche zu sein, natürlich etwas absolut Fremdes. Denn die Kirche ist ›ein Supermarkt, in dem die Menschen göttliche Waren kaufen‹. Man kauft und zahlt den geforderten Preis, ohne freilich mit dem Geschäft selbst etwas zu tun zu haben. Deshalb werden die bestellten Zeremonien anstandslos bezahlt (genau wie jeder Dienst einer Behörde bezahlt werden muß). Selbst heute noch, da schon manche Erneuerungen im Bereich der Liturgie Wurzeln geschlagen haben, hört man immer die Frage, wieviel Taufe, Trauung oder eine Messe kosten. Es fehlt also das Bewußtsein der eigenen und verantwortlichen Zugehörigkeit zur Kirche.«[6]
Wohlgemerkt: diese kritischen Beschreibungen sind nicht geleitet vom Ideal eines »reinen Christentums«, das sich adäquat von dessen »paganen« Traditionen scheiden ließe. Es gibt – in meinen Augen – durchaus so etwas wie einen gottgewollten Paganismus, gerade im Lichte der katholischen Traditionen des Christentums; und es gibt eine »Berührungsangst« vor dem Paganen, die man in rigoroser Kürze als »typisch protestantisch« bezeichnen könnte. – Hier ist etwas anderes angezielt und kritisiert: Diese Kirche für das Volk ist keine Kirche des Volkes, ist noch keine Kirche, in der dieses Volk sich selbst als Mitträger der neuen Gottesgeschichte versteht und feiert.
Wer ist über dieses Schisma zwischen offizieller Kirche und Volk beunruhigt? Wer entrüstet sich über die grassierende Heterodoxie des Volkes? Eine klassische Reaktion der Theologie ist die Lehre von der »fides implicita« des Volkes und die Lehre von der »bona fides«: Al-

4 E. Galeano, Die offenen Adern Lateinamerikas, Wuppertal 1973, 63.
5 Vgl. De Boni 384 ff.
6 De Boni 391.

les, was sich nicht orthodox auslegen läßt, wird als bona fides angerechnet. Doch durch solche Interpretationen wird das Schisma zwischen Kirche und Volk nicht überbrückt, der Preis der Orthodoxie nicht eingelöst. Solche und ähnliche Versuche sind letztlich nichts anderes als Symptome eines neuen »christlichen Populismus«, der den alten heidnischen abgelöst hat, eine neue Form der Instrumentalisierung der Religion für das Volk. Das Christentum aber stellt im Blick auf Volk keinen Populismus, sondern, wenn schon, einen Humanismus dar, d.h. es kämpft für die Vermenschlichung des Volkes, für das Subjektwerden des Volkes in der Kirche. Dies allerdings nicht aus einer rein humanistischen Gesinnung, sondern im Wissen um den Preis für die Orthodoxie des Volkes, in der Hoffnung, daß Volk Kirche werde und Kirche sei – nicht nur Konsument der Religion, nicht nur Betreuungsobjekt, sondern Subjekt der Kirche und der in ihr repräsentierten neuen Geschichte der Menschheit mit Gott, kurzum: Volk Gottes.

Im Blick auf die Kirchen der Länder, die hier zunächst im Vordergrund stehen, läßt sich wohl dies sagen: Die Ursache dafür, daß das Volk nicht als Subjekt der neuen Geschichte vor Gott erscheint, ist nicht primär mangelndes religiöses Wissen, fehlende theologische Bildung oder Information. Es ist die Gestalt einer Leidensgeschichte des Volkes, die ihm seine Identität versagt, die es ihm nicht gestattet, ein »neues Volk« zu werden, und die es gewissermaßen sozial exkommuniziert, d.h. von der Möglichkeit der Orthodoxie ausschließt. Daß man in gewissen unmenschlichen Verhältnissen gar nicht »rechtgläubig« sein kann, spricht für die Humanität des christlichen Glaubens. Aber es wäre die eigentliche Inhumanität des Christentums, wenn es diese Unmenschlichkeit nur ertragen lehrte. Hier darf nicht nur getröstet, hier muß auch geheilt werden; hier müssen die Lebensbedingungen selbst verwandelt werden.

Damit ist keineswegs gesagt, daß das Christentum von der Illusion einer völlig leidfreien Welt getragen sei. Das Ideal der christlichen Freiheit ist nicht identisch mit einem steil und abstrakt angesetzten Ideal einer totalen Emanzipation, das nichts mehr wissen will vom Leid und das Leidensgeschichte nur als absolute Vorgeschichte menschlicher Freiheit kennt. Das Christentum ist keine Ideologie der Apathie[7], in der alles Leiden zum abschaffbaren Leid verdinglicht wird. Es widersteht deshalb auch jenen politischen und sozialen Utopien, in denen Leidensgeschichte problemlos zusammenfällt mit einer abschaffbaren Unterdrückungsgeschichte. Das Christentum weiß, daß selbst die Vision einer sozialen Schicksallosigkeit und Klassenlosigkeit

[7] Vgl. dazu J. Moltmann, Der gekreuzigte Gott, München 1972; D. Sölle, Leiden, Stuttgart 1973; J.B. Metz/J. Moltmann, Leidensgeschichte, Freiburg ^{2}1974.

aller Menschen keineswegs die Vision einer völlig leidfreien Welt sein kann, wenn diese Vision nicht in einer Apotheose der reinen Banalität enden soll. Das Christentum kämpft deshalb gesellschaftskritisch gegen die anonym verhängten Leidensverbote und Trauerverbote in den sog. »fortschrittlichen« Gesellschaften: nicht mit einem abstrakten Gegenkult des Leidens, sondern indem es die Menschen durch eigene Leidensfähigkeit fähig macht, am Leiden anderer zu leiden und gerade so dem Mysterium Seiner Passion nahezusein[8].

Ebensosehr und ebenso entschieden aber muß die Kirche davon ausgehen, daß es ein Leiden ihres Volkes gibt, das sie nicht übergehen kann und das sie nicht religiös verklären darf, sondern das bekämpft und verwandelt werden muß. Dies ist nicht das Gebot einer fremden politischen Ideologie, sondern der Preis der Orthodoxie des Volkes, der Preis dafür, daß das Volk selbst im vollen Sinn Kirche werde, Gottes Volk, Subjekt der neuen Geschichte mit Gott. Es gibt nämlich eine Leidensgeschichte des Volkes, die immer wieder verhindert, daß dieses Volk selbst in der Kirche eine neue lebendige Identität findet, daß es die Erinnerung und die Sprache seiner eigenen Leidensgeschichte in der memoria passionis Jesu Christi buchstabieren lernt und die Bibel als die mystische Biographie seiner eigenen Lebensgeschichte versteht. Gemeint ist jenes Leiden, das Menschen verstummen läßt in »weltliche Traurigkeit« (wie Paulus sie nennt, um sie abzusetzen von der Traurigkeit der Christen), jenes Leiden, das Menschen so zerstört, so unkenntlich macht, daß sie sind, als wären sie »keines Menschen Sohn«[9]. Wer wagt gerade im Blick auf die Länder der Südregionen zu bestreiten, daß es solches Leiden gibt, ein Leiden, das man gar nicht christlich »annehmen« kann, weil es jede Fähigkeit zur Annahme, jedes Subjektsein längst zerstört hat? Und wer wagt zu bestreiten, daß es sich dabei nicht nur um extreme Einzelfälle handelt, um extremes privates Unglück, sondern um eine Leidenssituation, die ganze Völker oder Gruppen kollektiv verfinstert hat – und dies inmitten der einen Kirche? Es gibt diese Leidensgeschichte des Volkes und dieses Leiden, das man nicht, auch nicht im Interesse von Religion, instrumentalisieren kann; das nur Zyniker als Adel und Vorzug deuten können; das in die Selbstverneinung, in den Selbsthaß führt; das ganze Völker zwingt, ein Leben ohne jede Affirmation zu führen, allenfalls rauschhafte Bejahungen zu suchen, simulierte Identität; dieses Leiden, das keine Erinnerung an Gott ist[10], das überhaupt keine Erinnerung und so auch keine Hoffnung birgt.

Wie kann hier Kirche sein, wie können hier Menschen sein, die sich

[8] Vgl. dazu meinen unter Anm. 7 genannten Text.

[9] Formuliert im Anschluß an ein Wort von B. Brecht in dessen »Gedicht vom unbekannten Soldaten unter dem Triumphbogen«.

[10] Im Anschluß an eine Formulierung von C. Pavese.

»herausgerufen« wissen, Menschen des Exodus, Menschen der Metanoia, Menschen, die »ihr Haupt erheben«...? Natürlich gibt es auch echte Hoffnung im unterdrückten Leben; natürlich muß Gott auch im Elend gedacht und gelobt werden; natürlich kann auch im sozial beschädigten Volk eine religiöse Sehnsucht leben, die mehr ist als Opium zur Betäubung des eigenen namenlosen Schmerzes. Natürlich gilt auch hier, daß sich in der christlichen Hoffnung eine Sehnsucht ausdrückt, die alle Bedürfnisse und ihre Erfüllung unendlich übersteigt. Sonst würden schließlich nur jene als Träger dieser Hoffnung gelten, die ihre volle soziale Menschlichkeit erlangt haben, und Hoffnung wäre ein Privileg der Späteren, der Durchgekommenen, der Endsieger der sozialen und politischen Entwicklung[11]. Um es zu wiederholen: Die hier geforderte konkrete soziale Anstrengung steht nicht unter dem Diktat einer fremden politischen Ideologie. Sie ist der Preis für die Orthodoxie des Volkes, für sein Kirchewerden. Und alle müssen die Unkosten tragen. Charles Péguy: »Wir müssen die wirtschaftlichen, sozialen, industriellen Unkosten, *die zeitlichen Unkosten* tragen. Keiner kann sich dem entwinden, selbst das Ewige nicht, selbst das Geistliche nicht, selbst das innere Leben nicht.«[12]

Die Frage nach dem Preis der Orthodoxie ist nicht nur eine Frage des angewandten Christentums, der nachträglichen moralischen Bewährung und Bestätigung des Christentums, oder des Praktischwerdens der Kirche in Liebe, sondern: ein Stück Konstitution von Kirche, Entfaltung von Orthodoxie! Hier ist der kirchliche und theologische Sinn der vielstrapazierten Rede von »Orthopraxie« zu suchen. Das Wort ruft, richtig verstanden, nicht etwa zu einem blinden Aktivismus auf. Es unterwirft auch nicht gedankenlos alle christliche Praxis den Deutezwängen einer reinen Bedürfnisgesellschaft, in der jegliche öffentlich bedeutsame Praxis mit (direkter oder indirekter) Bedürfnisbefriedigung identifiziert wird. Das Wort »Orthopraxie« erinnert vor allem an die Unkosten der Orthodoxie.

Aber vielleicht ist der Preis der Orthodoxie inzwischen zu hoch geworden? Das »Abenteuer der Orthodoxie« (Chesterton) zu gefährlich? Existiert überhaupt der Wille, Orthodoxie ernst zu nehmen als eine Sache für alle? Gibt es noch das Wissen darum, daß es etwas Beglükkendes und Befreiendes ist, den »rechten Glauben« zu haben? Wenn ja: kann dann irgendein Preis zu hoch dafür sein?

Diese Frage richtet sich an die Kirche in der ganzen Welt. Kirche darf ja nicht einfach die sozialen Gegensätze der Welt in sich selbst noch einmal reproduzieren. Sie würde sonst nur gedankenlos jenen Religions- und Kirchenkritikern Vorschub leisten, die Religion sowieso

[11] Vgl dazu ausführlicher den vorigen § 7.

[12] Ch. Péguy, Wir stehen alle an der Front, dt. Auswahl, Einsiedeln ^{2}1952, 97.

nur als »Überbau« und Funktion bestimmter sozialer Verhältnisse interpretieren. Es darf nicht zugelassen werden, daß die Kirche in der einen Hemisphäre immer mehr zu einer rein bürgerlichen Religion wird, zu einer Religion der Glücklichen, der Leidfreien oder der Apathischen, und daß sie in anderen Teilen der Welt als eine Religion der Unglücklichen, ja, sagen wir es ganz hart und deutlich, als eine Religion der Sklaven erscheint. Ärgerniserregend ist dabei nicht die Tatsache, daß das Christentum wie eine Religion der Unglücklichen, wie eine Religion der Sklaven wirkt, sondern dies: daß die Kirche in sich Unglückliche *und* Zuschauer des Unglücks, viele Leidende *und* viele Abgewandte vereint und daß sie das Ganze die eine Communio der Gläubigen nennt[13]. Müssen nicht die Glieder dieser einen Kirche dem Gedanken standhalten, daß sie alle ein Gottesvolk sein wollen, zusammen mit den guatemaltekischen Indianern? Wer könnte sich hier für unschuldig, für unbetroffen halten? Müssen nicht alle den Preis dafür entrichten, daß aus allen wirklich ein »neues Volk« wird? Ein Volk jenseits der natürlichen Schicksalsgemeinschaften? Ist man aber letzten Endes nicht längst übereingekommen, den Preis herabzusetzen? Ja, in einem verhängnisvollen »Modernismus der Herzen«, wie Péguy das nennt, eigentlich gar nichts zu zahlen und sich zu einigen auf den »feierlichen glorreichen Apparat«?[14] Die hier angeschnittene Frage rührt nicht nur beiläufig an die Grundlagen des christlichen Kirchenverständnisses.

3. Paradigmata einer Kirche des Volkes?

Es gehört wohl in diesen Zusammenhang, wenigstens andeutungsweise nach historischen Vorbildern für die gesuchte Kirche des Volkes zu fragen. Es wäre ungerecht, den Umstand, daß die Großkirche eigentlich immer als eine Kirche für das Volk wirkte, nur auf den unheiligen Machtwillen der kirchlichen Amtsträger oder auf die anhaltende Überfremdung des kirchlichen Lebens und seiner Strukturen durch einen antiken Populismus zurückzuführen. Vielleicht ist es sowieso nur möglich[15], innerhalb der einen Kirche unterschiedliche Formen von Kirche des Volkes zu entfalten, in der sich alle auf ihre Art mehr als bisher gerufen und aufgenommen wissen in das Schicksal der Gesamtkirche. Im Blick auf die Geschichte der Kirche wird man keineswegs sagen können, daß es nicht schon Formen oder doch Vorformen einer Kirche des Volkes gegeben habe. Freilich fällt auf (und

[13] Vgl. hierzu eine Überlegung von Simone Weil, Das Unglück und die Gottesliebe, München 1953, 47 ff.
[14] Péguy 98.
[15] Trotz des unter 5. Anzudeutenden.

die Gründe hierfür bleiben zu bedenken), daß diese Art von Volkskirche bisher eher in kirchlichen Minderheitenbewegungen zutage trat, nicht selten bei Gruppen und Bewegungen, die schließlich zu Sekten wurden[16].

Diese Bewegungen, in denen, wie Franziskus und Dominikus sich ausdrückten, das Evangelium »non equester sed pedester« zum Volk kam[17], also sozusagen auf dessen eigenem Niveau, wirkten nicht selten wie ein heilsamer Schock in der Großkirche, wie eine gefährliche Erinnerung daran, daß das Subjektwerden des Volkes in der Kirche nicht vergessen werde. Bezeichnenderweise waren diese Bewegungen oft sehr theologiearm. Die Bibel verstanden sie nicht primär als ein Buch für Exegeten, sondern vor allem als Volksbuch, als mystische Biographie des Volkes, in dem seine Leiden und Hoffnungen selbst göttlich gedeutet sind. Das Nachfolgemotiv, speziell auch das der Kreuzesnachfolge, dominiert in diesen Bewegungen. Auch für sie ist Jesus zumeist weder ein Narr noch ein Rebell, aber sie wissen, daß er offensichtlich beiden zum Verwechseln ähnlich war; denn schließlich wurde er ja von Herodes als Narr verspottet, von den römischen Soldaten als Aufrührer gekreuzigt. Und so bedeutet für sie Nachfolge immer auch die Bereitschaft, dieser Verwechslung zum Opfer zu fallen. Deutlicher als in der Großkirche schlägt in diesen Bewegungen das Motiv des armen Jesus und der armen Kirche durch. Sie betonen, daß die Armen und die Kleinen die Privilegierten bei Jesus waren, und sie wollen diese Armen und Kleinen auch zu den Privilegierten seiner Kirche machen. Sie ahnen, daß die Kirche die Verfolgung der Mächtigen und die Verachtung der Klugen eher übersteht als die Zweifel der Kleinen und Ohnmächtigen.

Man könnte den Eindruck haben, daß die Berufung auf solche vereinzelten Bewegungen, die sich in der Großkirche längst nicht immer durchsetzen konnten, müßig und eigentlich auch theologisch illegitim sei. – Ist aber eine Bewegung, ist ein Impuls schon dadurch in seiner Authentizität und in seiner Exemplarität theologisch und kirchlich widerlegt, daß er sich als kurzlebig erweist, daß er vorübergeht, daß er von anderen Strömungen besiegt wird, stirbt und in Vergessenheit gerät und daß man kaum von ihm weiß, weil alle Zeugnisse über ihn von den Siegern längst verdrängt worden sind? Muß man im Blick auf

[16] Zur (gewiß nicht unproblematischen) Unterscheidung von Großkirche und Sekte vgl. die inzwischen klassischen Arbeiten von E. Troeltsch und M. Weber. Die Unterscheidung hat in unserem Zusammenhang nicht primär normativen, sondern deskriptiven Charakter. Zum Folgenden vgl. auch einzelne Hinweise bei D. Sölle/F. Steffensky, Inszenierung des Christentums aus dem Motiv der Freude in christlichen Randgruppen und Sekten, in: Concilium 10 (1974) 359-365.

[17] In einer polemischen Formulierung gegen die Bischofskirche ihrer Zeit.

die Kraft und die Wirkungen des Geistes Gottes nicht vielmehr davon ausgehen, daß dieser Geist nicht nur weht, wo er will, sondern auch, wann und wie lange er will? Und welchen Grund zum Triumphieren hätten jene, die immer unberührt zuwarten, bis einer neuen, vielleicht unbequemen Bewegung, einer neuen, unbegriffenen Erfahrung buchstäblich der Atem ausgeht? Ist der längere Atem derer, die unangefochten überleben, wirklich immer und eindeutig der Atem des Heiligen Geistes? Wirkt denn auch der Geist in der Geschichte des Gottesvolkes nach dem Grundsatz: Vae Victis? Also nach jenem Grundsatz, nach dem wir den Sinn und Fortschritt in der Weltgeschichte – und zuweilen auch in der Kirchengeschichte – vorzugsweise beurteilen? Ist auch die Geschichte des Geistes eine reine Siegergeschichte? Das ist wohl zu bezweifeln. Und deshalb darf, ja muß man immer wieder hörsam und empfänglich werden für solche verdrängten oder vergessenen Bewegungen in der Geschichte der Kirche. Dies freilich nicht, um sie nun ihrerseits einfach zu kanonisieren, sondern um sich ihrer »Botschaft« und ihrer Intention erneut zu stellen. In diesem Sinn, meine ich, muß die Erinnerung an die geschilderten sporadischen Ansätze eine gefährliche Erinnerung, eine Erinnerung mit Zukunft bleiben. Dann kann sie zu einer befreienden Erinnerung werden im Blick auf die Aufgabe der Kirche, in sich immer mehr lebendige Formen einer Kirche des Volkes auszubilden.

4. Theologie und Volk

Es ist in diesem Zusammenhang auch noch vom Verhältnis der Theologie zum Volk zu reden. Was macht die Theologie zur kirchlichen Theologie? Worin besteht ihre Orthodoxie? Was bedeutet Theologie für Kirche, für das Kirchesein und Kirchewerden des Volkes, für den Prozeß von der Kirche für das Volk zur Kirche des Volkes?
Und wer ist das adäquate Subjekt einer kirchlichen Theologie? Der Gelehrte? Der Professor? Der Berufstheologe, Spezialist und »professional« für Gott? Der Prediger, der Seelsorger? Der mit seiner eigenen Existenz gestikulierende Mystiker? Oder der einzelne, seine Lebensgeschichte vor Gott artikulierende Christenmensch? Oder aber die Communio, die Gemeinschaft des neuen Volkes selbst, das sich eine kollektive religiöse Biographie schreibt – wie einst Israel, wie einst die jungen christlichen Gemeinden in wichtigen Passagen des Neuen Testaments? Theologie wäre dann die Sprache des Volkes, das in der Kirche zum Selbstbewußtsein seiner eigenen Geschichte gefunden und das als Kirche eine neue kollektive Identität vor Gott erreicht hat. Hier kann man – so scheint es – nicht einfach alternativ antworten, will man die gegenwärtigen Aufgaben und Funktionen der Theologie nicht

entweder archaisch verklären und verkürzen oder aber einer bloß esoterischen Berufstheologie ausliefern.

In welchem Sinn also ist Theologie kirchliche Theologie? Theologie zum Aufbau des Volkes Gottes? Sie ist es einmal vor allem als Ausbildungstheologie: Sie bildet Priester für die Kirche, für das Kirchenvolk aus. Und hier wird ein erster mittelbarer Kontakt zum Volk sichtbar. Zugleich ist sie, dies sei sofort angefügt, Interpretin des kirchlichen Lehramts für das Kirchenvolk. Sie übt gewissermaßen die Funktion eines offiziellen Sprechers aus: sie verdeutlicht die Lehre und die Intentionen der kirchlichen Autorität und stellt sie in umfassendere Begründungszusammenhänge. Diese Aufgaben dürften mehr oder weniger unbestritten sein. Aber erschöpft sich in ihnen die kirchliche Identität der Theologie? Definiert sich in ihnen ihre Orthodoxie? Muß Theologie nicht im Interesse der Kirche gerade auch direkt für das Volk sprechen, ja vom Volk her sprechen? Stellvertretend und, wie Thomas von Aquin gemeint hat, in einer gewissen Arbeitsteilung innerhalb des Gottesvolkes? Diese Aufgabe sucht die kirchliche Theologie immer auch wahrzunehmen. Die Geschichte der Theologie liefert große Zeugnisse für eine solche stellvertretende Theologie[18]. Gleichwohl sei hier noch weitergefragt, wenn möglich ein Schritt weitergetan – nicht aus Maßlosigkeit, sondern weil ich glaube, daß dieser Schritt in der kirchlichen Theologie getan werden muß. Muß der Theologe nicht immer auch die Leute selbst zur Sprache bringen? Hat er nicht kirchlicher Maieutiker des Volkes zu sein? Muß er nicht dafür einstehen, daß die Leute »dabeisein«, »mitmachen« können, daß sie selbst zur Sprache finden, zum Subjekt in der Kirche werden? Und all dies nicht etwa als bloße Aufklärungsarbeit, als Bildungs- und Informationshilfe, sondern um der Orthodoxie der Theologie willen? Kaum etwas nämlich braucht die Theologie m.E. mehr als die in den Symbolen und Erzählungen des Volkes sich niederschlagende religiöse Erfahrung. Nichts braucht sie mehr, wenn sie nicht an ihren eigenen Begriffen verhungern will, die so selten Ausdruck neuer religiöser Erfahrung sind und so oft bloß Begriffe früherer Erfahrungen reproduzieren.

»Fides ex auditu« ist immer auch ein Hören auf die Sprache der Kleinen, derer »denen es gegeben ist«. Also nicht nur das Volk bedarf der Theologie: mehr noch bedarf die Theologie der Selbstaussage des Volkes. Die Symbole und Erzählungen des Volkes können durch nichts ersetzt werden, wenn sie einmal endgültig zerstört sind oder wenn der Erzählstrom radikal unterbrochen ist und die Erinnerungen erloschen sind.

Dieser Standpunkt verträgt sich anscheinend schwer mit einer kritischen Theologie, die heute mitleidlos die Mythen, die Symbole, die

[18] Vgl. den Exkurs: »Theologie als Biographie«.

Erzählungen und mystischen Chroniken des Volkes kritisiert. Er verträgt sich schwer mit einer Theologie, die in reine Argumentation verstrickt ist und alle Erzählgehalte theoretisch ächtet. Solche Theologie lebt jedoch bewußt oder unbewußt von zwei problematischen Unterscheidungen. Einmal von der Unterscheidung zwischen Glaube und Religion – als ob der glaubende Mensch eine abstrakte Existenz wäre und nicht ein in seine Erfahrungen und Geschichten verstricktes Subjekt, das sich im Erzählen dieser Geschichten und in der symbolischen Artikulation seiner Erfahrungen immer neu religiös identifiziert. Zum anderen von der geläufigeren Unterscheidung zwischen Volkskirche und Freiwilligkeitskirche, zwischen Wahlchristentum und Traditionschristentum – als ob Kirche je ohne Volk sein könnte, ohne dessen kollektive Erinnerungen, und als ob eine Kirche, die sich bloß auf die Freiheit einzelner gründete, nicht buchstäblich ins Leere fiele, weil sie schließlich ohne normative Tradition wäre, die überhaupt erst die Inhalte der Entscheidung des einzelnen vermittelt[19]. So entlarven sich diese Unterscheidungen auch als die theologischen Positionen einer Religion, die ihrerseits teilhat an der Geschichtslosigkeit der bürgerlichen Gesellschaft.
In die Prämissen dieser kritischen Theologie, die wissenssoziologisch als Exponent bürgerlicher Religion gelten mag, fällt auch jene Theologie zurück, die versucht, den Riß zwischen Theologie und Volk durch – Soziologie zu überbrücken. Ein Irrtum, der eigentlich alle elitären Aufklärungskonzeptionen begleitet! Soziologie, dies ist eigentlich ein trivialer Satz, ist von der Lebens- und Leidensgeschichte der Leute zumindest genauso weit entfernt wie Theologie. Und die Verwandlung der Theologie in Soziologie ersetzt keineswegs den Verlust der Gesellschaft und des Volkes in der Theologie. Als ob in der Soziologie die Erfahrungen der Leute selbst und nicht nur solche *über* ihr Verhalten zur Sprache kämen! So ist es auch kein Wunder, wenn in manchen modernen progressiv-kritischen Theologien (zuweilen auch »der Befreiung«) mehr über soziologische Theorien (anderer) zu erfahren ist als über die Lebens- und Leidensgeschichte des Volkes.
Man wird dem vielleicht entgegenhalten, hier würde eine simple, romantisch-regressive Verklärung »des Volkes« betrieben, die am Ende nichts leistet, als daß sie die Leistung der kritischen Theologie diffamiert. Doch dies ist keineswegs die Absicht! Schließlich geht es auch hier um kritische Theologie. Doch deren kritisches Interesse soll von der Einsicht geleitet bleiben, daß für eine Theologie, die nicht ins Bodenlose stürzen will, die Symbole, die Erzählungen und die kollekti-

[19] Natürlich ist »Tradition« keine durch historische Vernunft rekonstruierte Geschichte, zumindest solange unsere historische Vernunft ihre narrativen und memorativen Strukturen verbirgt. Vgl. hierzu § 11.

ven Erinnerungen des Volkes in der Kirche unabdingbar sind. Ihre kritische Attitüde darf deshalb nicht zu einer *unmittelbaren* Kritik der Symbolwelt dieses Volkes führen. Sie muß vielmehr dazu führen, es selbst immer mehr zum *Subjekt* seiner Symbolwelt zu machen. Dann werden diese Symbole nicht Zeichen der Entfremdung sein. Sie werden dann allenfalls von denen kritisiert, die sie auch gebrauchen. Die Bemühung geht also erneut auf das Subjektwerden, das (auch sprachliche) Dabeiseinkönnen des Volkes in der Kirche.
Dazu muß freilich die Theologie ihrerseits eine andere theologische Einschätzung der Erzählsprache gewinnen: Die Bemühung um Narrativität gehört – wie in diesem Band bereits mehrfach betont wurde – durchaus in den Kontext einer kritisch-politischen Theologie und ist keineswegs Ausdruck von theologischer Regression in ein vorkritisches Bewußtsein.[20]
Schließlich wird die Mythen- und Ideologiekritik durch diesen theologischen Standpunkt nicht verworfen, sondern präzisiert und richtiger adressiert: Nicht die Eliminierung, sondern die richtige Adressierung und die Abwehr falscher Verwertungszusammenhänge religiöser Symbolwelten ist die leitende Aufgabe kritischer Theologie. Diese geht ja davon aus, daß religiöses Wissen und religiöses Verhalten nicht einfach politisch und sozial unschuldig sind. Ihre Mythen- und Ideologiekritik darf sich darum aber gerade nicht primär gegen das Volk und seine Symbolwelt wenden. Sie muß sich vielmehr gegen jene wenden, die die Symbole des Volkes mißbrauchen, ausbeuten und fremden Zwecken unterwerfen. Hier ist der primäre Ort der ideologiekritischen Konfrontation der Theologie! Nicht die Symbole, nicht die Mystik, nicht die kollektive Erinnerung und ihre Bilder also korrumpieren die Religion und berauben das Volk seiner Selbständigkeit, sondern die Art, wie all dies für fremde Interessen eingesetzt und schließlich auch gegen die religiöse Identität der Menschen gewendet werden kann.
Darum gehört es zur Strenge einer solchen kritischen Theologie, daß sie sich ständig über sich selbst aufklärt und ihren jeweiligen »Sitz im Leben« in Rechnung stellt: daß sie sich also fragt, ob und wie weit ihre »Lehnstuhlposition« überhaupt an jene Erfahrungszusammenhänge heranreicht, die sich in diesen Symbolen verdichten, und mit welcher Legitimation sie im Namen ihrer Schreibtischkonstruktion »moderner Mensch« diese Symbole als irrational diffamieren und »entmythologisieren« darf.
Es gibt eine Grenze für die theologische Annäherung an das Leiden des Volkes. Diese Grenze gilt schließlich auch für den Versuch, »mit« dem Volk Theologie zu treiben und zum Maieutiker seiner Leidens-

[20] Vgl. die Überlegungen in § 12.

sprache zu werden. Sie wird sichtbar angesichts der Leiden, die die Theologie nicht mehr teilen kann. Angesichts dieser Leiden muß sich das theologische Argument unterbrechen lassen. Hier kann Theologie die Heilsgeschichte nur *praktisch* weitererzählen, d.h. indem sie gleichzeitig bereit ist, heilend zu wirken.

5. Vision einer Weltkirche als Kirche des neuen Volkes

Zum Schluß sei noch kurz und völlig ungeschützt von einer Vision gesprochen: von der Vision einer Weltkirche, die weitgehend eine Kirche des Volkes geworden ist; in der das Volk herausgetreten ist aus seinen natürlichen kollektiven Identitätsmustern, heraus aus Nation, Rasse und Klasse; in der das Volk auch geschichtlich zu einem »neuen Volk« geworden ist und eine neue Identität vor Gott gefunden hat und in der der Satz: »die Kirche ist für alle da« nicht wie eine inhaltslose Vereinnahmung gerade der Schwachen und Sprachlosen anmutet, weil in ihr alle zum Subjekt geworden sind.
Das Gelingen einer solchen Kirche dürfte von größtem Belang für die Zukunft der Kirche, für die Zukunft von Religion überhaupt sein. Denn die Gefahren für die Identität kirchlichen Lebens sind groß – auch in jenen gesellschaftlichen Systemen, in denen christliche Religion durchaus noch einen Platz zugewiesen bekommt. Dieser Platz wird nämlich immer mehr streng systemfunktional definiert. Religion wird toleriert zur Absorbierung von schmerzlichen Enttäuschungen in der Gesellschaft, zur Neutralisierung von unbegriffenen Ängsten, zur Stillegung gefährlicher Erinnerungen und widerspenstiger Hoffnungen innerhalb des gesellschaftlichen Lebens, kurzum: zur mehr oder minder willkommenen Stabilisierung komplexer Gesellschaften. Wo indes diese Funktionalisierung von Religion und Kirche perfekt gelänge, wäre sie deren Tod. Die Kirche wird dieser Gefahr auf die Dauer nur widerstehen können, wenn sie als eine religiöse Communio lebt, in der alle zum Subjekt geworden sind, d.h. in der sich eine Identität ausbildet, die nicht einfach von oben her, sondern aus der religiösen Erfahrung der Menschen selbst entsteht.
Das Gelingen einer solchen Weltkirche dürfte aber auch bedeutsam für die Zukunft des gesellschaftlichen Lebens sein. Die Probleme und Leiden in der Welt haben inzwischen ja längst planetarische Ausmaße angenommen. Die Überwindung von gesellschaftlichen Leiden, in denen ganzen Völkern Identität und Selbstsein verweigert ist, kann nicht mehr im nationalen Maßstab erreicht werden. – Noch eine andere gesellschaftliche Bedrohung von Identität besteht auf Weltebene: das leise Verschwinden des Subjekts, der Tod des einzelnen in den anonymen Zwängen und Strukturen einer Welt, die von fühlloser Rationali-

tät konstruiert ist und die deshalb Identitätsmüdigkeit und Erinnerungslosigkeit, Bewußtlosigkeit der Seele verbreitet. Die Überwindung solcher Gefahren verlangt die Ausbildung von Identitäten, die nicht einfach nach den bisherigen Mustern kollektiver Identität gebildet sein können. Stellt die Kirche angesichts solcher Nöte und Konflikte nur eine ohnmächtige Verheißung dar? Oder könnte die Kirche als Weltkirche und die Weltkirche als Kirche des neuen Volkes am Ende zu einem produktiven Vorbild solcher Identität werden? Wohlgemerkt: Es handelt sich um eine Vision! Nur um eine Vision?

§ 9 Transzendental-idealistisches oder narrativ-praktisches Christentum? Die Theologie vor der Identitätskrise des gegenwärtigen Christentums

1. Geschichtliche Identitätskrise des Christentums? Theorien, Symptome, Reaktionen

Es gibt keine Religion, ja kaum eine Weltanschauung, die so sehr auf weltweite Universalität angelegt ist wie das Christentum. Gleichwohl scheint dieses gerade heute, da die Menschen sich – nicht nur gedanklich, sondern in realen geschichtlichen Prozessen – immer mehr als Menschheit präsent werden, in eine geschichtliche Identitätskrise von bedrängendem Ausmaß geraten zu sein. Die Rede von der nachreligiösen Zeit, von der nachchristlichen Welt breitet sich aus. Theorien über »Aufhebung«, Verschwinden oder doch Marginalisierung des Christentums in einer ohnmächtigen Sonderwelt sind an der Tagesordnung.

Da ist einmal die *neomarxistische* Theorie von der geschichtlich-dialektischen Beerbung des Christentums, seiner Potentiale der Kritik und der Befreiung, seines freiheitlich-emanzipatorischen Kerns. In Differenzierungen gegenüber der üblichen und eingeschliffenen marxistischen Religionskritik bleibt hier das Christentum geschichtlich wirksam und sogar bislang unabgegolten: jedoch nicht als Religion, sondern in ihrer konsequent säkularisierten Gestalt als Utopie, die in den freiheitlich-revolutionären Traditionen durchschlägt.[1]

Da ist zum anderen die *evolutionslogische »Aufhebung«* christlicher Religion, d.h. die theoretische Rekonstruktion ihrer (im weitesten Sinn) kulturellen Funktionen in der Entwicklungsgeschichte der Mensch-

[1] Religion wird hier zwar nicht extrem privatisiert, wie in den bürgerlichen Gesellschaften, aber offenbar radikal säkularisiert. Und es ist (jedenfalls für mich) nicht abzusehen, wie sie so ihre Identität wahren könnte. Schließlich steht diese Identität, auch rein historisch-gesellschafslich gesehen, nicht einfach zur Disposition! Gebet und Mystik z.B. gehören zu ihren unverzichtbaren Identitätsmerkmalen. Wer sie nicht mehr gelten lassen will und sie nur noch als durchschautes »falsches Bewußtsein« apostrophiert, begeht einen semantischen Betrug, wenn er fortfährt, von Religion affirmativ zu reden. Er sollte dann lieber von Utopie sprechen, zu der bekanntlich ohnehin niemand betet. Das sei hier ausdrücklich vermerkt, weil die entschiedene Kritik an der extremen Privatisierung von Religion in den bürgerlichen Gesellschaften (vgl. vor allem § 3) nicht blind machen darf für die Gefahr, die in der neomarxistischen Säkularisierung der Religion liegt.

heit[2] auf dem Boden einer Entwicklungslogik, von der in diesem Band im Interesse der Klärung sowohl ihres theoretischen Status wie ihrer gesellschaftlichen Implikate, an verschiedenen Stellen die Rede ist.[3]
Sodann gibt es zwei besonders in unseren Breitengraden entwickelte Auffassungen über das geschichtliche Schicksal des Christentums: einmal die Theorie von der *historischen Diskontinuität* zwischen Christentum und neuzeitlicher Gegenwart (im Interesse des Erweises der »Legitimität der Neuzeit«[4]); dann die Auffassung von der nahezu lautlosen *Atrophie des religiösen Bewußtseins überhaupt*, von der fortschreitenden Zersetzung religiöser Identitätssicherung in breiten Schichten der Bevölkerung.[5]
Im Blick auf die Situation der institutionalisierten Religion, speziell der christlichen Kirchen wurde die Theorie, genauerhin eigentlich das Dilemma von den Kirchen als *»kognitiven Minderheiten«* entwickelt: »Was das Christentum betrifft, kann man wohl mit einiger Sicherheit behaupten, daß die letzten Jahrhunderte westlicher Geschichte einen erheblichen Verfall seiner einstmaligen ›Selbstverständlichkeit‹ mit sich gebracht haben ... Seine Hauptkonsequenz ist in einem einfach formulierbaren Dilemma zu finden: Die Kirchen, als soziale ›Plausibilitätsstrukturen‹ des Christentums, können entweder trachten, sich den Wirklichkeitsbestimmungen der Umwelt anzupassen oder sich als kognitive Minderheiten gegenüber dieser Umwelt zu ›verschanzen‹. Beide Alternativen bringen aber, in Anbetracht der inneren Beschaffenheit des Christentums, erhebliche Schwierigkeiten mit sich. Die erste Alternative gefährdet entschieden den geistigen Inhalt, der nur bis zu einem gewissen Ausmaß angepaßt werden kann, ohne gänzlich seinen Charakter zu verlieren Die zweite Alternative wieder kollidiert mit dem jedenfalls seit Konstantin bestehenden Selbstverständnis der christlichen Kirchen als offenen, mit der Gesamtgesellschaft vielfältig verwobenen Institutionen.«[6]
Diese nichtchristlichen oder nichttheologischen Theorien über die Gegenwart des Christentums sind hier nicht in extenso zu diskutieren und quasi situations- und subjektlos zurückzuweisen.[7] Festzuhalten ist indes, daß sie gewisse Entsprechungen haben im Krisenbewußtsein der Christen und des kirchlichen Lebens. Sinnängste und Zweifel neh-

[2] Vgl. z.B. C. Seyfarth/W. Sprondel (Hrsg.), Seminar: Religion und Entwicklung, Frankfurt 1973 (= stw 38).
[3] Vgl. die §§ 1, 4, 10.
[4] Vgl. die einschlägigen Arbeiten von H. Blumenberg.
[5] So J. Habermas in verschiedenen Äußerungen der letzten Jahre, ohne daß sich freilich seine ohnehin nur sporadischen Bemerkungen zum Thema unter diesem Urteil zusammenfassen ließen.
[6] P.L. Berger, Zur Soziologie kognitiver Minderheiten, in: IDZ 2 (1969) H. 2.
[7] Es ist leicht zu erkennen, daß sich dieser Band in seinen beiden ersten Teilen immer wieder, zumindest indirekt, mit diesen Theorien auseinandersetzt.

men zu – nicht nur unter den Intellektuellen, sondern im gläubigen Volk selbst, was vergleichsweise viel alarmierender ist. Kann man nicht heute – zumindest in den mitteleuropäischen Verhältnissen – vielleicht zum ersten Mal den breiten Schwund an verinnerlichten, extrem belastbaren Glaubensüberzeugungen beobachten? Gibt es nicht inzwischen quer durch alle Schichten neben der viel zitierten »Unfähigkeit zu trauern« so etwas wie eine wachsende »Unfähigkeit, sich trösten zu lassen« und Trost anders zu verstehen denn als ohnmächtige Beschwichtigung? In solchen und anderen[8] Symptomen scheint inmitten des christlichen Lebens etwas von der theoretisch festgemachten geschichtlichen Identitätskrise des Christentums durchzuschlagen.
Die Kirche, so scheint es, reagiert (zumindest in unseren Breitengraden) zunehmend mit Angst. Als »Stabilisierung durch Angst«, die durchaus von einer erfolgreichen Kirchenadministration organisiert sein kann, läßt sich m.E. der Prozeß kennzeichnen, in dem die Kirche inzwischen steht. Die Gefahr ist augenscheinlich: Stabilisierung durch Angst ist perspektivenlos und zudem äußerst krisenanfällig; der anonyme Druck unbewältigter Verhältnisse wird nicht aufgearbeitet, sondern verdrängt.
Da hilft auch nicht jene theologische Reaktion weiter, die diese geschichtliche Identitätskrise des Christentums nur mit dem Hinweis auf die ständige Angefochtenheit, die bleibende agonale Situation des Christentums, mit der jeder Christ illusionslos zu rechnen habe, deuten und bewerten will. Diese Auskunft bleibt abstrakt gegenüber der konkreten geschichtlichen Krisensituation, die ja nicht zuletzt eine Krisensituation im Christentum selbst ist; sie kann auch leicht zum Entschuldigungsmechanismus geraten, der die Ursachen nur »außerhalb« sucht und deshalb auch nicht zu einer neuen Praxis unter den Christen selbst anleitet. Von anderen unmittelbaren und in diesem Sinn »typisch« apologetischen Reaktionsversuchen auf die gewußte oder gefühlte Krise (z.B. neofundamentalistische Tendenzen, Rückzug nicht etwa auf radikales, sondern »reines Christentum« mit Sektensemantik etc.) sei hier abgesehen. Der Blick richtet sich vielmehr auf die Versuche theologisch ausgearbeiteter Theorien der Gegenwart des Christentums.

2. Theologische Theorien über die Gegenwart des Christentums: Fächer der Positionen

Da gibt es einmal die unterschiedlichen Formen von theologischen Säkularisierungstheologien: die neuzeitliche Geschichte der sog. »Säkularisierung« (im weitesten Sinn) wird interpretiert und gewertet ent-

[8] Vgl. zu weiteren Krisensymptomen wie zur folgenden angedeuteten Reaktion der Kirche: J.B. Metz, Zeit der Orden?, 27 ff.

weder als Abfallgeschichte vom Christentum (= traditionelle Version in der katholischen Theologie) oder als Wirkungsgeschichte des Christentums oder schließlich gar als Erfüllungsgeschichte des Christentums. Da diese theologischen Säkularisierungstheorien bzw. -thesen[9] bereits in § 2 kritisch erörtert worden sind und da sie (mit Ausnahme der traditionellen Version) in den beiden gleich zu nennenden theologischen Ansätzen ohnehin indirekt mit zur Diskussion stehen, seien sie hier nur aufgezählt.

Die argumentativ ausgearbeiteten und entsprechend wirksamen theologischen Theorien über die Gegenwart des Christentums werden hier unter der spröden Chiffre *»transzendental-idealistisch«* zusammengefaßt. Sie soll hier so unterschiedliche und sehr differenziert und nuanciert entwickelte Ansätze wie den »universalgeschichtlichen« und den »transzendentalen« decken. Man mag mir die abstrahierende »Rücksichtslosigkeit« vergeben, mit der ich diese Ansätze kennzeichne, um das Anliegen eines quasi nachidealistischen narrativ-praktischen Ansatzes wenigstens in ersten Umrissen deutlich zu machen.

Unter den *universalgeschichtlichen* Ansätzen, die hier (kritisch) als »idealistisch« gekennzeichnet werden, ist nicht nur die einflußreiche, stark an Hegel orientierte Geschichts- und Sinnontologie W. Pannenbergs gemeint, für die »Sinn von Geschichte« nicht eine Kategorie der praktischen Vernunft, sondern (im Anschluß an idealistische Traditionen) eine Reflexionskategorie darstellt.[10] Eine universalgeschichtlich-idealistische Konzeption – im Sinne eines im Christentum eschatologisch messianisch integrierbaren Stufengangs menschlicher Freiheitsgeschichte – scheint mir am Ende auch in dem imponierenden Versuch J. Moltmanns vorzuliegen, die Gegenwart des Christentums aus der Revolutionsgeschichte der Freiheit zu deuten.[11] Wiederum unter anderen Prämissen gehört schließlich die auf liberalen Traditionen basierende Christentumstheorie T. Rendtorffs hierher, in der – extrem abgekürzt gesagt – die Gegenwart des Christentums als Vollzugs- und Garantieform bürgerlicher Freiheitsgeschichte gedeutet ist. Eigentümlich bleibt diesen Theorien, bei all ihren Unterschieden im einzelnen, daß sie sich akribisch an der Geschichte als Ort der Identitätskrise des Christentums abarbeiten, abgestimmt freilich auf ein universalgeschichtlich-idealistisches Konzept.

Ihnen gegenüber gibt es, als einzige konsequent ausgearbeitete theologische Gegenwartstheorie im katholischen Raum (und weit über diesen hinaus wirksam), die transzendental ansetzende und verfahrende

[9] Die Bezeichnung »Theorie« ist hier in jenem weiteren Sinn gebraucht, in dem sie als Selbstkennzeichnung theologischer Konzepte üblich ist.

[10] Zur kritischen Anfrage an Pannenbergs Ansatz vgl. die Überlegungen in § 4.

[11] Vgl. J. Moltmann, Die Revolution der Freiheit, in: Perspektiven der Theologie, München 1968, 189-211.

Theorie des anonymen Christentums von Karl Rahner.[12] Wenn sie hier als *transzendeneal-idealistisches* Konzept gekennzeichnet und kritisch befragt wird, so geschieht das vom Konzept einer praktischen Fundamentaltheologie aus, das in § 4 u.a. als Kritik der transzendentalen Subjekttheologie entwickelt ist. Es geschieht in der Hoffnung, daß diese kritischen Anfragen den Blick freigeben auf ein quasi nachidealistisches narrativ-praktisches Verständnis von Christentum und christlicher Identität. Über den Rang, den dabei »Erinnerung« und »Erzählung« als identitätsrettende Kategorien praktischer Vernunft haben, wird sowohl in § 4 wie auch im Kategorienteil gesprochen.

Die Theorie vom anonymen Christentum nimmt die geschichtliche Identitätskrise vor allem in der Form jenes Dilemmas auf, das sich aus der immer augenscheinlicher werdenden gesellschaftlichen Partikularität der Kirche einerseits und der Universalität ihrer Sendung und des in ihr repräsentierten Heilswillens Gottes anderseits ergibt. Dabei scheint mir diese Theorie letztlich geleitet sowohl von der zentralen theologischen Idee eines unbezwingbaren, universalen Heilswillens Gottes wie von dem humanen Respekt vor den verborgenen Abgründen menschlicher Existenz, die unzugänglich sind für absolute Reflexion und in der der Mensch gewissermaßen sich selbst »anonym« bleibt. Rahner extrapoliert in dieser Theorie des anonymen Christentums eigentlich nur seine transzendentale Konzeption vom Menschen als dem in Gott hinein sich selbst entzogenen Wesen, als dem quasi »zur Transzendenz verurteilten Wesen«, das »immer schon«, auch in jedem Akt der Gottesverneinung, »bei Gott ist« und dessen Freiheit (allein) darin besteht, dieses sein Wesen – gläubig – anzunehmen oder – ungläubig – »niederzuhalten«, wobei in der reflexen Artikulierung dieser Freiheit durchaus mit Dissonanzen, ja mit Widersprüchen zwischen dem explizit Gesagten und dem tatsächlich Getanen, zwischen Freiheitstat und reflexiver Selbstvergewisserung bzw. Thematisierung zu rechnen ist. Hier kann nicht im einzelnen auf diese bei Rahner tiefsinnig und nuancenreich entwickelte transzendentale Glaubenstheorie eingegangen werden, die offensichtlich von einer idealistischen Erkenntnistheorie geprägt ist und die sich dabei auf die traditionelle Lehre von der fides implicita und von der bona fides stützen kann. Festzuhalten ist hier zunächst nur das, was sich aus diesem Ansatz für Rahner im Blick auf eine theologische Theorie des gegenwärtigen Christentums ergibt:

Es ist zu unterscheiden zwischen einem reflexiv sich selbst erfassenden und in der kirchlichen Orthodoxie institutionalisierten Christen-

[12] Aus den »Schriften zur Theologie« wären vor allem die einschlägigen Arbeiten in den Bänden VIII bis X zu konsultieren. Zur Diskussion dieser Theorie vgl. neuerdings E. Klinger (Hrsg.), Christentum innerhalb und außerhalb der Kirche, Freiburg 1976.

tum einerseits und jenem anonymen Christentum anderseits, in dem Menschen durchaus eine freie Grundentscheidung auf Gott hin vollbringen, ohne daß diese sich reflex als solche erfassen müßte oder u.U. auch nur könnte; ja, es ist möglich, daß diese Entscheidung sich – unter dem anonymen Druck eines vorindividuellen, gewissermaßen gesellschaftlich strukturalen »Atheismus« – selbst »atheistisch« thematisiert. Für die Kirche, die schon heute viele Menschen nicht mehr erreicht und die für die Zukunft immer mehr ins Kalkül ziehen muß, daß sie viele Menschen und Gruppen nicht explizit christlich machen wird, bedeutet das, daß sie das Heil dieser Menschen in einem solchen anonymen Christentum ermöglicht sehen kann.

3. Erste Fragen an die Theorie des anonymen Christentums

Ohne früher Gesagtes[13] zu wiederholen, seien hier gleich einige kritische Bemerkungen angefügt – und zwar vor allem in Frageform, weil sich diese Kritik nicht sicher ist, daß sie das Niveau des Kritisierten auch immer erreicht hat (und weil jedenfalls eine alternative Konzeption gleicher Konsistenz noch aussteht).

1. Trägt die der Theorie des anonymen Christentums zugrunde liegende transzendentale Glaubenslehre nicht zu sehr die Züge einer elitär-idealistischen Gnoseologie? Die »Masse« der Leute wird gerettet kraft ihrer fides implicita, kraft ihres bona-fide-Verhaltens. Die »eigentlichen« Zusammenhänge werden nur von den wenigen gewußt, ausgestattet mit der »hohen Gabe der Weisen«.[14] Rahner, von seiner gesamten theologischen Persönlichkeit dem Elitären abgeneigt wie kaum ein anderer, macht sich diesen Einwand schließlich selbst. Sein Hinweis jedoch auf analog »elitäre« Züge in »sublimen ästhetischen, logischen, ethischen usw. Erkenntnissen«, die für alle gelten sollen und doch nur von wenigen gewußt werden[15], überzeugt (mich) nicht. Schließlich ist das *volle* und *explizite* (!) Glaubenswissen selbst ein praktisches Wissen; es bleibt in seiner Eigenart inkommensurabel gegenüber rein wissenschaftlichen und philosophisch-idealistischen Wissensformen.[16] Wenn man schon beim »vollen« Glaubenswissen von einem Arkanwissen sprechen will, dann kann dieses Arkanum nicht

[13] Vgl. hier vor allem § 4,2.

[14] Vgl. z.B. die einschlägigen Formulierungen in: Schriften zur Theologie IX (1970) 192.

[15] A.a.O. 190.

[16] Über die praktische Verfassung des Gottesgedankens vgl. § 4,1. – In dieser Fragestellung schlägt die Differenz in der theologischen Erkenntnislehre zwischen der Transzendentaltheologie und einer praktischen Fundamentaltheologie durch.

das einer philosophischen Gnosis, eines elitären Idealismus sein, sondern nur das Arkanum eines praktischen Wissens – nicht das Arkanum des Sokrates, sondern dasjenige Jesu, abgekürzt gesagt: das praktische Arkanwissen der Nachfolge.[17]

2. Handelt es sich bei dieser Figur des »transzendentalen Christentums« nicht um eine Figur der Überlegitimierung und Überidentifizierung des Christentums angesichts der wachsenden geschichtlichen Bedrohtheit seiner Identität? Wird hier die geschichtliche Identität des christlichen Glaubens nicht festgemacht an einer anthropologischen Grundstruktur des Menschen, derzufolge der Mensch »immer schon« – nolens, volens – bei Gott ist? Gewiß, die Rahnersche Transzendentaltheologie wäre gründlich mißverstanden, wollte man ihr unterstellen, sie würde den christlichen Glauben nur nachträglich in eine aprioristische Konstruktion des Menschen eintragen. Das transzendentale Verfahren, wie Rahner es expliziert, läuft umgekehrt: die konkrete geschichtliche Erfahrung im christlichen Glauben wird ihrerseits verallgemeinert, sie wird zur »kategorialen« Voraussetzung dafür, den Menschen als Wesen absoluter Transzendenz zu begreifen. Gleichwohl bleibt die Frage, ob die Verallgemeinerung einer geschichtlichen Erfahrung (wie der des christlichen Glaubens) – die um ihres geschichtlichen Charakters willen gefährdet, in ihrer Identität bedroht bleibt – auf rein gedanklich-spekulativem Weg möglich ist, oder eben nur auf dem Weg über eine Praxis, die theologisch durch keine transzendentale Reflexion kompensiert werden kann, sondern die man »erinnern« und von der man »erzählen« muß – ?

Um das damit angedeutete narrativ-praktische Christentum deutlicher herauszuarbeiten, ist zunächst die Kritik voranzutreiben – sowohl gegenüber der transzendental-idealistischen Theorie Rahners wie auch (wenigstens umrißhaft) gegenüber den universalgeschichtlich-idealistischen Konzeptionen. Die Spitze dieser Kritik richtet sich dabei auf den solche Entwürfe leitenden Versuch, die geschichtliche Identität des Christentums am Ende doch rein gedanklich-idealistisch zu erläutern, ohne Rücksicht auf die konstitutive Funktion der christlichen Praxis, deren kognitive Entsprechung »Erzählung« und »Erinnerung« heißt.

4. Ein Märchen – gegen den Strich zu lesen

Um diese kritische Intention zu verdeutlichen, möchte ich an ein Märchen erinnern, das hierzulande zu den bekanntesten und beliebtesten zählt: das Märchen vom Hasen und vom Igel, näherhin die Geschichte

[17] Nur so wird man auch der Gefahr entgehen, das volle Glaubenswissen, also »die Orthodoxie«, zu einer Eliteorthodoxie zu machen, die niemals wirklich

von jenem krummbeinigen, aber pfiffigen »Swinegel«, der am Sonntagmorgen auf dem Felde spazieren geht und dem Hasen, der ihn wieder einmal wegen seiner »schiefen Beine« gefoppt hatte, kurzerhand einen Wettlauf in den Ackerfurchen vorschlägt, und der dann vor dem Lauf erst noch einmal nach Hause geht (zum Frühstücken, wie er sagt, da es sich auf nüchternen Magen nicht gut laufe...), um seine Igelfrau zu holen – »die bekanntlich genauso aussieht wie ihr Mann« – und sie am oberen, entfernteren Ende der Ackerfurche zu postieren, während er selbst sich am unteren Ende neben dem Hasen zum Lauf aufstellt. Wie man weiß, fällt der Hase auf diesen Igeltrick herein: er läuft und läuft in seiner Furche, der Igel ist, hier und dort, »immer schon da«, und schließlich rennt und stürzt sich der Hase auf dem Ackerfeld zu Tode.

Die »Kleinen«, Zukurzgekommenen und »Langsamen« im Leben, zu deren Ermutigung das Märchen geschrieben ist, mögen mir gestatten, diese schöne Geschichte gegen ihre eigene, nur allzu berechtigte Intention zu lesen und einen Augenblick lang – für den Hasen Partei zu ergreifen, der läuft und läuft und sich schließlich im Wettlauf zu Tode stürzt, während der Igel durch einen Trick siegt, der ihm das Laufen überhaupt erspart. Die Option für den Hasen, das wäre hier die Option für das Eintreten in das Feld der Geschichte, das man nur im Lauf, im Wettstreit, im Flug (und wie immer die Bilder gerade der paulinischen Traditionen für das geschichtlich-eschatologische Leben der Christen lauten) durchmessen kann. Und diese Option für den Hasen bedeutet gleichzeitig den Versuch, die idealistische Sicherung gefährdeter Identität des Christentums, die absieht von der identitätsrettenden Kraft der Praxis (des Laufens), kritisch zu entlarven – sozusagen als theologischen Igel-Trick, der Identität und Sieg ohne die Erfahrung des Laufens (d.h. auch ohne die Erfahrung der Bedrohung und des möglichen Untergangs) verbürgt.

5. Entlarvung des Igel-Tricks – oder: Kritik der transzendental-idealistischen Versionen der Identitätssicherung

Zu unterscheiden wären zwei Spielarten dieses Igel-Tricks, an denen sich sowohl der universalgeschichtliche wie der transzendentale Versuch, die Geschichte zu hintergehen, erläutern lassen.

Die *erste Spielart* des Igel-Tricks steht für die universalgeschichtlich-idealistischen Ansätze. Wie bei den beiden Igeln hat man die Straße

Volksorthodoxie sein könnte – allenfalls Betreuungsorthodoxie einer feudalistischen »Kirche für das Volk«, nicht aber die einer »Kirche des Volkes«, in der das Volk selbst mündiges Subjekt seiner religiösen Identität ist. Vgl. dazu § 8.

der Geschichte fest im Blick. Da man sie von beiden Enden her überschaut, braucht man sie erst gar nicht mehr zu betreten. Der Hase läuft – und der Igel sitzt in trickreicher Verdoppelung an den Schaltstellen der Gesamtgeschichte. Die Geschichte wird zur durchschauten Bewegung des objektiven Geistes oder wessen immer. Und Theologie wird zu einer Art weltgeschichtlicher Auskunftei, freilich mit nachlassender Frequenz, mit abnehmendem Publikumsverkehr.

Der endgültig zugesagte Heilssinn der Geschichte wird hier nicht eigentlich »im Laufen« erschlossen; er wird nicht als praktische Sinnerfahrung inmitten des geschichtlichen Lebens angerufen, erinnert und (für alle) weitererzählt; er ist zur Reflexionsbestimmung erstarrt, die nicht zu irritieren ist durch kollektive geschichtliche Ängste und drohende Sinnkatastrophen – und die deshalb auch keiner mit Erwartung ausgestatteten Hoffnung bedarf. Die Sinngegenwart ist bis in die letzten Winkel hinein ausgebügelt, von allen Widersprüchen befreit: sie ist sozusagen »hoffnungslos« total. Das eschatologisch-apokalyptische Bewußtsein von Bedrohung und Gefahr und von der »Not der Zeit« ist schwach; es scheint aus den Geschichtstheologien längst erfolgreich abgedrängt in die Individualgeschichte.[18]

Die *zweite Spielart* des Igel-Tricks steht für den transzendental-idealistischen Ansatz, für die Konzeption eines »transzendentalen Christentums«. Der Hase läuft, die beiden Igel sind »immer schon da«: »Ick bün all hier«, rufen abwechselnd Igel-Mann und Igel-Frau im niederdeutschen Märchen. Durch ihre transzendentale Omnipräsenz hetzen sie den Hasen zu Tode. Indessen, wird hier die bedrohte und gefährdete geschichtliche Identität des Christentums nicht um einen hohen, zu hohen Preis transzendental festgemacht und gesichert, nämlich um den Preis der Verwechslung von Identität und – Tautologie? Die beiden Igel – »bekanntlich sieht die Igel-Frau genauso aus wie ihr Mann« – stehen für die Tautologie, der laufende Hase für die *Möglichkeit* geschichtlicher Identität. Das »Laufen«, bei dem man auch liegenbleiben kann, gehört mitsamt seiner Gefährdung zur Identitätssicherung, es ist durch nichts transzendental zu kompensieren. Alles andere führt m.E. am Ende in die Tautologie: Der eine Igel ist wie der andere, der Anfang wie das Ende, das Paradies wie die Endzeit, die Schöpfung wie die Vollendung, im Ende wiederholt sich der Anfang. Die Geschichte selbst – mit ihren allemal bedrohten, besiegbaren, jedenfalls gefährdeten Formen von Identität – kommt gar nicht erst dazwischen. Der transzendentale Zauberkreis ist vollkommen, und er ist (wie die beiden Igel) unbesiegbar.[19] So drängt sich der Verdacht auf,

[18] Vgl. dazu die Thesen in § 10.

[19] Selbstverständlich bin ich nicht der Meinung, daß K. Rahners Theologie – ebensowenig wie etwa die K. Barths – tautologisch verführe. Vgl. dazu in diesem Band den Exkurs zu § 12

daß die Transzendentalisierung des christlichen Subjekts von einer Entlastungs- und Immunisierungstendenz geleitet sein könnte. Soll dem Christentum durch Transzendentalisierung nicht eine Art Omnipräsenz verliehen werden, die es schließlich jeder radikalen Bedrohung auf dem Felde der Geschichte entzieht? Wird durch Transzendentalisierung des christlichen Subjekts dem geschichtlich-apokalyptischen Kampf des Christentums und seiner Identität nicht die Spitze abgebrochen, wird dieser Kampf nicht vorzeitig entspannt?

6. Plädoyer für ein narrativ-praktisches Christentum

Hier ist nun freilich zunächst einer, vielleicht der entscheidenden Frage Gehör zu geben: Kann christliche Theologie überhaupt von etwas anderem ausgehen als davon, daß der universale Sinn der Geschichte und darin die geschichtliche Identität des Christentums bereits »feststeht«? Wie könnte für sie universalgeschichtlicher Sinn überhaupt noch auf dem Spiele stehen? Ist für sie Geschichte nicht längst definitiv entschieden und gerettet in der eschatologischen Tat Gottes in Jesus Christus? Anders ausgedrückt: *Muß* Theologie nicht so reden und argumentieren, wie die beiden kritisierten Ansätze es tun, der transzendentale und der universalgeschichtliche? Ist christliche Theologie in diesem Sinne nicht notwendig geschichtsidealistisch? Und muß sie deshalb, um ihrer Sache willen, nicht lieber den Vorwurf auf sich sitzen lassen, sie nehme die Geschichte mit ihren Widersprüchen und Antagonismen, mit ihren Kämpfen und Leiden letztlich doch nicht ernst und mache daraus ein Als-ob-Problem? Führt nämlich nicht jeder andere Versuch zu der widersprüchlichen Vorstellung eines konditionierten Heils bzw. zur Verwechslung von Heil und Utopie?
Deshalb sucht man (in diesen Ansätzen wie überhaupt) »Geschichte« dadurch zu retten, daß man die Erfahrung der Widersprüche, der Nicht-Identität, des möglichen Scheiterns und Versagens, die Erfahrung des Unheils in die Geschichtlichkeit des einzelnen verlegt. Auf dem Spiele steht nur die Individualgeschichte; der einzelne kann die eschatologisch definitive Heilsgeschichte sich selbst »applizieren«, er kann sich auch von ihr lossagen. Heilsgeschichte subsistiert gewissermaßen geschichtslos; »geschichtlich« ist sie allein als Applikations- oder Versagungsgeschichte des einzelnen.
Wie freilich entgehen solche »Lösungen« der Gefahr, die Geschichte als Heilsgeschichte quasi in subjektloser Totalität – über die Köpfe der durch ihre Leidensgeschichten gebeugten Menschen hinweg – zu denken? Geschieht diese eine und universale, in Christus begründete Heilsgeschichte nicht in den Geschichten des Heils und Unheils der Subjekte, in den Subjektgeschichten? Aber wie? Und wie wäre von ihr

zu reden, wenn man sich auch bei der Heilsgeschichte die Vorstellung einer subjektlosen Geschichte versagt? Und schließlich: Darf die eschatologisch verheißene Rettung der Gesamtgeschichte theologisch zu einer teleologisch geglätteten Sinngeschichte verharmlost werden, in der das katastrophische Element dieser Geschichte nicht einmal mehr denkbar ist, geschweige denn theologisch bewußt veranschlagt werden könnte?[20]

Angesichts dieser Fragen möchte ich für die narrativ-praktische Grundverfassung des Christentums, seiner geschichtlichen Identität und seiner Rede vom eschatologischen Heil plädieren. Hat es aber nicht gerade das Erzählen mit (einzelnen) Geschichten zu tun? Und drängt damit die Betonung der narrativen Identifizierung der christlichen Identität nicht wiederum in die Richtung der Individualgeschichten, in denen die einzelnen die universale Heilsgeschichte applizieren oder sich ihr verweigern?

Hier ist indes auf etwas Entscheidendes hinzuweisen: In der Erzählung kann anders als im reinen Diskurs, anders als im reinen Argument das Ganze der Geschichte und der universale Geschichtssinn so besprochen werden, daß sich die Rede von diesem universalen Sinn gleichwohl nicht in einen logischen Totalitätszwang, in eine Art transzendentaler Notwendigkeit überführt, derzufolge dann die einzelnen Schicksale, die praktischen Sinngeschichten der einzelnen gegenüber einem solchen »notwendigen« Heilssinn der Gesamtgeschichte zwangsläufig sekundär würden und nur noch nachträglich eingeordnet werden könnten in den subjektlosen Rahmen einer solchen endgültigen Heilsgeschichte. In der narrativen Konzeption des christlichen Heils treten Geschichte und Geschichten, die eine Heilsgeschich-

[20] Der oft allzu unbekümmerte Umgang mit der Kategorie »Sinn« (speziell auch »Sinn der Geschichte«) in der Theologie wäre kritisch zu befragen. »Sinn« ist ja inzwischen zum Lieblingskind der Theologen geworden – und wird nun auch prompt, wie alle Lieblingskinder, verhätschelt und – überschätzt. Wenn schon Theologie nicht auf diese Kategorie (auch nicht in ihrer allgemeinen Fassung) verzichten kann, so darf sie doch nicht vergessen, daß es dabei nicht um einen ungefährdeten Sinn geht, den man aus den ehernen Schatzkammern etwa der Ontologie immer dann unbekümmert abholen könnte, wenn er eigentlich durch die intelligible Kraft des christlichen Handelns selbst eingeführt und »beschrieben« werden müßte. Es gibt eine weder transzendent noch universalgeschichtlich kompensierbare praktische Sinnvergewisserung! – Die theologische Behandlung der Sinnfrage darf sich deshalb auch nicht dazu verführen lassen, »Sinn« quasi zu verdinglichen, das Problem der Sinnrettung bzw. der geschichtlichen Bedrohung der Sinnreserven einfach zu ignorieren und – in apokalyptischer Bewußtlosigkeit – zu vergessen, daß der, auf den sich die christliche Sinnerwartung richtet, nicht nur als der Vollender des Reiches Gottes, sondern auch als der Überwinder des Antichrist wiederkommt, so daß gerade auch Christen im Auge zu behalten haben, was E. Bloch in Umwendung eines bekannten Wortes von Hölderlin einschärfte: »Wo das Rettende naht, wächst auch die Gefahr«.

te und die vielen Geschichten des Heils und des Unheils der einzelnen, zusammen und ineinander – ohne gegenseitige Verkürzung.[21] Die einzelnen Geschichten sind nicht ohne den Blick auf die vorauserzählte Heilsgeschichte; diese aber kann durchaus die einzelnen Geschichten in sich selbst aufnehmen. Denn die erzählte (und erinnerte) Universalität und Endgültigkeit des Sinns der Geschichte macht die geschichtliche Praxis des Widerstands gegen Sinnlosigkeit und Unheil nicht überflüssig, weil transzendental oder universalgeschichtlich kompensierbar, sondern – unentbehrlich.

Die Universalität des Heilsangebots im Christentum hat nicht den Charakter eines transzendentalen oder universalgeschichtlichen Begriffs von Universalität. Sie hat den Charakter der »Einladung«. Der einladende Logos des Christentums zwingt nicht, er hat primär Erzählstruktur in praktisch-befreiender Intention. Christologisch gewendet heißt das: Das in Christus »für alle« begründete Heil wird nicht über eine Idee universal, sondern über die intelligible Kraft einer Praxis, die Praxis der Nachfolge. Diese Intelligibilität des Christentums ist aber theologisch nicht rein spekulativ zu transportieren, sondern – narrativ: narrativ–praktisches Christentum.[22]

Hier mag – wiederum[23] – deutlich werden, daß die sog. geschichtliche Identitätskrise des Christentums nicht eine Krise der Glaubensinhalte ist, sondern eine Krise der christlichen Subjekte und Institutionen, die sich dem praktischen Sinn dieser Inhalte, der Nachfolge, versagen.

Diese Nachfolge ist schließlich von entscheidender Bedeutung für jene Version der Identitätskrise des Christentums, die ihm tagtäglich in vielen Variationen von Religionskritik und Ideologiekritik aufgetischt wird und die sich inzwischen – innerchristlich – in dem Schlagwort »Jesus, ja – Kirche, nein« popularisiert hat. Es handelt sich dabei um den vielfach schon ins vorargumentative Bewußtsein abgesunkenen Verdacht, daß dem späten Christentum seine lebendige Identität mit Jesus verlorengegangen sei, daß es seine »Christusförmigkeit« längst abgestreift habe und daß auch viele Intentionen Jesu längst von anderen geschichtlichen Bewegungen erfolgreich beerbt worden seien. Dieser Verdacht kann nicht einfach durch eine bessere oder subtilere Interpretation des geschichtlichen Verhaltens des Christentums – nicht durch eine noch gelehrtere Hermeneutik und noch kritischere Rekon-

[21] Diese »narrative Vermittlung« scheint mir auch von großer Bedeutung für eine christliche Theologie der Religionen zu sein. Das narrativ-praktische Christentum kann nämlich in der Begegnung mit diesen anderen Religionen an seiner eschatologisch-universalen Sinngeschichte festhalten, ohne dadurch die Geschichten der anderen Religionen »sinntotalitär« vereinnahmen zu müssen.
[22] Ausführlicher zur narrativ-praktischen Grundverfassung der Christologie: J.B. Metz, Zeit der Orden? 40 ff.
[23] Vgl. § 4, 1.

struktion seiner eigenen Geschichte –, sondern schließlich nur durch den Erweis des Geistes und der Kraft in konsequenter Nachfolge, also durch praktische »Christusförmigkeit«, entkräftet werden. Und die Erinnerungen an das Versagen des Christentums, die tiefsitzenden Enttäuschungen darüber – bei einzelnen und ganzen Gruppen und Klassen – können nicht rein erklärend überwunden und aus der Welt geschafft werden. Denn selbst wer gegen kollektive Leidenserinnerungen im historischen Detail recht behielte, müßte vor ihnen noch lange nicht als gerechtfertigt gelten. So zwingt auch diese Spielart des christlichen Identitätsproblems in die Praxis der Nachfolge und erweist die Dringlichkeit des Konzepts eines narrativ-praktischen Christentums.

In verschiedenen Teilen dieses Bandes – vor allem in den §§ 7, 8, 11, 12 – sind eine Reihe jener grundsätzlichen Fragen verhandelt, die sich an die hier so knapp skizzierte »nachidealistische« Version eines narrativ-praktischen Christentums knüpfen. Im Zusammenhang mit all diesen Überlegungen läßt sich auch der Verdacht wirksam zurückweisen und entkräften, bei dieser narrativ-praktischen Identifizierung des Christentums handle es sich womöglich um eine Evasions- oder Regressionsform in der Bestimmung geschichtlicher Identität. Die in diesem Verdacht wirksame »idealistische« Verkennung des intelligiblen Rangs von Praxis[24] ebenso wie des praktischen Rangs von Erzählung (und Erinnerung) als identitätsrettenden Kategorien[25] fällt schließlich auf die Kritiker selbst zurück.

[24] Vgl. § 4,1.
[25] Vgl. § 4,2.

§ 10 Hoffnung als Naherwartung – oder: Der Kampf um die verlorene Zeit Unzeitgemäße Thesen zur Apokalyptik

Die folgenden »Thesen« – zuweilen nur Beobachtungen und Insinuationen – haben vor allem *korrektivische* Intention. Korrektive übertreiben, um das als Gefahr oder als Not Gefühlte bzw. Gesehene zu verdeutlichen. Das sollte bei der Beurteilung dieser »Thesen« nicht vergessen werden. In ihnen wird »Apokalyptik« als theologischer Reflexionsbegriff verwendet, um den Faktor »Zeit« in Theologie und Christentum zu thematisieren. Die Betonung des Erwartungscharakters christlicher Hoffnung will die Praxis der Christen, kurz gesagt: die Nachfolge, unter Zeitdruck bringen. Gehen doch unsere Überlegungen – das sei hier nochmals unterstrichen – davon aus, daß die geschichtliche Krise des Christentums nicht eigentlich eine Krise seiner Botschaft und seiner Glaubensinhalte ist, sondern eine Krise seiner Subjekte und Institutionen, die sich dem unweigerlich praktischen Sinn dieser Inhalte zu sehr entziehen.
Mit diesen »Thesen« möchte ich auf meine Weise an den verstorbenen *Ernst Bloch* erinnern – an die bei ihm durchklingende »apokalyptische Weisheit«, die ihm gerade aus jenen jüdischen Traditionen zuwuchs, die im Christentum m.E. allzu lange schon gesperrt sind. Noch in seinem letzten Brief an mich äußerte er sich zum »schweren Leben mit einer wirklich geglaubten Augenblickserwartung der letzten Dinge… *Gegenwart* als solche, wenn auch noch so verräterisch ausgebügelt, ist das Gegenteil von allemal apokalyptisch gewissenhafter *Präsenz*.« Christliche Theologen werden nur im Widerspruch zu ihm von ihm lernen können. So aber durchaus.

Symptome der Zeitlosigkeit

I
Zeitalter der Zeitlosigkeit: Keiner hat Zeit, keiner nimmt sich Zeit. Könnte es sein, daß die Überbeanspruchtheit aller Ausdruck eines Defätismus ist, einer besonderen Form von Resignation, erzeugt durch die Erfahrung zeitloser Zeit?

II
Zeitalter der Zeitinflation: »Zwillinge reisen in die Ewigkeit«, notiert

die SZ vom 19. August 1977: »Die Weltraumtour von Voyager I und Voyager II wird voraussichtlich niemals enden. Beide verlassen das Sonnensystem. An einem anderen Stern werden sie frühestens in 40000 Jahren vorbeifliegen.« (Vom aufgeklärten Preußenkönig, dem Alten Fritz, weiß man, daß er die Welt, vermeintlich in Einklang mit der Bibel, für etwa 5000 Jahre alt hielt.)

III

Es gibt heute, so sagt man, einen Machbarkeitskult: Alles ist machbar. Ja, aber es gibt auch einen neuen Schicksalskult: Alles ist überholbar. Der »Wille zur Machbarkeit« ist unterströmt von Resignation. Beide, der Kult der omnipotenten Schicksalsbewältigung einerseits und der Kult der Apathie und (die perfekte Technokratie wird es an den Tag bringen) des unpolitischen Lebens anderseits: beide gehören zusammen wie zwei Seiten einer Münze. Das Wirklichkeitsverständnis, das die wissenschaftlich-technische Naturbeherrschung leitet und aus dem der Kult der Machbarkeit seine Reserven zieht, ist geprägt von einer Vorstellung von Zeit als einem leeren, evolutionär ins Unendliche wachsenden Kontinuum, in das alles gnadenlos eingeschlossen ist; es treibt jede substantielle Erwartung aus und erzeugt so jenen Fatalismus, der an der Seele des modernen Menschen frißt. So ist dieser schon resigniert, ehe ihn die Gesellschaft unter dem Stichwort »pragmatische Rationalität« erfolgreich in diese Resignation eingeübt hat.

IV

Samuel Becketts »Warten auf Godot«: kein Stück, das sich einfach zum eschatologischen Drama der Gotteserwartung umstilisieren ließe. Aber vielleicht ein Stück vom Warten oder genauer: von der epochalen »Unfähigkeit zu erwarten«.

V

Katastrophen werden im Rundfunk zwischen zwei Musikstücken gemeldet – die Musik tönt weiter, wie der hörbar gewordene »Lauf der Zeit«, der unbarmherzig alles überrollt und durch nichts zu unterbrechen ist. – »Wenn die Untat kommt, wie der Regen fällt, dann ruft niemand mehr: halt!« (B. Brecht)

VI

Kürzeste Definition von Religion: Unterbrechung.

VII

Erste Kategorien der Unterbrechung: Liebe, Solidarität, die sich Zeit »nimmt« (Theunissen); Erinnerung, die nicht nur das Gelungene, sondern das Zerstörte, nicht nur das Verwirklichte, sondern das Verlorene erinnert und sich so gegen die Sieghaftigkeit des Gewordenen und Bestehenden wendet: gefährliche Erinnerung, die gerade so das »christliche Kontinuum« rettet.

Zeitlosigkeit als System

VIII
Es gibt einen Metaphysikersatz, eine neue Quasimetaphysik. Ihr Name: Evolutionslogik. In ihr hat die Vergleichgültigung von Zeit ihre systematische Herrschaft über das allgemeine Bewußtsein angetreten. Auf ihrem Boden wird alles zeitlos-kontinuierlich »rekonstruiert«: religiöses Bewußtsein ebenso wie religionskritisch-dialektisches.

IX
Die »Entwicklung« dieser Entwicklungslogik ist keineswegs eine sinnhaft-gerichtete. Sie ist eine selbst nicht mehr zu legitimierende Grundannahme technischer Rationalität, innerhalb derer sich zwar Strukturen und Tendenzen, Formen höherer und niederer Komplexität aufweisen und sortieren lassen, die sich aber als ganze der weiteren Aufhellung permanent entzieht. In diesem Sinne arbeitet die Entwicklungslogik nicht nur funktional mit wechselnden Hilfssymbolen; sie ist selbst von einem Grundsymbol geleitet, dem der Evolution. Das aber ist keineswegs rationaler als die Zeitsymbole der Religion, eben nur undurchdringlicher. »Entwicklung will nicht Glück, sondern Entwicklung und weiter nichts.« (Nietzsche)

X
Es geht hier nicht um den empirisch-naturwissenschaftlichen oder unmittelbar politischen Gebrauch von »Entwicklung«, sondern um den ideologischen, d.h. um die bis ins Mythische reichende Verallgemeinerung des Symbols einer ungerichteten Evolution. Die Kritik an der totalen Evolutionslogik dient demnach gerade der Klärung und Begrenzung des theoretischen Status von Evolution.

XI
Die Symbole für das Verständnis von Zeit haben sich längst gewandelt. Die apokalyptische Symbolik vom Abbruch, vom Ende der Zeit wurde eingetauscht gegen das pseudoreligiöse Symbol der Evolution, das in seiner Undurchdringlichkeit alle so sehr – bis in die letzten Spitzen ihres Bewußtseins – durchdringt, daß seine irrationale Herrschaft und seine quasi religiöse Totalität kaum mehr wahrzunehmen ist. Der extensive Gebrauch des Wortes »Entwicklung« in allen Lebensbereichen signalisiert etwas von dieser irrationalen Vormachtstellung.

XII

Revolutionäres Bewußtsein im Bann evolutionistischer Zeitlosigkeit: Marx, der Revolutionen als Lokomotive der Weltgeschichte preist. »Vielleicht ist dem gänzlich anders. Vielleicht sind die Revolutionen der Griff des in diesem Zuge reisenden Menschengeschlechts nach der Notbremse.« (W. Benjamin)

XIII

Jedenfalls: Die moderne Welt mit ihrer wissenschaftlich-technischen Zivilisation ist nicht einfach ein »vernünftiges Universum«. Ihr Mythos ist die Evolution. Das verschwiegene Interesse ihrer Rationalität ist die Fiktion von Zeit als einer leeren überraschungsfreien Unendlichkeit, in die alle und alles gnadenlos eingeschlossen sind. Die gesellschaftlichen Signale dafür sind schwer zu übersehen: auf der einen Seite grassierende Apathie, auf der anderen besinnungsloser Haß; Fatalismus hier, Fanatismus dort.

Theologie im Bann der Zeitlosigkeit

XIV

»Naherwartung«, aus den zentralen Passagen des Neuen Testaments immer wieder auf die Tagesordnung der Theologie und des Christentums gerückt, erscheint einem Bewußtsein, dem die Zeit längst zur leeren, evolutionär zerdehnten Unendlichkeit geworden ist, als ungeheure Zumutung, als Mythos aus archaischer Zeit. Gleichwohl bleibt die theologische Uminterpretation der »Naherwartung« in eine »Stetserwartung« (oder »Stetsbereitschaft«, kurzum: in ein zeitloses Existential) ein semantischer Betrug an der temporalen Grundverfassung des Christentums, das eben nicht einen zeitlosen Kern, sondern gerade einen Zeitkern hat; sie bestätigt indirekt, wie sehr Theologie selbst schon dem anonymen Druck eines evolutionären Zeitbewußtseins oder genauer: einer evolutionistischen Zersetzung von Zeit erlegen ist. Mehr noch scheint das für die forsche Redlichkeit jener zu gelten, die meinen, die Naherwartungsfrage sei längst dadurch erledigt, daß die Parusie eben nicht eingetreten, die Zeit vielmehr – wie doch jeder Vernünftige erkennen könne – »weitergegangen« sei. Eine Theologie aber, die sich kritiklos dem Zeitbild eines evolutionistischen Historismus unterwirft, für den Zeit eben kontinuierlicher Zeitablauf ist – und sonst nichts, wird sich (mit der »Naherwartung«) auch um alles andere bringen.

XV

»Die mythische Eschatologie ist im Grunde durch die einfache Tatsache erledigt, daß Christi Parusie nicht, wie das Neue Testament erwartet, alsbald stattgefunden hat, sondern daß die Weltgeschichte weiterlief und – wie jeder Zurechnungsfähige überzeugt ist – weiterlaufen wird.« (R. Bultmann) Aus lauter Angst vor »Unzurechnungsfähigkeit« hat sich Theologie längst in die sanfteren Arme des Evolutionismus, speziell des historischen, begeben. Doch diese Umarmung wird für sie tödlich sein. Die Logik der Evolution nämlich ist die im Denken bereits festgemachte Herrschaft des Todes über die Geschichte: ihr ist am Ende alles gleich gültig wie dem Tod. Nichts, was war, ist vor ihrer gnadenlosen, gleichgültigen Kontinuität zu retten. Diese Evolutionslogik ist nicht unschuldig; sie ist auch nicht nur (etwa im Stile eines methodologischen Atheismus) agnostisch. Für sie ist Gott – der Gott der Lebenden und der Toten, der Gott, der auch die Vergangenheit, die Toten nicht in Ruhe läßt – schlechthin undenkbar. Sie ist, weit mehr als jeder emphatische Atheismus der in der Negation noch dem Negierten verhaftet bleibt, die eigentliche unpathetische Gott-losigkeit.

XVI
Theologie im Bann der Zeitlosigkeit: Auch die Konzentration des Zeitcharakters des Christentums auf Existenzzeit durchbricht ihn nicht; sie führt nämlich in die Denkfigur der Paradoxie von Zeit und Ewigkeit. »Ewigkeit« aber als das andere zur Zeit des Menschen ist nicht etwa Gott, sondern – Natur, oder genauer: Deus sive natura. Gott ist, biblisch, nicht das andere zur Zeit, sondern deren Ende, ihre Begrenzung, ihr Abbruch – und gerade so ihre Möglichkeit.

XVII
Alle vorherrschenden Spielarten gegenwärtiger Eschatologie – die »präsentischen« ebenso wie die »futurischen«! – scheinen bereits erfolgreich einem ihnen fremden evolutionistischen Zeitverständnis eingepaßt, das sie nötigt, alle »Naherwartung« (wird sie nicht überhaupt von vornherein fallengelassen) extrem zu privatisieren – auf die Todessituation des einzelnen hin –, und das sie verführt, die Zukunft Gottes entweder strikt unzeitlich denken zu wollen oder sie, mit Hilfe einer transzendentalen oder universalgeschichtlichen Teleologie, auf ein Evolutionsschema zu projizieren.

XVIII
Die Tiefe der Beirrung der Theologie, die eingeschliffene, routinierte Bewußtlosigkeit gegenüber dem Zeitproblem, zeigt sich besonders deutlich in der Unterscheidung zwischen »horizontal« und »vertikal« bzw. zwischen »Horizontalisten« und »Vertikalisten« in Theologie und Christentum. Als Kriterium für eschatologisches Bewußtsein – das Fadenkreuz: um Gegner auszumachen!

XIX

Unter der Herrschaft eines evolutionistischen Zeitideals wird der Reich-Gottes-Gedanke von den einen strikt entzeitlicht (nach dem Schema Reich Gottes – Reich dieser Welt, Transzendenz – Immanenz), von den anderen aufgetragen auf ein Evolutionsschema, in dem die Kategorie der Vollendung selbst schon prozeßhaft-evolutionär kalkuliert ist: das Reich Gottes wird zur baren Utopie, die sich entlang des »Fortschritts« verwirklicht. Beide Ansätze veruntreuen den spezifischen Zeitkern der Reich-Gottes-Botschaft.

XX

Summa summarum: Ist eine Begrenzung und ein Ende der Zeit überhaupt noch denkbar – oder wurde die Erwartung eines Endes der Zeit nicht längst zum Ausdruck mythischer Eschatologie, weil uns die Zeit selbst inzwischen zu einem homogenen, überraschungsfreien Kontinuum, zur schlechten Unendlichkeit geworden ist, in der alles und jedes passieren kann, nur dies eine nicht: daß nämlich eine Sekunde »zu der Pforte wird, durch die der Messias in die Geschichte tritt« (Benjamin über die jüdische Messianität) und in der es *deshalb* Zeit wird für die Zeit?

XXI

»Es ist Zeit, daß es Zeit wird; es ist Zeit.« (Paul Celan)

Wider den Bann der Zeitlosigkeit: Erinnerung an die Apokalyptik

XXII

Nicht Utopien brechen den Bann der Zeitlosigkeit, sondern jenes eschatologische Bewußtsein, das sich seinen apokalyptischen Stachel nicht durch Evolution ziehen läßt. Utopien würden sich schließlich als letzte »List der Evolution« erweisen, wenn nur sie wären und kein Gott (vor dem auch das Vergangene nicht sicher ist).

XXIII

Apokalyptik, religionsgeschichtlich: Wo sie sich in Zahlenspielen und heilsgeschichtlich-idealistischen Vorausberechnungen erschöpfte, war sie freilich bereits erschöpft und degeneriert. Apokalyptik war mystische Entsprechung zu einer erfahrenen politischen Wirklichkeit. Welcher Art diese politische Wirklichkeit gewesen ist, lehrt der Blick auf die Religionsgeschichte und besonders auch auf das Neue Testament: Es waren die Krisenzeiten, die Zeiten der erlittenen Verfolgung, der massiv gewordenen Ungerechtigkeit und des menschenfeindlichen Hasses.

XXIV

Sieht man in der jüdisch-christlichen Apokalyptik, die doch zu recht als »Mutter der christlichen Theologie« (E. Käsemann) gelten darf, nicht primär die mythische Bannung der Zeit in ein starres Weltschema, sondern – im Gegenteil – die radikale Verzeitlichung der Welt, dann ist das Katastrophenbewußtsein der Apokalyptik fundamental ein Zeitbewußtsein, und zwar nicht ewa ein Bewußtsein vom Zeitpunkt der Katastrophe, sondern vom katastrophischen Wesen der Zeit selbst, vom Charakter der Diskontinuität, des Abbruchs und des Endes der Zeit. Dieses katastrophische Wesen der Zeit macht Zukunft fraglich. Gerade dadurch aber wird sie zur »echten Zukunft«, gewinnt sie selbst Zeitstruktur und verliert ihren Charakter als jene zeitlose Unendlichkeit, in die hinein sich Gegenwart beliebig projiziert und extrapoliert. (Die Katastrophenbilder der Apokalyptik sind vor allem Vorstellungsverbote im Blick auf Zukunft, d.h. Verbote, Zukunft einfachhin als leeren Projektionsschirm zu denken.)

XXV

Christologie ohne Apokalyptik wird zur Siegerideologie. Mußten das nicht gerade jene leidvoll genug erfahren, deren apokalyptische Traditionen das Christentum allzu sieghaft verdrängte: die Juden?

XXVI

Der christliche Gedanke der Nachfolge und der apokalyptische der Naherwartung gehören unbedingt zusammen. Nachfolge Jesu radikal, d.h. an der Wurzel gefaßt, ist nicht lebbar, »wenn die Zeit nicht abgekürzt wird«. Jesu Ruf: »Folge mir nach!«, und der Ruf der Christen: »Komm, Herr Jesus!« sind untrennbar.

XXVII

Nachfolge in Naherwartung: dies ist apokalyptisches Bewußtsein, das nicht Leid verursacht, sondern Leid auf sich nimmt – der Apathie trotzend wie dem Haß.

XXVIII

Die leidenschaftliche Erwartung des »Tages des Herrn« führt weder in eine pseudoapokalyptische Traumtänzerei, in der alle praktischen Zumutungen der Nachfolge verdampft und vergessen wären, noch treibt sie in jenen besinnungslosen Radikalismus, für den die Gebete der Sehnsucht und der Erwartung nur durchschaute Formen der Verweigerung oder der Selbsttäuschung sein könnten. Naherwartung erlaubt keine Vertagung der Nachfolge. Nicht das apokalyptische Lebensgefühl macht apathisch, sondern das evolutionistische! Es ist das Zeitsymbol der Evolution, das die Nachfolge lähmt; Naherwartung dagegen versieht die evolutionistisch beruhigte und verführte Hoffnung mit Erwartungs- und Zeitperspektiven. Sie bringt Zeit- und Handlungsdruck in das christliche Leben, d.h. sie paralysiert nicht Verantwortung, sondern begründet sie. Das apkalyptische Bewußtsein steht nicht primär unter dem Aspekt der Bedrohung und der lähmenden Katastrophenangst, sondern unter dem der Herausforderung zur praktisdhen Solidarität mit den »geringsten Brüdern«, wie es in der kleinen Apokalypse des Matthäus-Evangeliums heißt.

XXIX
Apokalyptisches Bewußtsein, wie es hier erinnert wird, stellt jenes in der Theologie weithin befestigte zeitlose Zeitverständnis infrage, das es ihr erlaubt, sich als eine Art institutionell geschützter Dauerreflexion zu verstehen, von keiner Naherwartung irritiert und unterbrochen, ohne Handlungsdruck, verblüffungsfest und erprobt in der Stillegung enttäuschungsfähiger Erwartungen, die doch wohl die eigentlichen wären.

Wider die falschen Alternativen in der christlichen Eschatologie

XXX
Es geht nicht primär um das Verhältnis von präsentischer und futurischer Eschatologie (und schon gar nicht um ein ausgewogenes Mischverhältnis beider), sondern um das Verhältnis von eschatologischem und evolutivem Zeitbewußtsein, wobei »evolutiv« eben nur noch von manchen Theologen mißverstanden wird als Chiffre sinnträchtiger Teleologie.

XXXI
Es geht nicht primär um die (angeblich »spezifisch christliche«) Frage, wieviel Heil wir »schon« haben und wieviel »noch nicht« (in welchem Zeithorizont wird hier eigentlich die Unterscheidung von »schon« und »noch nicht«, von Gegenwart und Zukunft getroffen?), sondern um die Frage: Wieviel Zeit haben wir überhaupt (noch)? Das ist *die* eschatologische Zeitfrage, die dem nicht-evolutionären Wesen der Zeit entspricht.

XXXII
Es geht auch nicht um die Unterscheidung von Weltzeit und Existenzzeit, um damit die apokalyptisch-zeitliche Naherwartung im Blick auf die Todeszeit des einzelnen aufrecht zu erhalten. Damit nämlich der Tod und die Todeszeit des einzelnen überhaupt nicht-evolutionär verstanden werden können – also gerade nicht als ein Überrolltwerden

von den anonymen Wogen der Evolution –, muß Zeit als solche anders denn evolutiv interpretierbar sein. Wo man überhaupt kein Verständnis (mehr) vom katastrophisch-diskontinuierlichen Wesen der Zeit hat oder zuläßt, wird die analogielose Katastrophenerfahrung des einzelnen angesichts des Todes noch katastrophaler, der Tod sozusagen noch tödlicher. Eine Gesellschaft ohne christliche Apokalyptik hat den Tod tödlicher gemacht!

XXXIII

Es geht also nicht um die Alternative zwischen eschatologischer und apokalyptischer Zeit. Die mit dieser Unterscheidung üblicherweise verbundene anthropologische Reduktion der eschatologischen Zeit hat in der christlichen Theologie einen Prozeß bestärkt, demzufolge die sog. universale Eschatologie, die auf Weltzeit gerichtet ist, immer mehr zurücktritt und nahezu vollständig überblendet wird durch die ausschließlich auf Existenzzeit gerichtete Individualeschatologie. Jene die Apokalyptik zutiefst bewegenden Fragen – Wem gehört die Welt? Wem ihre Leiden? Wem ihre Zeit? – scheinen nirgendwo so erfolgreich stillgelegt wie innerhalb der Theologie selbst.

XXXIV

Schließlich ist auch die Alternative zwischen Glaubenszeit und Vernunftzeit höchst bedenklich. Diese fiduzialistische Reduktion des Zeitverständnisses muß sich immerhin fragen lassen, »ob nicht jene eigentümliche ›Eliminierung‹ konkreter Eschatologie, bei der die letzte Zukunft und mit ihr die Zukunft überhaupt im Glauben nicht nur eröffnet und im Modus des Glaubens antizipiert, sondern eingefangen und aufgehoben wird, weil sie nur jeweils im Glauben als Zukunft überhaupt existent ist, ... ob nicht jenes damit gegebene Versinken von Zeit und Leiblichkeit, jenes Verschlungenwerden von Erstreckung und Ausdehnung, jenes ... Verwehen von Entfernung im punktuellen, eigentlich idealpunktuellen Ereignis des Glaubens doch eine sehr nahe Analogie zu jener Überzeugung der korinthischen Pneumatiker ist, die sie den Satz prägen ließ: ›es gibt keine Auferstehung von den Toten‹.« (H. Schlier)

XXXV

Es braucht nicht nur die Sorge um das vielstrapazierte »spezifisch Christliche«, die Sorge um christliche Identität zu sein, die bei jeder Gelegenheit auf das bereits in Christus geschenkte Heil pochen läßt. Es kann auch eine besondere Art von Identitätsmüdigkeit sein, Anzeichen für eine Vergreisungsgefahr, die alle Signale auf Sicherheit und Absicherung stellt, die sich lieber der Diktatur des Gewordenen und Fertigen unterwirft als daß sie sich auf den Weg einer Hoffnung machte, die auch noch Erwartungen hat. »Immer noch fahren wir fort zu behaupten, daß wir wachen und auf den Meister warten. Doch wollten wir wirklich ehrlich sein, so müßten wir zugestehen, daß wir überhaupt nichts mehr erwarten.« (Teilhard de Chardin)

Teil III
KATEGORIEN

Die im folgenden Teil behandelten Kategorien – die Bezeichnung »Kategorie« ist in einem umfassenderen Sinn gebraucht – stehen untereinander in einem inneren Zusammenhang. Nur gemeinsam sind Erinnerung, Erzählung und Solidarität die Basis-Kategorien einer praktischen Fundamentaltheologie: Erinnerung und Erzählung haben ihren praktischen Charakter nicht ohne Solidarität, und Solidarität erreicht ihren spezifisch kognitiven Rang nicht ohne Erinnerung und Erzählung.
Es ist wichtig, die systematische Verankerung dieser Kategorien im Konzeptteil (I) ständig im Auge zu haben. Dann kann auch verständlich werden, warum »Subjekt«, »Praxis«, »Gesellschaft« und »Geschichte« nicht als eigene kategoriale Bestimmungen des Ansatzes dieser Theologie aufgeführt werden: sie sind in ihm selbst axiologisch gegenwärtig und wirksam. Im Thementeil (II) kommen die hier zu entfaltenden Kategorien in gleitenden Funktionen und Verwendungszusammenhängen zur Geltung, so daß nun in Teil III, über die Beschreibung und Explikation im einzelnen hinaus, noch einmal ein geraffter Blick durch den Gesamtansatz möglich wird.
Gewiß müssen die hier vorgestellten drei Basis-Kategorien ungeschieden eine Vielfalt kategorialer Bestimmungen der praktischen Fundamentaltheologie mit abdecken (Liebe, Interaktion, Arbeit, Leiden, Kampf, Trauer – Vernunft, Sprache, Zeit etc.): Kategorien, die in den einzelnen Passagen der Begründung und Entfaltung dieser Theologie gleichwohl bereits zum Zuge kommen und die in »Erinnerung – Erzählung – Solidarität« eine erste, wenn auch in vieler Hinsicht noch unausgearbeitete kategoriale Systematik gewinnnen.

§ 11 Erinnerung

Überarbeitete und ins Gesamtkonzept eingepaßte Fassung eines Textes von 1973; erstmals – als Lexikon-Artikel – veröffentlicht in: Handbuch philosophischer Grundbegriffe Bd. 2, hrsg. von H. Krings, H.M. Baumgartner, Chr. Wild, München 1973.

Ehe im folgenden »Erinnerung« als Grundkategorie praktisch-kritischer Vernunft erläutert wird, sei hier zunächst kurz und z.T. rekapitulierend auf den theologischen Rang und die theologische Bedeutung verwiesen, die »Erinnerung« im Ansatz einer politischen Theologie als praktischer Fundamentaltheologie hat.

»Erinnerung« ist hier – wie im Kontext der bisherigen Überlegungen bereits deutlich geworden sein dürfte – nicht als resignativer oder traditionalistischer Gegenbegriff zu »Hoffnung« gebraucht, sondern – unter dem Titel der »gefährlichen Erinnerung« – als die in ihrer geschichtlichen und gesellschaftlichen Vermittlung ausgearbeitete Gestalt von eschatologischer Hoffnung[1].

In diesem Zusammenhang hat »Erinnerung« zentrale und theologisch fundierende Bedeutung in ihrer Gestalt als »Solidarität nach rückwärts«, als Erinnerungssolidarität mit den Toten und Besiegten, die den Bann einer – evolutionistisch oder dialektisch gedeuteten – Geschichte als Siegergeschichte bricht[2].

Über regionale Anwendungen hinaus gewinnt »Erinnerung« entscheidendes ekklesiologisches Gewicht insofern, als sie zur Definition von Kirche zur Geltung kommt: Kirche als öffentliche Tradentin eines gefährlichen Gedächtnisses in den Systemen des gesellschaftlichen Lebens[3].

Damit zusammenhängend wird memoria, wie der nachfolgende Exkurs näher erläutert, wichtig für ein nicht-statuarisches, dynamisches

[1] Vgl. meinen Beitrag »Politische Theologie in der Diskussion«, in: H. Peukert (Hg.), Diskussion zur »politischen Theologie«; vgl. in diesem Band die Erörterungen in § 5 und 6.

[2] Vgl. in diesem Band die einschlägigen Überlegungen bereits in § 5 und 6, vor allem dann in § 7. Vgl. in diesem Zusammenhang auch die Ausführungen in § 13. Der Gedanke der Erinnerungssolidarität mit den Toten liegt auch der Argumentation im Synodendokument »Unsere Hoffnung«, speziell in I, 3 (Auferweckung der Toten) zugrunde.

[3] Vgl. in diesem Band § 5. Vgl. auch die Bestimmung der Kirche als Erzähl- und Erinnerungsgemeinschaft in § 12.

Verständnis des dogmatischen Glaubens: Dogmen als Formeln einer gefährlichen Erinnerung.
Nicht zuletzt ist »Erinnerung« (als »Leidenserinnerung«) in diesem fundamentaltheologischen Ansatz Leitbegriff einer theologischen Theorie der Geschichte und der Gesellschaft überhaupt[4] und entsprechend Basisbegriff einer Theologie im »Zeitalter der Kritik«[5].
In Verbindung damit wird »Erinnerung« fundamental für das theologische Verständnis des Subjektseins der Menschen: »Erinnerung« als Kategorie der Rettung von Identität[6].
Schließlich ist »Erinnerung« für eine solche theologische Theorie der Geschichte und der Gesellschaft zentral als »Kategorie der Unterbrechung«, als Kategorie des Widerstands gegen den (evolutionistisch gedeuteten) Fluß der Zeit und in diesem Sinne als Organon eines apokalyptischen Bewußtseins[7].
Diese spröden resümierenden Hinweise zum Rang und Gebrauch von »Erinnerung« in einer praktischen Fundamentaltheologie zeigen die Dringlichkeit, gerade diesen Begriff in seiner Genesis wie in seiner gegenwärtigen außertheologischen Geltung näher zu erörtern. Deshalb wird im folgenden der Versuch gemacht, in einem historisch-systematischen Aufriß »Erinnerung« als Grundbegriff einer Philosophie unter dem Primat praktisch-kritischer Vernunft darzulegen.

1. Aufriss des Problemfelds: Erinnerung als Grundbegriff?

Ein Philosophieren, für das die Berücksichtigung geschichtlicher Begründungs- und Verweisungszusammenhänge nicht einfach zur durchschauten Vorgeschichte der Vernunfterkenntnis gehört, kann Erinnerung in zweifacher Hinsicht als Grundbegriff thematisieren: einmal, insofern sich im Titel »Erinnerung« eben dieser Vermittlungszusammenhang zwischen Vernunft und Geschichte zum Ausdruck bringt; zum anderen, insofern sich in der Kategorie Erinnerung sowohl Grundzüge der griechischen Philosophie als auch der jüdisch-christlichen Denktradition artikulieren. Die hier gemeinte Verbindung von Platonischer Anamnesislehre zur Begründung von Vernunfterkenntnis aus vorgewußter Wahrheit und jüdisch-christlicher Betonung der Geschichte und der Freiheit wäre dabei so darzustellen, daß beide im Begriff der Erinnerung die kategoriale Gestalt ihrer spezifisch neu-

[4] Vgl. meinen Beitrag in: Metz/Moltmann/Oelmüller, Kirche im Prozeß der Aufklärung. Dazu § 6 in diesem Band.
[5] Vgl. meinen Beitrag La Théologie a »l'âge de la critique«, in: Le Service Théologique dans l'Eglise, Mélanges Congar, Paris 1974, 134–148.
[6] Vgl. die einschlägigen Überlegungen in § 3 und § 4.
[7] Vgl. dazu § 10.

zeitlichen Vermittlung suchen: die Vermittlung zwischen apriorischer Vernunftwahrheit und Freiheitsgeschichte.
Andere Entfaltungen und Anwendungen des Erinnerungsbegriffes – etwa in der anthropologisch-psychologischen Frage nach der Eigenart menschlicher Wahrnehmung, in der Vorstellungen in einem zeitlichen Zusammenhang »aufbewahrt« werden – setzen nur unter anderen erkenntnisleitenden Prioritäten die gleiche Grundfrage in Gang. Ihr gegenüber bleiben schließlich auch Unterscheidungen wie jene zwischen »Erinnerung« und »Gedächtnis« sekundär, und die Entlastung der Erinnerungsthematik durch eine solche begriffliche Sortierung scheint wenig hilfreich. Denn die Unterscheidung zwischen »Erinnerung« und »Gedächtnis« ist weder vom Wortgebrauch noch von der Begriffsgeschichte her eindeutig und einheitlich belegbar[8]. Wollte man z.B. »Gedächtnis« als psychologisches Vermögen von »Erinnerung« als geschichtlichem Organon adäquat scheiden, begegnete man sofort dem Postulat *Gadamers*, das Gedächtnis »aus seiner vermögenspsychologischen Nivellierung zu befreien und es als einen Wesenszug des endlich-geschichtlichen Seins des Menschen zu erkennen«[9]. Gleichzeitig signalisieren Begriffe wie Apriorität, Wahrheit, Überlieferung, Autorität, Geschichte, Theorie–Praxis, Freiheit ... die Weite des Problemfelds, in dem ein Begriff wie Erinnerung zu bestimmen ist. Das alles legt wiederum nahe, daß die neuzeitliche Ausarbeitung dieses Begriffs in erster Linie, wenn auch nicht ausschließlich, in den Traditionen der praktischen Philosophie, der Geschichtsphilosophie und der Hermeneutik zu suchen ist.
Schließlich stellt sich noch die Frage, ob und inwiefern Erinnerung – in unserer »geschichtslosen« Welt der Wissenschaft und Technik – in einem singulären Sinn als Grundbegriff des Philosophierens gelten kann, also Anspruch auf »radikale« und nicht nur regionale, abgeleitete Bedeutung zu erheben vermag. Diese Frage hängt davon ab, wie weit Philosophie das in »Erinnerung« angeschlagene Thema »Vernunft–Geschichte« derart unter dem Primat praktischer Vernunft erörtert, daß sich ihr bei der Behandlung der Frage nach dem Praktischwerden von Vernunft als Freiheit die alte Frage nach vorgewußter Vernunftwahrheit verwandelt aufdrängt. Erinnerung wäre dann indispensabler Grundbegriff einer Philosophie, die sich als theoretische Gestalt jener Vernunft begreift, die als Freiheit – im Medium der Geschichte – praktisch werden will.

[8] Vgl. zu »Anamnesis«: L. Oeing-Hanhoff, Zur Wirkungsgeschichte der Platonischen Anamnesislehre, in: Collegium philosophicum. Festschrift für J. Ritter, Basel 1965, S. 240–271. Zu »Erinnerung« vgl. C. v. Bormann, in: Hist. Wörterbuch der Philosophie, hrsg. von J. Ritter, II 636 ff.
[9] H.G. Gadamer, Wahrheit und Methode, Tübingen ^{2}1965, 13.

2. Zwei Traditionen des Erinnerungsverständnisses und die Gestalt ihrer Vermittlung

Die Erörterung des Erinnerungsbegriffs als Thematisierung des Verhältnisses von Vernunft und Geschichte steht zunächst in der Wirkungsgeschichte sowohl der Platonischen Anamnesislehre (a) wie der eschatologischen *memoria* des Christentums (b), die beide in *Hegels* Philosophie zu einer Vermittlung kommen (c), die alle weitere Ausarbeitung dieses Begriffs nachhaltig prägt.

a) Anamnesis, Wiedererinnerung ist Schlüsselbegriff der Platonischen Philosophie. Er wird, gleichsam als gnoseologische Wendung und Entsprechung der Ideenlehre des »Phaidon«, im »Menon« eingeführt. Anamnesis wird für Platon dadurch fundamental, daß er sie als ermöglichenden Grund formeller »vernünftiger« Erkenntnis überhaupt versteht, sie also als Konstitutionsproblem der Vernunft thematisiert. Die Begründung von Vernunfterkenntnis aus vorgewußter Wahrheit – vorgewußt im Modus der Vergessenheit und deshalb »wiedererinnert« mit Hilfe des maieutischen Verfahrens[10] – leitet die »apriorische« Vernunft- und Erkenntnismetaphysik ein. »Aber die ›Wiedererinnerung‹ der apriorischen Erkenntnis ist unvollständig, wenn sie vergißt, daß sie in der Inspiration des Homerschen Dichters durch die Musen ihren Ursprung hat«[11].

Der erzählend eingeführte göttliche Inspirationsgrund der Anamnesis – das Mythologem von der vorgeburtlichen Existenz der Seele und auch die orphische Vorstellung vom jenseitigen Trunk aus der Quelle der Erinnerung spielen hier eine Rolle – wird im Platonischen Argumentationszusammenhang aufrechterhalten: Vernunfterkenntnis aus vorgewußter göttlicher Wahrheit.

Demgegenüber behandelt *Aristoteles* das Erinnerungsthema im Kontext seiner Abstraktions- und Vermögenslehre. Damit bringt er eine vermögenspsychologisch und empirisch orientierte Tendenz in Gang, worin Erinnerung vorzüglich als Frage der Wahrnehmung und der Einheit des Bewußtseins in der Zeit erörtert wird[12]. Gleichwohl hält sich der Ansatz der Platonischen Anamnesislehre – in unterschiedlich formalisierter Weise – durch: über neuplatonische Modifikationen (z.B. bei *Plotin*, der diese Tradition bereits stärker mit *Aristoteles* zu verbinden sucht und bei dem deshalb »die Seele« zum Gedächtnisgrund wird[13]), über die Thomanische Lehre vom apriorischen »Licht der Vernunft«, das sich nach »De Veritate«[14] im *memoria*-Wissen entbergen

[10] Vgl. Menon 81 d. Vgl. 86 b.
[11] G. Picht, Wahrheit – Vernunft – Verantwortung, 42.
[12] Vgl. »memory«, in: Encyclopaedia Britannica.
[13] Enn. IV 6.
[14] De ver. 10, 2 und ad 5.

kann, bis hin zu *Descartes* und *Leibniz. Descartes* hält die eingeborene Idee Gottes in der Form eines Erinnerungswissens, zumindest als »modus cogitandi« fest[15]. *Leibniz* aktualisiert die Platonische Anamnesislehre bei der Verteidigung der apriorischen Erkenntnis gegen den angelsächsischen Sensualismus, in dem die aristotelische Erinnerungstradition durchschlägt. *Kant* schließlich destruiert die erkenntnisfundierende Bedeutung inhaltlicher Apriorität, so daß in dieser allemal nur das begegnet, was die Vernunft selbst nach ihrem Entwurf hervorbringt. *Kants* folgenreiche Destruktion wird sich allerdings fragen lassen müssen, ob sie sich mit den Begründungszusammenhängen in seiner praktischen Philosophie und seiner Geschichtsphilosophie problemlos versöhnen läßt. Dort nimmt er ja selbst eine Erinnerungstradition auf – die christliche nämlich –, die ihrerseits die Platonische Anamnesislehre verwandelnd aufbewahrt.

b) Überhaupt ist die Wirkungsgeschichte des Christentums mitentscheidend für die zentrale Bedeutung des Erinnerungsbegriffs: Als Erinnerungs- und Erzählgemeinschaft durchdringt das Christentum den Raum des griechischen *Logos* und seiner Metaphysik. Es weiß seine Erinnerungen dabei auf ein geschichtlich einmaliges Ereignis bezogen, in dem es die eschatologische Erlösung und Befreiung des Menschen durch Gott unwiderruflich angebrochen glaubt. Formal gesehen gerät Erinnerung damit in den Kontext der Geschichts- und Freiheitsthematik. Zugleich hört sie auf, eine rein archäologische »Wiederholung nach rückwärts« zu sein, als welche *Kierkegaard* die Platonische Anamnesis charakterisiert. Sie wird – in ihrer eschatologischen Ausrichtung – zur wiederholenden »Erinnerung nach vorn«[16].

Geprägt von der Platonischen Erinnerungslehre entfaltet dann *Augustinus* in den zentralen Passagen des 10. Buches der »Confessiones«[17] seine Erinnerungstheorie. Seelenwanderung und griechisches Zyklusdenken werden in ihr verworfen. Und an die Stelle der Wiedererinnerung vorgewußter Ideen und vorgewußter Wahrheit tritt eine *memoria*, in der sich die Seele im Licht göttlicher Erleuchtung durchschaut und in ihrem eigenen Lebensweg vor Augen steht. Erinnerung gewinnt bei *Augustinus* somit den Rang einer hermeneutischen Kategorie zur Deutung der Lebensgeschichte im Angesicht Gottes. Darin wird ihm *Bona-*

[15] Medit. III 13.

[16] Die Wiederholung, hrsg. von E. Hirsch, S. 3 (= Samlede Værker III, 173): »... Wiederholung ist ein entscheidender Ausdruck für das, was ›Erinnerung‹ bei den Griechen gewesen ist. Gleich wie diese also gelehrt haben, daß alles Erkennen ein Sicherinnern sei, ebenso wird die neuere Philosophie lehren, daß das ganze Leben eine Wiederholung ist. Wiederholung und Erinnerung sind die gleiche Bewegung, nur in entgegengesetzter Richtung; denn wessen man sich erinnert, das ist gewesen, wird rücklings wiederholt; wohingegen die eigentliche Wiederholung sich der Sache vorlings erinnert.«

[17] X 6–27.

ventura in seinem »Itinerarium mentis in Deum«, *Pascal* in seinem »Memorial« folgen.

Aber wie *Paulus* sich als Schuldner der Griechen und der Nichtgriechen bekennt[18], so auch jede christliche Theologie. Deshalb tritt im Laufe der Geschichte auf den verschiedenen Ebenen philosophischer Reflexion eine kreative Antitypie zwischen der griechischen Metaphysik und der christlichen Überlieferung zutage, deren begriffliche Austragung im Blick auf die Erinnerungsthematik zu jener folgenreichen Vermittlung von Vernunft und Geschichte führt, wie sie ausgearbeitet bei *Hegel* begegnet.

c) Wie immer man die expliziten Äußerungen *Hegels* zur Erinnerung einschätzen mag (in sekundären »anthropologischen« Passagen; umfassender, geradezu als Ausdruck sich selbst wissender Bewegung des objektiven Geistes, am Ende der »Phänomenologie«): sein philosophisches Werk demonstriert im Vollzuge wie kaum ein zweites das Sich-abarbeiten an einer Erinnerung, in der sich die vorgewußte (»apriorische«) Wahrheit der klassischen Metaphysik mit der Bildungs- und Freiheitsgeschichte menschlichen Geistes vermittelt. Diese Erinnerung steht in der Intention *Hegels* zunächst dem rein vorstellenden Verhalten zur Geschichte im »historischen Bewußtsein« entgegen. Sie ist aber auch schon dem Bann Platonischer Anamnesis entrückt. Ihr gerät nämlich das geschichtlich Besondere nicht zum bloßen »Exempel«, zum beliebigen »Fall« eines vorgewußten Allgemeinen. Sie erinnert Wahrheit nicht in steiler Abstraktion von geschichtlichen Verhältnissen. Sie zwingt vielmehr Philosophie, Wahrheit auf dem geschichtlichen Stand ihrer Vermittlung zu denken, ihre Allgemeinheit gewissermaßen aus »geschichtlicher Apriorität« zu begreifen. Und so wird sie auch zur (gegenwarts-) kritischen Erinnerung, zumindest als »Empfindlichkeit gegen jede Form von Unterbietung des erreichten Stands«[19] und in eins damit als Protest gegen jede begriffslose Unterwerfung unter vorgegebene Zustände. In diesem Sinn mag schließlich gelten, daß diese Erinnerung Metaphysik und Geschichte, »Archäologie« und »Eschatologie« in sich resümiert[20] und als befreiende Kritik praktisch werden will. Ihre Praxis ist dabei tendenziell so wenig vor- oder gegenaufklärerisch, daß sie eine nicht-triviale Gestalt von Aufklärung allererst in Gang zu setzen sucht.

[18] Vgl. Röm 1,14.

[19] O. Marquard, Hegel und das Sollen, in: Philosophisches Jahrbuch 72 (1964) 118.

[20] Vgl. M. Theunissen, Hegels Lehre vom absoluten Geist als theologisch-politischer Traktat, Berlin 1970, 325 ff.

3. Erinnerung im Umkreis von Hermeneutik und Kritik

Erinnerung als Thematisierung des Verhältnisses von Vernunft und Geschichte begegnet heute in erster Linie im Blickfeld zweier philosophischer Richtungen, die sich ihrerseits mehr oder minder ausdrücklich und auf je unterschiedliche Art durch die Hegelsche »Vermittlung« geprägt wissen und die sich in ihrer Durchführung immer auch als Kritik der historischen Vernunft verstehen.

a) Einmal ist dies die *hermeneutische Philosophie*, die sich nicht zuletzt gegen den Historismus und dessen Destruktion des Lebensverhältnisses zur Geschichte, gegen dessen abstrakte Kontrastierung von »Geschichte als Erinnerung« und »Geschichte als Wissenschaft« wendet. Dieser historistischen Kontrastierung zufolge hat als ausgemacht zu gelten, »daß weder die wissenschaftliche Geschichte imstande ist, in ihrer Verlängerung ›Erinnerung‹ zu werden, noch die geschichtliche ›Erinnerung‹ von ihrem Orte aus über die tatsächlichen und logischen Voraussetzungen verfügt, sich zu verwirklichen«[21]. Das rein historische Verhältnis »zur Vergangenheit setzt nicht nur voraus, daß diese Vergangenheit vergangen ist, es wirkt offensichtlich auch selbst dahin, diese Inaktualität des Gewesenen zu befestigen und zu besiegeln. Die Historie ist an die Stelle der Tradition getreten, und das heißt: sie besetzt diese Stelle«[22]. In ihrem Bemühen, diese im Historismus manifest gewordene und zur Theorie erhobene Erinnerungs- und Überlieferungslosigkeit unserer wissenschaftlich geprägten Lebenswelt zu durchbrechen, findet die zeitgenössische philosophische Hermeneutik zunächst Vorläufer im Umkreis der sogenannten *Lebensphilosophie*.

In diesen Zusammenhang gehört etwa *Dilthey*. Mit seinen Überlegungen zum »Aufbau der geschichtlichen Welt in den Geisteswissenschaften« bekräftigt und erweitert er *Droysens* Auffassung, daß Erinnerung als Möglichkeitsbedingung historischer Forschung zu gelten habe und daß Geschichte nicht unbegrenzt vergegenständlichbar sei. Indem *Dilthey* den Erinnerungsbegriff durch die Kategorie des Erlebnisses zu fundieren sucht, vermag er ihn gleichwohl nicht vom Verdacht des Geschichtspsychologismus zu befreien.

Auch *Nietzsches* Kritik an der Entgegensetzung von Geschichte und Leben gehört in diesen Zusammenhang. Sie gerät ihm freilich zu einem Plädoyer gegen das Erinnern und für das Vergessen als schlechthin lebenermöglichender Fähigkeit. Erinnerung nämlich schlägt er als »ein Einrubrizieren und Einschachteln«[23] schlicht dem isolierten histo-

[21] A. Heuß, Verlust der Geschichte, Göttingen 1959, 68.
[22] G. Krüger, Die Bedeutung der Tradition für die philosophische Forschung, in: Studium Generale 4 (1951), 322 ff.
[23] Edition Schlechta Bd. 3, 859.

rischen Bewußtsein zu, dem er »einen Grad von Schlaflosigkeit, von Wiederkäuen von historischem Sinn« bescheinigt, »bei dem das Lebendige zu Schaden kommt«[24]. Und da *Nietzsche* die kritische Kraft der Erinnerung des Leidens in gleichem Maße übersieht wie er das Beschwichtigende, die »Unterwürfigkeit« am Vergessen unterschätzt, lehnt er die ihm in dem Satz: »Nur was nicht aufhört, wehzutun, bleibt im Gedächtnis« angebotene Formel zum Verständnis der Kontinuität der Geschichte im Sinne »erinnerter Leidensgeschichte« als »masochistisch« ab[25]. In diesen lebensphilosophischen Zusammenhang gehört dann auch *Bergsons mémoire,* die, von der Wahrnehmung streng geschieden, als dynamischer Grund der Einheit und Kontinuität des geistigen Lebens der Person, des Ich, entfaltet wird und die z.B. in den Untersuchungen von *Halbwachs* in die sozialgeschichtliche und sozialpsychologische Dimension hinein ausgeweitet wird[26]. In diesen Kontext gehört aber schließlich auch *Schelers* Versuch, die Erinnerung aus psychologistischen Vorstellungen zu befreien und sie als Grund eines freien und kritischen Verhältnisses gegenüber der »historischen Determination«, die prärational und naturhaft in der Erlebnismitte der Person wirksam ist, zu interpretieren[27].

Die Nähe solcher lebensphilosophischer Ansätze zur hermeneutischen Erinnerungsproblematik ergibt sich nicht zuletzt daraus, daß manche dieser Lebensphilosophien als verschlüsselte Geschichtsphilosophien fungieren: »Leben« erscheint hier als Subjekt und Sinnhorizont von Geschichte im Ganzen, ähnlich wie »Natur« in einer Reihe von *Naturphilosophien* als Subjekt der geschichtlichen Werdeprozesse figuriert. Erinnerung rückt dabei auf verschiedene Weise ins Zentrum. Entweder – wie bei *Schelling* – dadurch, daß »alles Philosophieren in einem Erinnern des Zustandes (besteht), in welchem wir eins waren mit der Natur«[28]. Oder sie begleitet – wie bei *Bloch* (und weniger diskutierten Versionen der Frankfurter Schule[29]) – alle utopischen Geschichtsphilosophien, wird zum »Maulwurf sous terre« auf eine universale »Resurrektion der gefallenen Natur« hin: »Vorwärtsgehen als Rückgang in den Grund«[30].

Indes ist hier darauf aufmerksam zu machen, daß in der von der gegenwärtigen hermeneutischen Philosophie betriebenen Kritik der historischen Vernunft neben lebensphilosophischen Traditionen vor al-

[24] Edition Schlechta Bd. 1, 213.
[25] Edition Schlechta Bd. 2, 802.
[26] M. Halbwachs, Das Gedächtnis und seine sozialen Bedingungen, Berlin–Neuwied 1966.
[27] Vgl. Reue und Wiedergeburt, in: Gesammelte Werke, Bd. 5, 35.
[28] Werke, hrsg. von K.F.A. Schelling, Bd. 4, 77.
[29] Vgl. M. Theunissen, Gesellschaft und Geschichte.
[30] E. Bloch, Subjekt – Objekt, Gesamtausgabe, Bd. 8, 476, 474.

lem auch Impulse jenes Erinnerungsverständnisses wirken, das im leitenden Blick auf die Seinsfrage in der *existentialontologischen Hermeneutik* entwickelt wurde. So gilt für *Heidegger* Wieder-Erinnerung als der »fundamentalontologische Grundakt der Metaphysik des Daseins als der Grundlegung der Metaphysik«. Da aber »echte Erinnerung ... jederzeit das Erinnerte verinnerlichen, d.h. es sich mehr und mehr in seiner innersten Möglichkeit wieder entgegenkommen lassen«[31] muß, geht das gemäße Seinsdenken andenkend dem entgegen, was die Erinnerung der Sprache im Wort »Sein« als ein noch Ausstehend-Zukünftiges verwahrt. So bleibt die in der Erinnerung vermittelte Geschichte allemal »Geschick«. Das gilt auch für die Weise, in der Erinnerung Geschichte als Gegenwart des Vergangenen präsentiert. »Wir erfahren«, betont *Picht*, »die gegenwärtige Wirkung des Vergangenen und wissen doch nicht, wie uns geschieht. Indem wir nicht wissen, wie uns geschieht, geschieht die Geschichte; sie wird zwar erfahren, aber wir werden dieser Erfahrung zumeist nicht gewahr. Die Gegenwart des Vergangenen ist also etwas anderes als Erinnerung; sie ist ... Erinnerung im Modus der Vergessenheit«[32].

b) Diesem hermeneutischen Gebrauch von Erinnerung – primär im lebensphilosophischen und existentialontologischen Kontext – begegnet ein »kritischer« Gebrauch im Umkreis jener Philosophien, die sich in betonter Weise auf die Aufklärung berufen. Sie sind bestrebt, deren Prozeß, das Praktischwerden der Vernunft, fortzuführen. Doch wollen sie das Verhältnis von Vernunft und Geschichte, von Kritik und Tradition usw. nicht einfach zugunsten einer abstrakten und geschichtslosen Vernunft entspannen oder als irreleitend, ideologieverdächtig und praxisgefährdend fallen lassen. Es handelt sich hier vor allem um die von Traditionen der praktischen Philosophie *Kants* und der Ideologiekritik (marxistischer und psychoanalytischer Prägung) inspirierten Formen einer *praktisch-kritischen Philosophie der Geschichte und der Gesellschaft*.

Auch sie lassen sich – im Blick auf die Einführung und den Gebrauch von Erinnerung – begreifen als Auseinandersetzungen mit der historischen Kritik und der Ideologiekritik (als welche sich ja die historische Kritik in ihrer Kritik an Autoritäten, Institutionen und unaufgeklärten Überlieferungszusammenhängen auch tatsächlich bewährte und bewährt): Gegenüber der Unmittelbarkeit und Direktheit dieser Kritik fragen sie nach deren Interessen und Motiven und stellen die (schon seit *Kant* in Gang gesetzte) Frage nach der »Kritik der Kritik«, die den abstrakten Willen zur Kritik selbst noch einmal problematisiert und ihn schließlich als jene Ideologie entlarvt, die sich allzu fraglos einem

[31] Kant und das Problem der Metaphysik, Frankfurt [2]1951, 211.
[32] G. Picht, Wahrheit – Vernunft – Verantwortung, 288.

vermeintlichen Stufengang im Fortschritt kritischen Bewußtseins überläßt. Dabei wird diese »Kritik der Kritik« nicht als formale Metakritik – im Sinne analytischer Theoriesysteme – verstanden, die ihrerseits dieses Problem auf rein theoretischer Ebene weiterverhandelt und weiterdelegiert (mit einem tendenziellen *regressus in infinitum*), sondern als Theorie-Praxis-Problem der praktischen Vernunft, die in ihrer Verwirklichung jeweils in bestimmten gesellschaftlich-geschichtlichen Begründungs- und Verweisungszusammenhängen steht. In diesem potenzierten Sinn ist und bleibt Geschichte – nicht als »Historie«, sondern als handlungsnormierender Überlieferungszusammenhang – der in befreiender Kritik praktisch werdenden Vernunft immanent. Diese dem hermeneutischen Standpunkt nahe Auffassung des unersetzbaren Verhältnisses von Vernunft und Geschichte ist der Aufklärung nicht nachträglich angesonnen. So begründet, legitim und unerläßlich die im Zeitalter der Aufklärung einsetzende kritische Prüfung der Überlieferungen und ihrer »Autoritäten« war, erzwang dieser Prozeß der Aufklärung gleichwohl die Einsicht, daß Erinnerung nicht nur Gegenstand, sondern inneres ermöglichendes Moment jeden kritischen Bewußtseins ist, das sich über sich selbst aufzuklären sucht. Und in diesem Sinn verwirklicht sich kritische Aufklärung auch im Widerstand gegen die Tendenz, alles, was im Bewußtsein erinnerungs- und überlieferungsbestimmt ist und was nicht dem Kalkül einer szientifisch-technischen Vernunft pariert, als Aberglauben zu denunzieren und der privaten Beliebigkeit und Unverbindlichkeit des einzelnen zu überlassen bzw. dem Verdacht theorieloser Subjektivität auszuliefern. Dieses Verständnis kritischer Aufklärung bestätigt sich gerade auch in jenen zeitgenössischen Aufklärungstheorien, die sich nicht primär der Tradition hermeneutischer Geschichtsphilosophie verdanken: so vor allem in den einschlägigen Theorien und Positionen der Frankfurter Schule. Dementsprechend begegnet hier, ähnlich anderen Positionen aus der Tradition praktischer Philosophie[33], auch ein kritischer Gebrauch von Erinnerung in der Konstitutionsproblematik praktischer Vernunft.

Dies zeigt sich schon früh, mit richtungweisender Kraft, in den »geschichtsphilosophischen Thesen« *Benjamins*. Hier wird die Erinnerung der »Leidensgeschichte der Welt« zum Medium einer Verwirklichung von Vernunft und Freiheit, die sich kritisch gegen eine ebenso unreflektierte wie banale Idee vom undialektischen »Fortschritt der Vernunft«[34] zur Wehr setzt. Bei *Marcuse* tritt die zunächst in einem psychoanalytischen Bezugsrahmen vorgetragene Einsicht, daß »die wiederentdeckte Vergangenheit … kritische Maßstäbe« liefert, daß »die Wieder-

[33] Vgl. z.B. W. Oelmüller, Die unbefriedigte Aufklärung, Frankfurt 1969.
[34] Zur Kritik der Gewalt und andere Aufsätze, Frankfurt 1965, 78-94.

herstellung des Erinnerungsvermögens ... Hand in Hand« geht »mit der Wiederherstellung des erkennenden Gehalts der Phantasie« und so »die *recherche du temps perdu* ... zum Vehikel der Befreiung« wird[35], nun auch als grundsätzliches Postulat auf: »Die Wiedereinsetzung der Erinnerung in ihr Recht als Mittel der Befreiung ist eine der edelsten Aufgaben des Denkens«[36]. Gesellschafts- und geschichtstheoretisch gewendet heißt dies: »Die Erinnerung an die Vergangenheit kann gefährliche Einsichten aufkommen lassen, und die etablierte Gesellschaft scheint die subversiven Inhalte des Gedächtnisses zu fürchten. Das Erinnern ist eine Weise, sich von den gegebenen Tatsachen abzulösen, eine Weise der ›Vermittlung‹, die für kurze Augenblicke die allgegenwärtige Macht der gegebenen Tatsachen durchbricht. Das Gedächtnis ruft vergangene Schrecken wie vergangene Hoffnung in die Erinnerung zurück ... Und in den persönlichen Begebenheiten, die im individuellen Gedächtnis neu erstehen, setzen sich die Ängste und Sehnsüchte der Menschheit durch – das Allgemeine im Besonderen«[37].

Adorno betont in erkenntnistheoretischer Absicht, »daß Tradition der Erkenntnis selbst immanent ist als das vermittelnde Moment ihrer Gegenstände. Erkenntnis verformt diese, sobald sie kraft stillstellender Objektivierung damit *tabula rasa* macht. Sie hat an sich, noch in ihrer dem Gehalt gegenüber verselbständigten Form, teil an Tradition als unbewußte Erinnerung; keine Frage könnte nur gefragt werden, in der Wissen vom Vergangenen nicht aufbewahrt wäre und weiterdrängte«[38]. Wenn sich Vernunfterkenntnis aber kritisch dem unmittelbar normierenden :Zwang erinnerter Inhalte versagt: Wie kann sie dann Erinnerung gleichwohl in verwandelter Gestalt aufbewahren, um sie am Ende nicht doch – als unbestimmte und unbewußte – zum Epiphänomen einer geschichtslosen Vernunft herabsinken zu lassen? *Adorno* beantwortet diese Frage mit dem Verweis auf eine Aporie, die im Kontext seiner »Thesen über Tradition« so lautet: »Tradition (stellt) heute vor einen unauflöslichen Widerspruch. Keine ist gegenwärtig und zu beschwören; ist aber eine jegliche ausgelöscht, so beginnt der Einmarsch in die Unmenschlichkeit«[39].

Auch innerhalb des Entwurfs einer praktischen Geschichtsphilosophie, mit der *Habermas* unter dem erkenntnisleitenden Interesse der Emanzipation sowohl die Gattungsgeschichte des Menschen zu begreifen wie gegenwärtiges Handeln zu orientieren sucht, ergibt sich der Rückgriff auf Erinnerung: »Die Erfahrung der Reflexion ... erinnert die

[35] H. Marcuse, Triebstruktur und Gesellschaft, Frankfurt 1968, 24 f.
[36] H. Marcuse, a.a.O., 228.
[37] Der eindimensionale Mensch, 117 f.
[38] Negative Dialektik, 60.
[39] Th.W. Adorno, Thesen über Tradition, in: Ohne Leitbild, Frankfurt 1967, 34 f.

Emanzipationsschwellen der Gattungsgeschichte«[40]. Freilich verdeckt die weitere Verarbeitung des Erinnerungsproblems in den Begriffen der Rekonstruktion und Selbstreflexion hier wieder die in der Erinnerung sich anzeigende Rückbindung kommunikativen Handelns an geschichtliche Verweisungszusammenhänge; es scheint, als würden die erkenntnisleitenden Interessen (Emanzipation, Mündigkeit) selbst so sehr zu geschichtslosen Sprachstrukturen »naturalisiert«, daß der Erinnerungsvorgang in ihnen zum Stillstand kommt.

So stößt die kritische Behandlung der Erinnerung »von hinten« auch wieder auf unerledigte Probleme der Hermeneutik. Im Schnittpunkt beider lassen sich einige Charakteristika von Erinnerung als philosophischem Grundbegriff formulieren, in denen auch noch Elemente von Erinnerungsphilosophien zur Geltung kommen, die bisher unberücksichtigt blieben.

4. Erinnerung als Medium des Praktischwerdens von Vernunft als Freiheit: Kennzeichnung und Konsequenzen

Der im aufgewiesenen Problemfeld sich abzeichnende Erinnerungsbegriff faßt den Erinnerungsvorgang als Medium des Praktischwerdens von Vernunft als Freiheit. In dieser Grundbestimmung ist Erinnerung Freiheitserinnerung, die als Leidenserinnerung zur Orientierung für freiheitsbezogenes Handeln wird (a). Ihre Erzählstruktur (b) führt sie zur Kritik erinnerungsloser Geschichtstechnologie ebenso wie zu neuen Begegnungen mit den Traditionen der *Anamnesis* und der christlichen *memoria* (c).

a) Die kritischer Vernunft immanente Form von Erinnerung ist *Freiheitserinnerung*; aus ihr gewinnt Vernunft jenes Interesse, das ihr Praktischwerden leitet. Dabei ist diese Freiheitserinnerung eine bestimmte Erinnerung. Gegenüber einem unbestimmten Gebrauch von Freiheit, der ihren Begriff unter konträren Voraussetzungen beliebig reproduzierbar macht, bezieht sich diese Erinnerung auf jene Traditionen, in denen das Interesse an Freiheit entstand. Diese Traditionen sind in ihren narrativen Grundzügen, also als erzählte Freiheitsgeschichte, nicht der Gegenstand, sondern die Voraussetzung jeder kritischen Rekonstruktion von Geschichte durch argumentative Vernunft.

In ihrer praktischen Absicht ist die Freiheitserinnerung primär eine *Leidenserinnerung (memoria passionis)*. Als solche vermittelt sie eine Gestalt von Freiheitspraxis, die sich dagegen sperrt, offen oder heimlich mit einer Praxis identifiziert zu werden, die sich als fortschreitende »Naturbeherrschung« vollzieht und begreift. Eine am Leidensgedächt-

[40] J. Habermas, Erkenntnis und Interesse, Frankfurt 1968, 31.

nis orientierte Geschichtsphilosophie in praktischer Absicht bleibt deshalb auch davor bewahrt, Geschichte als Geschichte der Freiheit am Ende doch nur in den Kategorien einer »Geschichte der Herrschaft« auszulegen – und sei es die Herrschaft einer abstrakten und in dieser Abstraktheit banalen »Mündigkeit«. Sie bleibt davor bewahrt, bei der Einführung eines Begriffs vom Ganzen (der Geschichte), der für jede praktische Geschichtsphilosophie unverzichtbar ist, einen Begriff vom Totalen (einer Herrschaftspraxis) zu insinuieren.
Der Respekt vor dem »geschichtlich akkumulierten Leiden« macht die Vernunft in einer Weise »vernehmend«, die in der abstrakten Entgegensetzung von »Autorität und Erkenntnis«, in der das Autonomieproblem der Vernunft zumeist diskutiert wird und an der auch das Verständnis von Emanzipation als apriorischem Vernunftinteresse fixiert scheint, nicht ausgedrückt werden kann. In diesem »Vernehmen« gewinnt Geschichte – als erinnerte Leidensgeschichte – die Gestalt »gefährlicher Überlieferung«, die weder in einer rein unterwerfenden Einstellung gegenüber der Vergangenheit – wie in manchen Ansätzen hermeneutischer Vernunftheorien – noch in einer rein ideologiekritischen Attitüde gegenüber der Vergangenheit – wie in manchen Ansätzen kritischer Vernunfttheorien – »aufgehoben« und stillgestellt werden kann; ihre »Vermittlung« ist in jedem Fall praktischer Natur; sie geschieht in »gefährlichen Geschichten«, in denen sich das Interesse an Freiheit selbst erzählend einführt, identifiziert und – präsentiert.
b) Diese Erinnerung hat also indispensable *Erzählstruktur*. Ihre Ausarbeitung geschieht nicht zuletzt als Kritik an einem Erinnerungsbegriff, der abgeleitet ist aus der Vorstellung von der abstrakten Identität des Selbstbewußtseins, die seit *Kant* und seinem Begriff der transzendentalen Synthesis der Apperzeption die Erinnerungslehre nachhaltig bestimmt hat, vor allem auch jene der Phänomenologie *Husserls*[41]. Gegen sie wendet sich, aus unterschiedlichen Voraussetzungen, sowohl die Kritik der »Philosophischen Untersuchungen« *Wittgensteins*[42] wie die der späten Phänomenologie *Schapps*[43], die der abstrakten Einheit des phänomenologischen Subjekts ein »in Geschichten verstricktes Bewußtsein« zugrunde legt, das sich selbst narrativ expliziert und das in der Rückbindung der Geschichtlichkeit des Bewußtseins an ein »Be-

[41] Vgl. grundlegend: Vorlesungen zur Phänomenologie des inneren Zeitbewußtseins, in: Husserliana, Bd. 4, Den Haag 1952; Cartesianische Meditationen, in: Husserliana, Bd. 1, Den Haag 1950.
[42] Oxford 1958.
[43] In Geschichten verstrickt, Hamburg 1953; ders., Philosophie der Geschichten, Leer 1959; zu Schapp vgl. J. Habermas, Logik der Sozialwissenschaften, Tübingen 1967, und H. Lübbe, »Sprachspiele« und »Geschichten«. Neopositivismus und Phänomenologie im Spätstadium, in: Bewußtsein in Geschichten, Freiburg 1972. Vgl. jedoch § 12 Anm. 10.

wußtsein in Geschichten« (*Lübbe*[44]) einen kognitiven Primat erzählter Erinnerung andeutet.

c) Dieser kognitive Primat erzählter Erinnerung birgt Konsequenzen, von denen einige der wichtigsten hier abschließend genannt seien. Er stellt Philosophie vor die Aufgabe, narrative und argumentative Vorgänge miteinander zu verbinden. Er verpflichtet sie z.B. neben *Dantos* analytischer Theorie der Narrativität[45] eine hermeneutisch-kritische zu entwickeln, in der sich u.a. auch die Nähe der Philosophie zur Literatur und der in ihr erzählten Antigeschichte des Leidens zu reflektieren hat. Die praktische Vernunft der Philosophie bringt sich keineswegs durch jene Technik der Naturbeherrschung zur Geltung, in der Wissenschaft durch Anwendung »praktisch« wird. Der kognitive Primat erzählter Erinnerung drängt die Philosophie vielmehr zur Kritik an jenen Formen historischer Vernunft, die selbst immer mehr zu einer nach rückwärts gewandten Technologie werden, nachdem das »Lehramt« der Geschichte entthront, die Argumentationsfigur *Historia magistra vitae*[46] aufgelöst und die Kunst des Erzählens in der Geschichtswissenschaft verlernt ist[47]. Innerhalb einer solchen Geschichtstechnologie kann ja das Freiheitsinteresse nicht mehr thematisiert werden: ein Vorgang, der sich symptomatisch abzeichnet im rein kybernetischen Gebrauch von Erinnerung und Gedächtnis[48] und der sich immer mehr auszurichten scheint auf die in der Datenbank zweckrational sortierte »Geschichte« und auf ein Computer-Gedächtnis, das kein Vergessen und deshalb freilich auch keine Erinnerung kennt. In diesem Vorgang zeichnet sich die Tendenz zur totalen Vergegenständlichung und damit zur Stillegung der Geschichte und des geschichtlich lebenden Menschen ab: das Stigma des posthistoire. Der kognitive Primat der erzählten Erinnerung gegenüber einer abstrakten Kritik zwingt jene Philosophie, die sich die Wahrheitsfrage durch universale Kritik weder ausreden noch zur historischenVorstufe emanzipatorischer Totalreflexion herabdeuten läßt, zur Auseinandersetzung mit einer Mutmaßung *Nietzsches:* »Daß auch wir Erkennenden von heute, wir Gottlosen und Antimetaphysiker, auch *unser* Feuer noch von dem Brande nehmen, den ein jahrtausendealter Glaube entzündet hat, jener Christenglaube, der auch der Glaube *Platos* war, daß Gott die Wahrheit ist, daß die Wahrheit göttlich ist«[49]. Dieser kognitive Primat erzählter Erinnerung und damit eines in »Geschichten verstrickten Be-

[44] Vgl. das in Anm. 43 zitierte gleichnamige Buch.
[45] Analytical Philosophy of History, Cambridge 1965.
[46] Vgl. R. Koselleck, in: Natur und Geschichte, Festschrift für Karl Löwith, Stuttgart 1967.
[47] Vgl. H. Weinrich, Literatur für Leser, Stuttgart 1972.
[48] Vgl. dazu K.W. Deutsch, Politische Kybernetik, Freiburg 1967.
[49] Edition Schlechta Bd. 2, 208.

wußtseins« – er gilt gegenüber der abstrakten Einheit des Bewußtseins und den darin »voraussetzungslos« anhebenden Formen des Zweifels und der Kritik – verweist schließlich auch den theologischen Gebrauch von Erinnerung nicht von vornherein in einen intersubjektiv unzugänglichenSonderbereich. Solch theologischer Gebrauch sieht in der Erinnerung bzw. ihrem sozialen Pendant, der Tradition, das Vermittelnde zwischen dem Absolutum göttlicher Offenbarung und dessen Empfänger[50]. Nicht von ungefähr legt sich christlicher Glaube kategorial als *memoria passionis, mortis et resurrectionis Jesu Christi* aus und sucht sich in der Erzähl- und Argumentationsgestalt der befreienden Erinnerung, als einer bestimmten Gestalt von Hoffnung, in den Verhältnissen der Neuzeit zu verantworten[51].

[50] Vgl. J. Pieper, Überlieferung, München 1970; G. Scholem, Offenbarung und Tradition als religiöse Kategorien im Judentum, in: Über einige Grundbegriffe des Judentums, Frankfurt 1970, 90–120.
[51] Vgl. § 6 in diesem Band.

Exkurs: Dogma als gefährliche Erinnerung

Überarbeitete und ins Gesamtkonzept eingepaßte Fassung eines Textes von 1968; erstmals veröffentlicht innerhalb meines Beitrags »›Politische Theologie‹ in der Diskussion«, in: H. Peukert (Hg.), Diskussion zur »Politischen Theologie«.

Christlicher Glaube ist als jenes Verhalten zu verstehen, in dem der Mensch sich an ergangene Verheißungen und angesichts dieser Verheißungen gelebter Hoffnungen erinnert und sich an diese Erinnerungen lebensbestimmend bindet. Weder das intellektualistische Modell der Zustimmung zu Glaubenssätzen noch das existentialistische der unverfügbaren Existenzentscheidung steht hier im Vordergrund der Glaubensinterpretation, sondern die Figur der eschatologischen Erinnerung[1].

Um früher Gesagtes zu unterstreichen: Gemeint ist nicht jene Erinnerung, die alles Vergangene in einem verklärenden Licht sieht; nicht Erinnerung, die alles Vergangene in seinem Vergangen-Sein dadurch besiegelt, daß sie sich mit allem Gefährlichen und Herausfordernden an ihm ausgesöhnt hat. Und gemeint ist – wie gleich noch verdeutlicht wird – nicht eine Erinnerung, in der vergangenes »Glück« und »Heil« je nur individuell appliziert wird[2]. Hier ist jene gefährliche Erinnerung gemeint, die die Gegenwart bedrängt und in Frage stellt, weil sie an unausgestandene Zukunft erinnert.

Solche Erinnerung durchstößt den Bann des herrschenden Bewußtseins. Sie reklamiert unausgetragene, verdrängte Konflikte und unabgegoltene Hoffnungen. Sie hält gegen die herrschenden Einsichten früher gemachte Erfahrungen hoch und entsichert damit die Selbstverständlichkeiten der Gegenwart.

Glaube als memoria antwortet auf die unter Theologen immer wieder diskutierte Frage nach einer Vermittlung zwischen dem »Schon« und

[1] Es wäre eine Untersuchung wert, wieso die memoria so sehr in die Sakramententheologie abwandern und – zum Schaden von Erinnerung und Sakrament – dort isoliert und nicht selten subjektlos-ritualistisch mißverstanden werden konnte.

[2] Vgl. zu den folgenden Überlegungen neben den einschlägigen Passagen dieses Bandes auch J.B. Metz, Technik – Politik – Religion, in: W. Heinen/J. Schreiner (Hrsg.), Erwartung – Verheißung – Erfüllung, Würzburg 1969, und ders., Reform und Gegenreformation heute, Mainz – München 1969.

»Noch nicht« des in Jesus Christus gewährten eschatologischen Heils. Die weitverbreitete theologische Rede von der »Spannung« zwischen »Schon« und »Noch nicht« ist letztlich nichtssagend. Alles kommt darauf an, will man das Heilsverständnis nicht enthistorisieren und in einer »Idee« geschichtlich stillstellen, daß das »Schon« im »Noch nicht«, also die Gegebenheit des Heils gerade in der Hoffnung angenommen und verstanden wird. Das Schon ist ja doch wohl eine bestimmende Modalität am »Noch nicht«, insofern dieses mehr und anderes als ein »Nicht« oder gar ein »Nichts« zu sein beansprucht[3].

Nun gibt es in der gegenwärtigen Theologie verschiedene Versuche, den christlichen Glauben gerade im Hinblick auf Welt und Geschichte zu definieren. Diese Definitionen scheinen eines mehr oder minder gemeinsam zu haben: Sie interpretieren den Glauben vor allem als Glaubensakt, als fides qua creditur, möglichst inhaltslos, als Figur der freien, ungegenständlichen Entscheidung des Menschen. Wo christlicher Glaube in dieser Formalität interpretiert wird, kann er in der Tat zeitgemäß sein. Aber eine solche Interpretation steht zugleich in der Gefahr, die gesellschaftskritische Kraft des christlichen Glaubens, die gerade aus seinen Inhalten und Überzeugungen kommt, auszublenden und zur symbolischen Paraphrase des modernen Bewußtseins herabzudeuten, ohne zu dessen Veränderung etwas beizutragen[4].

Glaube als memoria macht demgegenüber deutlich, wieso christlicher Glaube ein inhaltsgebundener, sozusagen ein »dogmatischer Glaube« ist, eine fides quae creditur, und wieso er gerade darin jene auf die gesellschaftliche Freiheitsgeschichte bezogene kritische Freiheit verwirklichen kann, zu der der Christ im Lichte der eschatologischen Botschaft berufen ist. Die biblischen Traditionen und die aus ihnen erwachsenen Bekenntnis- und Lehrformeln des christlichen Glaubens erscheinen im Lichte dieser Interpretation als Formeln der memoria, als Formeln, in denen der Anspruch ergangener Verheißungen und vergangener, einst gelebter Hoffnungen und widerfahrener Schrecken in die Erinnerung zurückgerufen werden, um den Bann des gegenwärtig herrschenden Bewußtseins in seiner Instrumentalität und Einsinnigkeit zu durchbrechen, um sich von den Zwangsmechanismen des unmittelbar Gegebenen und Einsichtigen immer wieder neu zu lösen und die Banalität des Bestehenden und der aus ihm allein abrufbaren Zukunft zu durchstoßen.

Diese vielleicht ungewöhnliche Interpretation des Sinns christlicher Glaubens- und Bekenntnisformeln wird vielleicht überzeugender, wenn

3 Vgl. § 10 in diesem Band.

4 In »Reform und Gegenreformation heute« habe ich versucht, die ökumenische Bedeutung von Dogmen als Formeln eines gefährlichen Gedächtnisses herauszuarbeiten.

die eigentümliche Ausgangssituation der heutigen Gesellschaft berücksichtigt wird, in der der christliche Glaube tradiert werden soll. Es ist eine immer geschichtsloser und erinnerungsloser werdende Gesellschaft, in der Traditionen zunehmend nur über Institutionen und deren formuliertes Selbstverständnis, also über formulierte Bekenntnisse festgehalten und in die Gegenwart eingebracht werden können. Der einzelne als einzelner wird immer stärker der Erinnerungslosigkeit preisgegeben. Wo heute etwa ein Christ völlig institutionsfrei lebt, da kann er – vielleicht – in seiner eigenen Generation noch zehren von der Substanz des christlichen Glaubens. Die zweite Generation aber wird im Grunde schon kein Verhältnis mehr zu dieser Tradition haben. Sie wird in zunehmendem Maße der Gefahr der Erinnerungs- und Geschichtslosigkeit der heutigen Zeit ausgesetzt sein.

Der Prozeß der Erinnerung, d.h. die Aktualisierung einer memoria, die die Gegenwart überschreitet, die die Gegenwart sprengt, kann heutzutage also gar nicht nur und nicht einmal primär vom einzelnen allein getragen und erweckt werden. Hier können die Dogmen gleichsam als formuliertes Kollektivgedächtnis eine ganz neue Rolle spielen: sie »zwingen« mich, mir in der Gegenwart etwas in Erinnerung zu rufen, was ich auf der schmalen Basis meiner persönlichen Erfahrungen und Wahrnehmungen gar nicht erfassen und realisieren kann; sie verhindern also, daß sich meine eigene religiöse Erfahrung doch nur als Funktion eines herrschenden Bewußtseins vollzieht.

Dogmatischer Glaube oder Bekenntnisglaube ist die Bindung an Lehrsätze, die als Erinnerungsformeln eines verdrängten, unbewältigten, subversiven und gefährlichen Gedächtnisses der Menschheit verstanden werden können und müssen. Kriterium ihrer genuinen Christlichkeit ist die kritisch-befreiende, aber auch erlösende Gefährlichkeit, mit der sie die erinnerte Botschaft in die Gegenwart einbringen, so daß sich »Menschen über sie entsetzen und doch von ihrer Gewalt überwunden werden«[5]. »Tot«, nichtssagend »leer«, d.h. ungeeignet für die beschriebene Aufgabe, christliche Identität und Tradition im formulierten Kollektivgedächtnis zu retten, sind solche Bekenntnisse und dogmatischen Formeln dann, wenn die in ihnen erinnerten Inhalte nichts mehr von dieser ihrer Gefährlichkeit – für Gesellschaft und Kirche! – zeigen; wenn diese Gefährlichkeit unter den Mechanismen ihrer institutionellen Vermittlung erlischt und wenn die Formeln deshalb nur noch der Selbsterhaltung der sie überliefernden Religion und der Selbstreproduktion einer autoritären kirchlichen Institution dienen, die sich als öffentliche Tradentin christlicher memoria nicht mehr unter den gefährlichen Anspruch eben dieser memoria stellt.

Dies wäre nun im einzelnen aufzuweisen anhand der klassischen

[5] D. Bonhoeffer, Widerstand und Ergebung, Neuausgabe München 1970, 328.

Glaubenssätze und Lehrformeln[6]. In Erik Petersons Bemühen, den Monotheismus politisch zu verstehen[7], läßt sich z.B. der Versuch erkennen, die Glaubensformel von der Trinität herrschaftskritisch zu wenden und sie gerade so in ihrer befreienden und erlösenden Gefährlichkeit sichtbar zu machen – vor allem dann, wenn man die in dieser trinitarischen Formel enthaltene Kritik eines monarchischen Herrschaftsbegriffs auch (was E. Peterson unterläßt) kritisch auf die Verfassung der Kirche selbst bezieht. – Das Verständnis der memoria Jesu Christi als memoria der Ankunft der Herrschaft Gottes in der Liebe Jesu zu den Ausgestoßenen ließe sich wohl auch durchführen als solche gefährlich-befreiende Wendung der *klassischen christologischen* Formeln. Hier liegt, wie ich meine, ein großes und verlockendes Aufgabengebiet der Theologie.

Wo eine solche Interpretation christlicher Glaubensformeln und eine dementsprechende Verwirklichung christlichen Glaubens gelingt, wo die im Glauben tradierten Lehrformeln als Erinnerungsmarken verstanden werden, als das Buchstabieren eines gefährlichen Gedächtnisses der Menschheit: da würde ein solches Glaubensverstandnis gewiß nicht den Verdacht auf sich ziehen, nur einen toten Autoritatsglauben, einen Glauben der Unmündigen, Glauben gar als »Opium des Volkes« zu legitimieren. Vielmehr machte es sich nicht zuletzt verständlich als Hermeneutik der agonalen Freiheitssituation des Menschen und als helfende Erinnerung in den Widersprüchen einer linear und einsinnig verstandenen menschlichen Freiheitsgeschichte (die meint, sich über die *vergangenen* Leiden und Hoffnungen, über die Herausforderung der Toten hinwegsetzen oder sie, ohne die Freiheit selbst zu verlieren, ignorieren zu können). Gerade um das Erbe der modernen Freiheitsgeschichte weder romantisch-restaurativ stillzulegen noch an eine pausbäckig-kleinbürgerliche oder totalitäre Fortschrittsidee zu verraten, bedarf es immer neu der Kraft der »dogmatischen« Erinnerung.

Diese »dogmatische«, d.h. *bestimmte* Erinnerung kann sich des Erinnerten nie so entäußern, daß sie von ihm nur das verwandelnd aufbewahrte, was sich allein über kritische Reflexion vermitteln läßt. – Das ist in diesem Band bereits mehrfach betont worden. – Als bestimmte Erinnerung trägt sie jeweils schon Züge einer kritisch bejahenden Aneignung, wie sie auch in der geschichtlich vermittelten Gestalt des christlichen Glaubens begegnet. Solche bestimmte Erinnerung ist par-

[6] In diesem Sinne kann man den Synodentext »Unsere Hoffnung« als einen Versuch werten, die zentralen Formeln des christlichen Bekenntnisses in ihrer gesellschaftsbezogenen Bestimmtheit und Gefährlichkeit auszulegen. Unter dem Titel: »Der Glaube der Christen« werde ich demnächst einen in dieser Richtung weiterführenden Versuch vorlegen.

[7] E. Peterson, Der Monotheismus als politisches Problem, in: ders., Theologische Traktate, München 1951, 45–147.

tikular im Horizont unserer Gesellschaft, gewiß, aber sie bleibt, wo sie diejenige des christlichen Glaubens ist, aus sich heraus an alle gewendet – in der Bedrohtheit ihrer Freiheit und ihrer Hoffnungen.
Die kritische und befreiende Kraft christlich-dogmatischer Erinnerung – als bestimmter Erinnerung – hat dann freilich auch nie eine rein intellektuelle oder theoretische Attitüde. Ihre kritische Kraft bleibt gekennzeichnet durch die Bestimmtheit ihrer Erinnerung: In dieser Erinnerung weiß sie um den »tödlichen« Konflikt zwischen den göttlichen Verheißungen und einer von unseren entfremdeten Wünschen und Interessen betriebenen Geschichte. Ihre Kritik trägt nicht die Züge der »totalen Kritik«, sie hat den Schmerz des Sich-Versagens, des Ausharrens, der Ungeduld *und* der Geduld an sich, wie sie christliche memoria als »Nachfolge Jesu« einfordert. In diesem Sinne bleiben dogmatischer Glaube und Nachfolge-Praxis unlösbar aufeinander bezogen[8]: Dogma als praktische Erinnerung.

[8] Zur konstitutiven Bedeutung von »Nachfolge« für die dogmatische Christologie vgl. J.B. Metz, Zeit der Orden? Zur Mystik und Politik der Nachfolge.

§ 12 Erzählung

Überarbeitete und ins Gesamtkonzept eingepaßte Fassung eines Textes von 1972; ursprünglich unter dem Titel »Gnadengesuch für eine narrative Theologie bzw. Christologie« (vgl. Evangelische Theologie 1973, Seite 340 ff.) vorgetragen bei einer Herausgebertagung der Zeitschrift »Evangelische Theologie« in Grafrath, Okt. 1972; erstmals publiziert unter dem Titel »Kleine Apologie des Erzählens« in: Concilium 1973, Heft 5.

In den Überlegungen des Thementeils war vielfach auf die narrativ-praktische Grundverfassung der Theologie verwiesen worden: so etwa im Blick auf ihre eschatologisch-apokalyptische Rede (§ 10) und auf ihre soteriologische Rede von Heil und Erlösung (§ 7). Es gilt aber auch grundsätzlich von ihrer christologischen Rede[1]. Und schließlich kann man – angesichts der Identitätsfragen, vor denen die Theologie heute steht – überhaupt von einem narrativ-praktischen (mystisch-politischen) Christentum im Unterschied zu einem transzendental-idealistischen (§ 9) sprechen. All das macht die anschließende »kleine Apologie des Erzählens« verständlich, ja dringlich – nicht zuletzt dann, wenn man sich vergegenwärtigt, daß z.B. in keinem der neueren theologischen und philosophischen Nachschlagewerke auf dem deutschen Markt das Stichwort »Erzählung« zu finden ist. Lexika sind verräterisch – vor allem durch das, was sie auslassen.

Nicht unbeeinflußt von Überlegungen des Literaturwissenschaftlers H. Weinrich[2] möchte ich im folgenden eine kleine theologische Apologie des Erzählens vortragen, zumal die mir wichtige und oben erörterte Kategorie der »gefährlichen Erinnerung« erzählende Tiefenstruktur hat.

Was hier zum Thema »Erzählen« gesagt werden kann, ist sehr sporadisch und konzentriert sich auf die anfängliche Entfaltung von (in sich sehr unterschiedlichen) Gesichts- und Signalpunkten für die Bedeutung dieses Themas: Es geschieht ohne Ehrgeiz auf Vollständigkeit und ohne »System«. In keinem Fall handelt es sich hier um den Versuch einer linguistisch-analytischen Behandlung des Erzählthemas. Und dies nicht nur aus offensichtlichem Mangel an Kompetenz, sondern schließlich auch aus dem Eindruck heraus, daß es in der Theologie letztlich nicht darum gehen kann, die Erzählpotentiale des Chri-

[1] Vgl. dazu die christologischen Passagen in: J.B. Metz, Zeit der Orden?
[2] Vgl. H. Weinrich, Narrative Theologie, in: Concilium 9 (1973) 329–334.

stentums analytisch zu sortieren und kritisch in eine Sprachtheorie einzuarbeiten (um sie so schließlich als vorwissenschaftliche Mitteilungsformen stillzulegen), sondern vielmehr darum, Erzählvorgänge zu schützen, sie allenfalls um ihrer kritischen Verantwortung willen zu unterbrechen und so zu einem kompetenten Erzählen anzuleiten, ohne das die Erfahrung des Glaubens wie jede ursprüngliche Erfahrung sprachlos bliebe.

1. Erzählung und Erfahrung

»Der Erzähler – so vertraut uns der Name klingt – ist uns in seiner lebendigen Wirksamkeit keineswegs durchaus gegenwärtig. Er ist uns etwas bereits Entferntes und weiter noch sich Entfernendes ... Es ist, als wenn ein Vermögen, das uns unveräußerlich schien, das Gesichertste unter den Sicheren, von uns genommen würde. Nämlich das Vermögen, Erfahrungen auszutauschen.«[3] Die Gefahr der Atrophie, der Verkümmerung des Erzählens betrifft in besonderer Weise Theologie und Christentum. Eine Theologie, der die Kategorie des Erzählens abhanden gekommen ist oder die das Erzählen als vorkritische Ausdrucksform theoretisch ächtet, kann die »eigentlichen« und »ursprünglichen« Erfahrungen des Glaubens nur abdrängen in die Ungegenständlichkeit und Sprachlosigkeit und wird dementsprechend alle sprachlichen Ausdrucksformen des Glaubens ausschließlich als kategoriale Objektivationen, als wechselnde Chiffren und Symbole für ein Unsagbares werten. Dadurch aber würde die Erfahrung des Glaubens selbst unbestimmt, und ihr Inhalt würde ausschließlich in der Sprache der Riten und der Dogmen festgehalten, ohne daß die darin zur Formel gewordene Erzählgestalt noch die Kraft des Austauschs von Erfahrung hätte.
Angefangen bei der Rede der Propheten im AT, die einen Gott verkündeten, der das Alte stürzt und alles neu macht, der das Neue schmerzhaft gegen das Selbstverständliche und Bekannte durchsetzt, bis hin zur unerfindbar neuen Erfahrung der Auferweckung des gekreuzigten Jesus hat Theologie es mit unableitbaren ursprünglichen Erfahrungen zu tun, deren sprachliche Artikulation deutlich Erzählmerkmale aufweist. Auch die Schöpfungsthematik wird, wo sie Anfänge darlegt, ebenso wie dort, wo sie Ausblicke auf den Neuen Himmel und die Neue Erde eröffnet, erzählend in Geschichten entfaltet. Die Welt, die aus dem Nichts entstand, der Mensch, der aus Staub geformt wurde, das neue Reich, dessen Nähe Jesus verkündet, der neue Mensch, die Auferstehung als Durchgang durch den Tod ins

[3] W. Benjamin, Der Erzähler, in: Illuminationen, Frankfurt/M 1961, 409.

Leben, das Ende als Neubeginn, das Leben zukünftiger Herrlichkeit – sie alle sprengen das argumentative Räsonnement und widersetzen sich einer perfekten Auflösung oder Umsetzung ihrer Erzählgestalt. Sie bringen den Logos der Theologie, sofern er sich sein erzählendes Wesen verbirgt, in jene Verlegenheit, vor der die Vernunft steht, wenn sie sich etwa den Fragen nach Anfang und Ende und nach der Bestimmung des Neuen, noch nie Gewesenen stellt.
Die Frage etwa nach dem Anfang (nach der arché), mit der der Logos der Griechen den Bann des reinen Erzählens im Mythos durchbrach, wirft das Denken gleichwohl immer wieder auf das Erzählen zurück. »Anfang« und »Ende« können nur erzählend bzw. vorauserzählend besprochen werden. Hellsichtig spricht Kant in diesem Zusammenhang vom »rhapsodischen Anfang des Denkens«, der keiner argumentativen Rekonstruktion zugänglich ist. Vor allem aber das Neue und noch nie Dagewesene kann nur erzählend dargestellt und vergegenwärtigt werden. Eine Vernunft, die sich dem erzählenden Austausch solcher Erfahrungen des Neuen verschließt oder ihn im Namen ihres kritischen Wesens und ihrer Autonomie total abbricht, erschöpft sich in der Nachkonstruktion und bleibt schließlich ein Stück Technik, wie Th.W. Adorno in den Schlußpassagen seiner Minima Moralia bemerkt. Ausführlicher wird hiervon weiter unten die Rede sein.

2. Vom praktischen und performativen Sinn der Erzählung

Es gibt Beispiele einer Erzähltradition, die sich dem Bann unserer vermeintlich postnarrativen Zeit widersetzt. Die »Chassidischen Geschichten« etwa, die »Kalendergeschichten« eines Johann Peter Hebel und eines Bertold Brecht, neben den »Spuren« von Ernst Bloch, dessen Hauptwerk »Prinzip Hoffnung« übrigens wie eine große Enzyklopädie von Hoffnungsgeschichten anmutet, und viele andere können hier beispielhaft genannt werden. In ihnen wird sichtbar, wie Erzählung auf praktische Mitteilung der in ihr angesammelten Erfahrung drängt und wie der Erzähler und die Zuhörenden in die erzählte Erfahrung befreiend einbezogen werden. In seinem Essay über den »Erzähler« hat Walter Benjamin diese Eigenart festgehalten: »Die Ausrichtung auf das praktische Interesse ist ein charakteristischer Zug bei vielen geborenen Erzählern... Das alles deutet auf die Bewandtnis, die es mit jeder wahren Erzählung hat. Sie führt, offen oder versteckt, ihren Nutzen mit sich. Dieser Nutzen mag einmal in einer Moral bestehen, ein andermal in einer praktischen Anweisung, ein drittes Mal in einem Sprichwort oder in einer Lebensregel – in jedem Falle ist der Erzähler ein Mann, der dem Hörer Rat weiß... Der Erzähler nimmt, was er erzählt, aus der Erfahrung; aus der eigenen oder berichteten. Und er

macht es wiederum zur Erfahrung derer, die seiner Geschichte zuhören.«[4]
Martin Buber hat in seiner Einleitung zu den »Chassidischen Geschichten« dieses Charakteristikum bestätigt und zugleich auf weitere entscheidende Gesichtspunkte der Erzählung aufmerksam gemacht. »Das Erzählen ist selber Geschehen, es hat die Weihe einer heiligen Handlung ... Die Erzählung ist mehr als eine Spiegelung: die heilige Essenz, die in ihr bezeugt wird, lebt in ihr fort. Wunder, das man erzählt, wird von neuem mächtig ... Man bat einen Rabbi, dessen Großvater ein Schüler des Baalschem gewesen war, eine Geschichte zu erzählen. ›Eine Geschichte‹, sagte er, ›soll man so erzählen, daß sie selber Hilfe sei.‹ Und er erzählte: ›Mein Großvater war lahm. Einmal bat man ihn, eine Geschichte von seinem Lehrer zu erzählen. Da erzählte er, wie der heilige Baalschem beim Beten zu hüpfen und zu tanzen pflegte. Mein Großvater stand und erzählte, und die Erzählung riß ihn so hin, daß er hüpfend und tanzend zeigen mußte, wie der Meister es gemacht hatte. Von der Stunde an war er geheilt. So soll man Geschichten erzählen.‹«[5]
Dieser Text scheint in unserem Zusammenhang vor allem in zweifacher Hinsicht bemerkenswert. Einmal bietet er, für die kritischen Ohren einer postnarrativen Zeit, ein gelungenes Beispiel dafür, wie narrative Didaktik verbunden sein kann mit der erzählenden Selbstaufklärung über jenes Interesse, das dem Erzählvorgang zugrunde liegt. Hier ist die Erzählung nicht in ideologieverdächtiger Weise bewußtlos gegenüber dem sie leitenden Interesse. Sie stellt dieses Interesse selbst

[4] W. Benjamin, a.a.O., 412 f.

[5] M. Buber, Werke III, München 1963, 71. G. Scholem gibt in seiner »Jüdischen Mystik« eine jüdische Erzählung wieder, die, in einem anderen Richtungssinn als die Bubersche, gleichwohl auch von der Erzählung als signum efficax spricht: »Wenn der Baal-schem etwas Schwieriges zu erledigen hat, irgendein geheimes Werk zum Nutzen der Geschöpfe, so ging er an eine bestimmte Stelle im Walde, zündete ein Feuer an und sprach, in mystische Meditationen versunken, Gebete – und das alles geschah, wie er es sich vorgenommen hatte. Wenn eine Generation später der Maggid von Meseritz dasselbe zu tun hatte, ging er an jene Stelle im Walde und sagte: ›Das Feuer können wir nicht mehr machen, aber die Gebete können wir sprechen‹ – und alles ging nach seinem Willen. Wieder eine Generation später sollte Rabbi Mosche Leib aus Sassow jene Tat vollbringen. Auch er ging in den Wald und sagte: ›Wir können kein Feuer mehr anzünden, und wir kennen auch die geheimen Meditationen nicht mehr, die das Gebet beleben; aber wir kennen den Ort im Walde, wo all das hingehört, und das muß genügen.‹ – und es genügte. Als aber wieder eine Generation später Rabbi Israel von Rischin jene Tat zu vollbringen hatte, da setzte er sich in seinem Schloß auf seinen goldenen Stuhl und sagte: ›Wir können kein Feuer machen, wir können keine Gebete sprechen, wir kennen auch den Ort nicht mehr, aber wir können die Geschichte davon erzählen.‹ Und, so fügt der Erzähler hinzu, seine Erzählung allein hatte dieselbe Wirkung wie die Taten der drei anderen.«

vor und »erprobt« es im Erzählvorgang. Sie verifiziert bzw. falsifiziert sich selbst und überläßt dies nicht einem dem Erzählvorgang externen Diskurs über sie. Dieser Gesichtspunkt dürfte für eine erkenntnistheoretische Behandlung der Erzählung sehr wichtig sein; er kann hier gleichwohl nicht weiter verfolgt werden.
Der von Buber angeführte Text weist aber zum anderen auf den inneren Zusammenhang von Erzählung und Sakrament hin, auf die Erzählung gewissermaßen als signum efficax und umgekehrt auf den narrativen Grundzug der Sakramente als heilswirkender Zeichen. Unschwer läßt sich das sakramentale Zeichen als eine »Sprachhandlung« charakterisieren, in der die Einheit von Erzählung als wirkendem Wort und praktischer Wirkung im selben Sprechvorgang ausgedrücht wird. Vielleicht wird durch den zeremoniell-ritualistischen Aspekt am sakramentalen Geschehen nicht sofort deutlich, daß Sakramente auch Makrozeichen für Heilserzählungen sind. Bei näherer Betrachtung zeigt sich jedoch, daß die Sprachformeln in der Sakramentenspendung nicht nur Muster dessen sind, was in der Linguistik als »performative« Äußerung gilt[6], sondern daß sie selbst etwas erzählen – wie z.B. im Kanon: »In jener Nacht, da er verraten wurde...« – oder doch in den größeren Rahmen einer Erzählhandlung eingebaut sind – wie z.B. im Bußsakrament. Es scheint von entscheidender Bedeutung zu sein, die narrative Grundverfassung des sakramentalen Geschehens deutlicher herauszuarbeiten. Das hätte seine Konsequenzen – nicht nur für die theologische Erörterung des Verhältnisses von Wort und Sakrament, sondern vor allem auch für die christliche Praxis selbst: das sakramentale Geschehen könnte so in die Lebens- und Leidensgeschichten einbezogen und in ihnen als Heilserzählung verdeutlicht werden.

3. Vom pastoralen und sozialkritischen Sinn des Erzählens

Immer neu – davon war in diesem Band schon die Rede – wirken Randgruppen, marginale »Bewegungen« und »Sekten« im kirchlichen und gesellschaftlichen Leben wie ein heilsamer Kulturschock, und es wäre, wie die Geschichte zeigt, höchst bedenklich, wenn z.B. die Großkirchen Subkulturen und ihre Botschaften von vornherein neutralisieren oder abstoßen würden (obwohl ich weit davon entfernt bin, die ganze Vieldeutigkeit solcher Bewegungen zu verkennen, die es jedenfalls verbietet, sie unkritisch zu vereinnahmen oder leichtsinnig als Erneuerungschance des christlichen Lebens zu feiern).
Randgruppen und »Bewegungen« argumentieren zumeist nicht. Sie

[6] Zur Theorie der performativen Äußerungen vgl. vor allem J.L. Austin, How to do things with words, Cambridge/Mass., 1962.

erzählen vielmehr, oder besser: sie versuchen zu erzählen. Sie erzählen ihre Bekehrungsgeschichte, erzählen biblische Geschichten nach, oft in hilfloser und sehr leicht durchschaubarer und manipulierbarer Weise. Ist dies nur Ausdruck einer psychischen Regression, eine peinliche Demonstration von Infantilismus und Archaismus im religiösen Leben; ist dies nur die immer wiederkehrende Version einer schwärmerischen Pseudoreligiosität, nur geist- und begriffslose Verachtung des Ernstes theologischer Rationalität und Argumentation? Oder schlägt hier nicht durch, was im öffentlichen und offiziellen Leben des Christentums allzusehr verdrängt ist? Rufen nicht gerade auch diese Randgruppen das versteckte, weithin ausgetrocknete Erzählpotential des Christentums an? Erinnern sie nicht auf ihre Art daran, daß das Christentum nicht primär eine Argumentations- und Interpretationsgemeinschaft, sondern eine Erzählgemeinschaft ist? Daß der Austausch von Glaubenserfahrung wie jeder ursprünglichen »neuen« Erfahrung nicht die Gestalt des Arguments, sondern der Erzählung hat?

Von hier aus ergibt sich ein wichtiger Hinweis und Impuls zunächst innerhalb der pastoralen und kerygmatischen Situation des Christentums. Verkündigung und Pastoral scheinen nicht eigentlich deswegen in der Krise, weil zuviel erzählt wird, sondern weil kaum mehr richtig, mit praktisch-kritischem Effekt, mit gefährlich-befreiender Intention erzählt werden kann. Schon allzulange wird das christliche Erzählpotential verschämt versteckt und allenfalls für gutgläubige Kinder und Greise hervorgeholt, obwohl vielleicht nirgendwo so empfindlich und auch so folgenreich auf falsches Erzählen, auf reine Erzählsurrogate, auf einen nur vorgetäuschten Austausch von Erfahrungen reagiert wird wie in der Schule und im Altenheim. Deshalb muß die hier angezielte Herausstellung der Erzählung besonders vor dem Mißverständnis geschützt werden, als solle den üblichen »Geschichtenerzählern« auf der Kanzel und in der Katechese eine neue Legitimation dafür geliefert werden, daß sie Anekdoten erzählen, wo von ihnen Argumente verlangt werden. Es gibt eine Zeit des Erzählens und eine Zeit des Argumentierens! Auch dieser Unterschied scheint noch erst gelernt werden zu müssen.

Die Betonung der Erzählung in Verkündigung und Pastoral muß vor einem weiteren Mißverständnis geschützt werden: als handelte es sich hier um den Rückzug ins rein Private, Beliebige oder Ästhetische. Wenn die Geschichten des Christentums diesen Eindruch erwecken, zeigen sie nur, wie sehr Christen verlernt haben, ihre eigene Sache wirklich zu erzählen und nachzuerzählen! – Gewiß, es gibt Geschichten zur Beschwichtigung, zur Entlastung (wie etwa das Erzählen von politischen Witzen in einer Diktatur). Aber es gibt auch Geschichten, die »einem Rat wissen«, die einen Freiheitssinn bergen und zur »Nachfolge« bewegen. Solche Geschichten erzählen die Unmündigen, aber auch die Weisen, die »ein zweites Mal vom Baum der Erkenntnis gegessen haben« (Kleist). Die »Kleinen« erzählen sie und die Unterdrückten: Geschichten, die eben nicht nur dazu verführen, die eigene Unterdrückung und die eigene Unmündigkeit zu zelebrieren; also gefährliche, freiheitssuchende Geschichten!

Freiheit und Aufklärung, d.h. der Übergang von der Unmündigkeit zur Mündigkeit hängt nicht einfach daran, daß man die Erzählsprache völlig aufgibt zugunsten einer rein argumentativen Elitesprache der Aufklärer und derer, die sich selbst dazu privilegiert haben. – Das alte Problem, demzufolge Arbeiter und Intellektuelle so schwer zueinander kommen, dürfte nicht zuletzt an einem Mißverständnis bei den Intellektuellen über den emanzipatorischen Charakter der Erzählsprache hängen. Auch die Theologen unterschätzen leicht die Erzählsprache, die »an der Basis« des Christentums gesprochen wird.

Die kritisch-befreiende Kraft solcher Geschichten läßt sich weder a priori beweisen noch rekonstruieren. Man muß auf sie treffen, sie hören und sie womöglich weitererzählen. Gibt es nicht auch in der sogenannten postnarrativen Zeit mannigfache »Geschichtenerzähler«, die erkennen lassen, was »Geschichten« heute sein könnten: nicht nur künstliche Gebilde, beliebig, privatistisch, sondern Erzählungen mit öffentlicher, gewissermaßen gesellschaftskritischer Reizwirkung? Können die Jesusgeschichten heute noch so nacherzählt und (»apokryph«) weitererzählt werden?

4. Der theologische Sinn der Erzählung: Erzählung als Medium von Heil und Geschichte

Der hier betonte pastorale Sinn der Erzählung könnte trotz der eben gegebenen Hinweise den Eindruck erwecken, als würde ein neues Mal auf die pädagogisch-katechetische Bedeutung der Narrativität aufmerksam gemacht, auf die Erzählung als »Beispiel« und damit auf Erzählung als unverzichtbares Behelfsmittel der »angewandten Theologie« –, ohne daß »Erzählung« die Verfassung der Theologie selbst beträfe. Doch diese Vorstellung soll hier gerade abgewiesen werden! Die Unterscheidung etwa: Verkündigung erzählt, Theologie argumentiert, scheint zu rasch und zu problemlos zu sein und die narrative Tiefenstruktur der Theo-logie zu unterschlagen. Deshalb soll hier grundsätzlich vom theologischen Sinn des Erzählens gesprochen und der (tatsächlich unlösliche) Zusammenhang von Erzählung und Argument (Erklärung, Analyse...) erörtert werden. Dabei ist der Einstieg in diese Frage nicht ohne eine gewisse Willkür.

Die Frage, wie Heil und geschichtliches Leben ohne gegenseitige Verkürzung miteinander in Beziehung gebracht werden können, darf getrost als ein Zentralthema der gegenwärtigen systematischen Theologie angesprochen werden. Geschichte ist die Erfahrung der Wirklichkeit in Widersprüchen und Konflikten. Heil in einem theologischen Sinn besagt die Versöhnung dieser Widersprüche und Konflikte durch die Tat Gottes in Jesus Christus. Zum geschichtlichen Leben gehört unabweislich die Erfahrung der Nicht-Identität, die Erfahrung der Entzweiung, die Erfahrung, daß eben nicht alles gut ist, wie es ist und sich zeigt. Es gehört zum geschichtlichen Leben die schmerzlich-leidvolle Erfahrung der Nicht-Identität durch Gewalt und Unterdrückung, durch Ungerechtigkeit und Ungleicheit, aber auch die Erfahrung der Nicht-Identität in der Schuld, im Geschick der Endlicheit und des Todes. Geschichte ist in diesem Sinne immer auch Leidensgeschichte in einem umfassenden Sinn. (Es scheint nicht schwer, die menschliche Geschichte selbst in einer Zeit universeller Chancengleichheit, einer Zeit der sozialen und ökonomischen Schicksalslosigkeit, dennoch und wiederum als Leidensgeschichte zu imaginieren; es bleibt nämlich, ja tritt womöglich erst jetzt richtig hervor, jener inwendig fressende Nihilismus der Kreatur, die Verzweiflung, die Langeweile, die »Melancholie der Erfüllung«, wie es E. Bloch genannt hat.)[7]

Die Einführung der erzählenden Erinnerung des Heils scheint m.E. so wenig ein Anzeichen für regressive Entdifferenzierung dieser Problematik zu sein, daß sie allererst die Möglichkeit bietet, Heil in Geschichte, die allemal Leidensgeschichte ist, ohne gegenseitige Verkürzung auszusagen: Die Kategorie der erzählenden Erinnerung läßt das Erlösungsthema weder in die Geschichtslosigkeit der reinen Paradoxie zurückfallen, noch unterstellt sie es dem logischen Identitätszwang einer »dialektischen« Vermittlung von Erlösungsgeschichte und Heilsgeschichte. Dieser gegenüber wirkt Erzählung »klein« und unprätentiös. Sie hat nicht den dialektischen Schlüssel, auch nicht aus der Hand Gottes, mit dem alle dunklen Gänge der Geschichte ins Licht hinein zu öffnen wären, ehe man sie überhaupt betreten und durchschritten hat. Doch auch sie ist nicht ohne Licht. Pascal (darauf weist auch Weinrich hin) wollte wohl auf dieses Licht aufmerksam machen, wenn er sich in seinem »Memorial« immer wieder der Unterscheidung zwischen dem erzählten »Gott Abrahams, Isaaks und Jakobs« und dem Gott der rein argumentierenden Vernunft, »dem Gott der Philosophen«, vergewisserte.

[7] Hier wäre ausführlicher zu verdeutlichen, daß und inwiefern Heilsgeschichte und Leidensgeschichte im Medium der Erzählung sprachlich vermittelt werden können und müssen. Und es wäre zu zeigen, inwiefern die Versuche einer, sei es transzendental-existentialistischen, sei es »dialektisch«-paradoxalen oder einer universalgeschichtlichen Argumentation an dieser Vermittlungsaufgabe scheitern. Das wurde indes schon ausführlich in § 7 bei der Skizzierung des Ansatzes einer memorativ-narrativen Soteriologie vorgetragen. So kann hier darauf verzichtet werden.

Ein indirektes Plädoyer für die Erzählverfassung der Theologie ergibt sich aus der Beobachtung, daß sich alle Versuche, die Zusammenhänge zwischen Heilsgeschichte und Leidensgeschichte vermeintlich rein argumentativ darzustellen, schließlich als verdeckte, sich selbst verborgene Erzählungen erweisen. So etwa, um einige wichtige Beispiele aus der gegenwärtigen Theologie zu nennen, die transzendentale Theologie, die der Tautologie nur entgeht, weil und insofern sie – wie bei Karl Rahner – den Zusammenhang von Heils- und Leidensgeschichte immer wieder im Rahmen einer Existentialbiographie erzählt; so alle jene Theologien, die auf eine letztlich paradoxale Einheit von Heils- und Leidensgeschichte abheben: allein wo diese Paradoxien den narrativen Zusammenschluß dessen, was argumentativ nicht versöhnbar ist, festhalten und kognitiv zur Geltung bringen, geraten sie nicht zum reinen Widerspruch; so auch alle universalgeschichtlichen Ansätze, die bei ihrem Versuch der Versöhnung von Heils- und Leidensgeschichte einen gefährlichen »Sinntotalitarismus« nur vermeiden können, wenn sie an einem vorauserzählbaren End-Sinn von Geschichte festhalten; so schließlich auch die neuerwachten Versuche, die Leidensgeschichte zurückzubinden in die innertrinitarische Gottesgeschichte: auch diese Ansätze können der Gefahr einer spekulativen Gnosis erfolgreich nur entgehen, weil und insofern sie sich als argumentativ durchsetzte Großerzählungen dechiffrieren lassen. – Wo Theologie ihr narratives Grundwesen ächtet oder es sich absichtsvoll verbirgt, geschieht dies aber am Ende zum Schaden beider, des »Arguments« wie der »Erzählung« in der Theologie.

Die Einführung der erzählenden Erinnerung und die Betonung ihres kognitiven Primats in der Theologie ist also keine ad-hoc-Konstruktion. Sie aktualisiert vielmehr jene Vermittlung von Heilsgeschichte und menschlicher Leidensgeschichte, wie sie in den Zeugen und Zeugnissen des christlichen Glaubens begegnet.

Christentum als Gemeinschaft der an Jesus Christus Glaubenden ist von Anfang an nicht primär eine Interpretations- und Argumentationsgemeinschaft, sondern eine Erinnerungs- und Erzählgemeinschaft in praktischer Absicht: erzählend-anrufende Erinnerung der Passion, des Todes und der Auferstehung Jesu. Der Logos des Kreuzes und der Auferweckung hat indispensable Erzählstruktur. Der Glaube an die Erlösung der Geschichte und an den »neuen Menschen« tradiert sich angesichts der menschlichen Leidensgeschichte in gefährlich-befreienden Geschichten, unter denen der von ihnen betroffene Hörer zum »Täter des Wortes« wird.

Wo Theologie diese erzählende Erinnerung zu einer mythologischen Vorstufe des in ihr verhandelten christlichen Logos herabdeutet, erweist sie sich nicht als besonders kritisch, sondern in einem spezifischen Sinn als unkritisch-bewußtlos gegenüber den Möglichkeiten und

Grenzen, christliche Heilsbotschaft in der Erfahrung der Nicht-Identität geschichtlichen Lebens affirmativ zur Sprache zu bringen. Die Kritik an Mythen hat allen Grund; aber sie vergißt leicht, daß Erzählung schließlich auch noch aller kritischen Argumentation der Theologie innewohnt als vermittelndes Moment ihrer Inhalte. Dies gilt es auch gegenüber der historischen Kritik in der Theologie festzuhalten! Es ist etwas anderes, ob man die historische Frage und die ihr zugeordnete »historische Wahrheit« als eine dem Christentum neuzeitlich aufgedrängte, in diesem Sinn unausweichliche Problemgestalt ansieht oder als das Medium, in dem sich die Wahrheit des Christentums und seiner Heilsbotschaft ursprünglich ausdrückt und identifiziert.

Darum ist festzuhalten: Eine rein argumentative Theologie, die sich ihren Ursprung in erzählender Erinnerung nicht ständig neu vergegenwärtigt, führt angesichts der menschlichen Leidensgeschichte zu jenen tausend Modifikationen in ihrer Argumentation, unter denen unversehens jeder identifizierbare Inhalt christlichen Heils erlischt. Da dies nicht gegen das Argumentieren in der Theologie gesagt ist – der Standpunkt »Erinnern–Erzählen versus Argumentieren« wäre in der Tat rein regressiv-entdifferenzierend! –, geht es um die Relativierung und Konditionierung der argumentativen Theologie. Sie hat eine primär apologetische Funktion: die erzählende Erinnerung des Heils in unserer wissenschaftlichen Welt zu schützen, sie kritisch in der argumentativen Unterbrechung aufs Spiel zu setzen und immer wieder neu zum Erzählen anzuleiten, ohne das die Erfahrung des Heils stumm bliebe.

5. Von der erzählenden Tiefenstruktur der praktisch-kritischen Vernunft

Gehen die bisher entfalteten Überlegungen am Ende aber nicht doch in unkritischer Entdifferenzierung hinter die Prämissen des Zeitalters der Kritik und der kritischen Vernunft zurück? Wirkt speziell der Gebrauch von Leidensgeschichte nicht willkürlich und unangemessen angesichts des Bewußtseinsstands historischer Kritik? Wie lassen sich Narrativität und Kritik miteinander in Beziehung bringen?[8]

Durch den Sieg des Historismus wurde alle (immer auch erinnernderzählend tradierte) Überlieferung in Historie, d.h. in den Gegenstand der kritischen Rekonstruktion historischer Vernunft verwandelt. Inzwischen hat sich jedoch längst auch eine Kritik jener historischen Vernunft entfaltet. Diese nimmt die im Historismus manifest gewor-

[8] In der folgenden Überlegung beziehe ich mich auf die entsprechende Argumentation in § 11.

dene Erinnerungslosigkeit und Überlieferungslosigkeit der wissenschaftlichen Welt nicht mehr als selbstverständlich und universal hin. Besonders im Umkreis der neueren Hermeneutik und einer praktisch-kritischen Philosophie der Geschichte und der Gesellschaft ist eine solche Kritik der historischen Vernunft ausgebildet worden.

Geleitet von der Unterscheidung von »Erkenntnis und Interesse« fragt sie nach den Motiven und Interessen historischer Kritik. Und zwar nicht im Sinne einer formalen Metakritik, die das Problem auf rein theoretischer Ebene weiterbehandelt und (tendenziell unbegrenzt) weiterdelegiert. Sie entfaltet ihre Kritik vielmehr als Problem der praktischen Vernunft, die ihrerseits in bestimmten geschichtlichen Erinnerungs- und Erzähltraditionen steht.

Das Thema des Erzählens und der Erinnerung taucht in diesem Zusammenhang unabweislich auf – und zwar als kritische Instanz gegenüber einer historischen Vernunft, die ohne jede Narrativität ist und deshalb weder ein Erinnern noch ein Vergessen als kognitives Prinzip kennt. »Inhuman aber ist das Vergessen, weil das akkumulierte Leiden vergessen wird; denn die geschichtliche Spur an den Dingen, Worten, Farben, Tönen ist immer die (Spur) vergangenen Leidens«[9].

Das drängt auf einen neuen Respekt vor der Geschichte des Leidens in unserem kritischen Bewußtsein. Für eine Vernunft, die sich diesen Respekt bewahrt, gewinnt Geschichte die Gestalt einer Überlieferung, deren Weitergabe »narrativ«, in »gefährlichen Geschichten« geschieht – nie rein argumentativ. Solche Geschichten durchstoßen den Bann einer totalen Rekonstruktion der Geschichte durch abstrakt-instrumentelle Vernunft. Sie zeigen, daß unser Bewußtsein ein »in Geschichten verstricktes Bewußtsein« ist, das auf eine narrative Identifizierung verwiesen bleibt; daß also nach der Entthronung des »Lehramts« der Geschichte gleichwohl auf das »Lehramt« der Geschichten nicht verzichtet werten kann. – F. Truffaut hat in seinem Film »Fahrenheit 451« eindringlich dieses »Bewußtsein in Geschichten«, das sich aus dem (in Büchern) angesammelten Erzählpotential nährt, als Asyl des Widerstands, als einzige Alternative gegen eine Welt der totalen Manipulation und Unfreiheit geschildert.

6. Fragen und Problemperspektiven

Natürlich wirft diese »Apologie des Erzählens« eine Fülle von Fragen auf. Von ihnen seien die in meinen Augen wichtigsten abschließend noch genannt und als Problemperspektiven der theologischen Arbeit formuliert:

[9] Th.W. Adorno, Thesen über Tradition, in: Ohne Leitbild, 4 f.

Was bedeutet die Einführung der Narrativität für die Frage nach dem »historischen Jesus«? Wie verhalten sich Jesus-Geschichte und Jesus-Geschichten zueinander? Ist durch den Kanon des AT und NT nicht ein »Erzählverbot« aufgerichtet, das ein situationsgerechtes Weitererzählen von Geschichten und damit auch ein wirksames Nacherzählen zu verhindern droht? Müßte der Sinn der Unterscheidung zwischen kanonischen und apokryphen Erzählungen nicht erneut untersucht werden? Könnte nicht eine narrative Theologie die inzwischen zum nahezu fruchtlosen Dilemma erstarrte Unterscheidung »historischer Jesus – kerygmatischer Christus« erfolgreich unterlaufen?

Wie anders kann Christologie das »Neue« und »Einzigartige« ihres »Gegenstands« – Christus –, das durch kein von außen herangetragenes Verstehensmuster (metaphysischer oder quasi metaphysischer Art) »vermittelt« werden kann, gleichwohl sprachlich zum Ausdruck und zur Geltung bringen, wenn nicht – narrativ? Ist nicht Erzählung die Sprache der Systemunterbrechung[10] – also die Sprache all dessen, was sich der Erfassung und Deutung durch unsere (noch so komplexen, metatheoretischen) Erkenntnissysteme entzieht? Versteht sich nicht schließlich das Christentum selbst – notwendig – als eine einzige Systemabweichung, und bleibt es in diesem Sinne nicht »subversiv« gegenüber allen ihm angebotenen oder aufgedrängten Verstehensmustern und Interpretationssystemen? Wenn aber diese »Subversion« nicht einfach ins Sprachlose und Beliebige abgleiten soll: muß sie sich dann nicht notwendig narrativ artikulieren?

Daß eine Christologie, die die Praxis und Erfahrung der Nachfolge als Konstitutionselement ihres Logos bei sich hat, notwendig narrative Züge tragen müßte, wurde an anderer Stelle erläutert[11].

Wie ist die Kategorie »Erzählung« näher zu bestimmen – angesichts der Tatsache, daß sie ja nicht einfach synonym mit der Kategorie des (historischen) »Berichts« gebraucht werden kann: gerade auch nicht-historische Formen des Wissens und der Mitteilung haben fundamentale Erzählstruktur (etwa das Märchen, die Sage, die Legende)? Wie verhalten sich Fiktionalität und Authentizität von Erzähltexten zueinander? Was heißt: eine Geschichte ist wahr, und in welchem Sinn kann man von einer narrativen Erschließung der Wahrheit sprechen[12]? Wie ist das Verhältnis von erzählter und physikalischer Zeit[13]?

Wie verhalten sich Erzählung und Erzähler zueinander, und in welchem Sinne verbietet es die Unterscheidung von Erzähler und Erzäh-

[10] Die religiöse Erzählung muß also, um ihrer Authentizität willen, unterschieden werden von systemrational integrierbaren »Geschichten«.

[11] Vgl. meinen in Anm. 1 zitierten Text.

[12] Über die Erzählstruktur des »apriorischen« Wahrheitswissens vgl. die Überlegungen in § 11.

[13] Zur »Zeit« als Basisproblem der Theologie vgl. § 10.

lung, das Erzählen – strukturalistisch – als reines Textproblem zu sehen?
Gibt es nicht auch Erzählmomente in den Wissenschaften und wenn ja: sind sie dann nur nebensächlich und allenfalls von heuristischem Wert? Muß nicht z.B. eine »Logik der Forschung« den Wandel, die Kontinuität und Diskontinuität in den wissenschaftlichen Prozessen auch in narrativen Mustern explizieren?
Wirft nicht die Betonung der Erzählstruktur der Theologie auch in neuer Weise die Frage nach deren Wissenschaftscharakter und nach der kognitiven Eigenart, Verbindlichkeit und Kompetenz theologischer Sätze auf? Muß die Theologie nicht jedenfalls davon ausgehen, daß ihre Sprache die Erzählsprache des Volkes mit deren religiösen und sozialen Symbolwelten nicht in der gleichen Weise außer sich und vor sich haben kann, wie das bei den Metasprachen der Linguistiker und Soziologen der Fall ist?
Muß Theologie nicht genauer darauf achten, daß sie eigentlich eine besondere Nähe zur Poesie hat[14] und daß sie sich jedenfalls nicht gedankenlos einem standardisierten Wissenschaftsideal (mit Erzählverbot) unterwerfen darf?
Schließlich ist das Christentum, wie hier schon ausdrücklich betont wurde, nicht eigentlich eine Interpretations- und Argumentationsgemeinschaft, sondern eine Erinnerungs- und Erzählgemeinschaft in praktischer Absicht. Entsprechend ist der sprachliche Inhalt des Christentums primär zu verstehen als eine Großerzählung, die durchaus auch argumentative Elemente und Strukturen in sich enthält und aus sich erzeugt – aber nicht umgekehrt (so daß dann die Erzählung nur zur Illustration und Verdeutlichung einer erhabenen Idee »für das Volk« diente)!
Eine Theologie, die das berücksichtigt, schließt sich keineswegs von vornherein aus den wissenschaftlichen und gesellschaftlichen Diskussionen aus. Im Gegenteil, sie könnte gerade so interdisziplinär und gesellschaftskritisch attraktiv werden. Sie könnte (und müßte!) die Aufmerksamkeit für das »Subjekt« und für die Gefahr einer subjektlosen Praxis gegenüber einem wissenschaftlichen Bewußtsein einklagen, das immer subjektloser zu werden droht und den »Tod des Menschen« bereits einkalkuliert. Sie müßte es einklagen z.B. gegenüber einer Geschichtswissenschaft, die durch die Verdrängung der spezifischen Intelligibilität ihrer Erzählelemente nun zur reinen Struktur-, Prozeß- und Systemwissenschaft gerät; sie müßte es einklagen gegenüber einer rein analytischen Sprachwissenschaft, in der »Erzählen« als Vorgang bereits stillgelegt ist (aufgespießt und sortiert wie der

[14] Vgl. den folgenden Exkurs über »Theologie als Biographie?« Dazu vor allem D. Sölle, Realisation, Darmstadt–Neuwied 1973.

Schmetterling im Album) und in der auch der Erzähler (als Subjekt) nur noch in seinen »Merkmalen« vorkommt. In solcher interdisziplinären Auseinandersetzung (in der die Theologie dann freilich ihrerseits sehr viel lernen könnte und müßte) wäre eine praktisch-kritische Theorie auszuarbeiten, in der – etwa im Rahmen einer Theorie innovatorischer Sprachhandlungen[15] – der Eigenart des Erzählens Rechnung getragen wird.[16]

[15] Vgl. dazu neuerdings H. Peukert, Wissenschaftstheorie – Handlungstheorie – fundamentale Theologie.

[16] Zur interdisziplinären Orientierung theologischer Arbeit vgl. ausführlich J.B. Metz/T. Rendtorff, Theologie in der interdisziplinären Forschung, Gütersloh 1971.

Exkurs: Theologie als Biographie?

Überarbeitete und ins Gesamtkonzept eingepaßte Fassung eines Textes von 1974; ursprünglich als Laudatio auf Karl Rahner, anläßlich seines 70. Geburtstags, gehalten; in vollem Wortlaut erschienen unter dem Titel: »Karl Rahner – ein theologisches Leben. Theologie als mystische Biographie eines Christenmenschen heute«, in: Stimmen der Zeit, Mai 1974; in gekürzter Fassung unter dem Titel: »Theologie als Biographie« veröffentlicht in: Concilium, Mai 1976.

1. Die These

Die katholische Theologie in der Neuzeit scheint weithin geprägt von einem tiefgreifenden Schisma zwischen theologischem System und religiöser Erfahrung, zwischen Doxographie und Biographie, zwischen Dogmatik und Mystik. Natürlich bedeutet diese Feststellung nicht, daß in der neuzeitlichen katholischen Theologie der einzelne Theologe nicht auch fromm, ja sogar mystisch gewesen ist. Doch nicht um diese private Versöhnung von Lehre und Lebensgeschichte geht es hier, sondern darum, daß diese Versöhnung nicht selbst Theologie wurde, daß sie gewissermaßen nicht öffentlich, kommunikabel, geschichtlich belangvoll gelang – mitten im breiten Strom der Theologie. Solange sich die Gesamtgesellschaft durch ein religiöses Endziel definierte, solange die theologische Vernunft als Schlüsselvernunft, als allgemein zustimmungsfähig galt, konnte die Identitätskrise der Theologie, die durch dieses Schisma heraufbeschworen war, leidlich verborgen bleiben. Supplet societas! Doch schließlich wurde diese Entzweiung immer offensichtlicher.

Die religiöse Erfahrung, die Artikulation der Lebensgeschichte vor Gott, die mystische Biographie geriet immer mehr ins Abseits der Doxographie des Glaubens, so daß sie ihre Erfahrungsinhalte zunehmend subjektivistisch-impressionistisch demontierte und deshalb auch immer unfähiger wurde, sie in die Öffentlichkeit des kirchlichen und gesellschaftlichen Lebens einzubringen. Die »eigentliche« Theologie hingegen, die Dogmatik, wurde immer mehr zur objektivistisch verkümmerten Lehre, wirkte nicht selten wie die zum System gewordene Berührungsangst vor dem unbegriffenen Leben. Ich meine hier vor allem die Regel der Schultheologie, die einzelne Ausnahmen »bestätigen« mag. Die üblichen Versuche unserer Zeit, dieses Schisma zu

überbrücken, wirken noch eher wie Anzeichen seiner anhaltenden Herrschaft. So fragt man heute oft und viel nach der »Relevanz« der dogmatischen Lehre, nach ihrem »Sitz im Leben«, nach ihrem Frömmigkeitswert, nach ihrer praktisch-pastoralen Bedeutung – und gibt damit doch indirekt zu, daß diese Lehre von sich aus nichts oder kaum etwas mit all dem zu tun hat und deshalb auch nicht prägend, rettend oder verwandelnd in die religiöse Lebenswelt eingreift.
Wie müßte eine Theologie aussehen, der es gelingt, dieses Schisma zwischen Dogmatik und Lebensgeschichte zu beenden und in schöpferischer Vermittlungskraft das lang Entzweite wieder zusammenzuführen?
Ich möchte eine solche Theologie, versuchsweise und um die Absicht zu kennzeichnen, lebensgeschichtliche Dogmatik nennen, eine Art theologische Existentialbiographie. »Biographie« meint hier nicht einfachhin literarische Spiegelung der Subjektivität, um (wie Goethe einst definierte) in dieser Spiegelung ein Symbol zu gewinnen für Welt- und Lebensdeutung überhaupt. Biographisch soll eine solche Theologie heißen, weil die mystische Biographie der religiösen Erfahrung, der Lebensgeschichte vor dem verhüllten Antlitz Gottes, in die Doxographie des Glaubens eingeschrieben wird. Biographisch ist sie auch, insofern sie nicht eine monomane Ableitungstheologie ist, die sich ihre Stimmigkeit und Unwiderleglichkeit letztlich um den Preis der Tautologie erkauft, sondern eine begrifflich abgekürzte und verdichtete Erzählung der Lebensgeschichte vor Gott.
Lebensgeschichtliche Theologie erhebt »das Subjekt« ins dogmatische Bewußtsein der Theologie. Damit ist aber keineswegs einem neuen theologischen Subjektivismus das Wort geredet. »Subjekt« ist ja nicht eine beliebige, austauschbare Bestimmung. Subjekt ist der in seine Erfahrungen und Geschichten verstrickte und aus ihnen immer wieder sich neu identifizierende Mensch. Das Subjekt in die Dogmatik einführen, heißt deshalb auch, den Menschen in seiner religiösen Lebens- und Erfahrungsgeschichte zum objektiven Thema der Dogmatik erheben; heißt also Dogmatik und Lebensgeschichte miteinander versöhnen, heißt schließlich: theologische Doxographie und mystische Biographie zusammenbringen.
Dies alles wird nicht im Interesse einer preziösen Außenseitertheologie gesagt, sondern soll der Verwirklichung der Schultheologie und ihrer Systematik einerseits, sowie einer lebensgeschichtlichen Dogmatik des »durchschnittlichen« Christen anderseits dienen. In der lebensgeschichtlichen Vermittlung von Theorie und Praxis artikulierte sich theologische Reflexion als mystische Biographie eines Lebens aus dem Glauben, als Geschichte seiner alltäglichen Bewährung, ohne große Wandlungen und Wendungen, besondere Erleuchtungen und Konversionen. In ihr würde sichtbar, wie sich gerade die Lebensgeschichte

des Volkes, die religiöse Alltags- und Durchschnittserfahrung, ja die kollektive Routineerfahrung des Katholiken im Kanon der Lehre selbst buchstabieren ließe. Keine besonderen Begabungen oder Widerfahrnisse sollen vorausgesetzt, keine steile Mystik unterstellt sein, abgesehen freilich von jener Mystik, ohne die Glauben nie und nimmer ist. Darum aber wäre die lebensgeschichtliche Theologie gerade Mystagogie für alle, ohne Vu]garisierungsangst, ohne Berührungsangst gegenüber dem alltäglichen, langweiligen, »normalen« Leben und seinen kaum entzifferbaren religiösen Erfahrungen.

Wer bedürfte einer solchen lebensgeschichtlichen Dogmatik mehr als der Christ, der sich schwertut, bei der von der Theologie veröffentlichten Lehre wirklich »dabei zu sein«, von ihr gemeint und betroffen zu sein, in ihr buchstabiert und in seiner ihm selbst zumeist verborgenen Mystik erraten zu sein? Und wo bedürfte er ihrer mehr als in der heutigen Gesellschaft, in der bereits die fragile Identität des Menschen beklagt, der »Tod des Subjekts«, das »Ende des Individuums« angekündigt wird, in der die lebensgeschichtlich gespeisten Erfahrungen und Phantasien des einzelnen immer weniger Schritt halten mit den Mechanismen und Zwängen einer von fühlloser Rationalität konstruierten Welt, in der diese lebensgeschichtlichen Erfahrungen immer mehr wie eingemauert wirken in eine Welt, die die systemkonformen Erwartungen stabilisiert, widerspenstige Hoffnungen und Träume hingegen austreibt oder nivelliert? In einer Gesellschaft schließlich, in der alle lebensgeschichtlichen Muster wie vorfabriziert, wie ausgestanzt erscheinen und in der darum Identitätsmüdigkeit oder Langeweile an den Seelen frißt?

In einer lebensgeschichtlichen Theologie muß auch die Frage nach der Wissenschaftlichkeit der Theologie neu gestellt werden. Dabei ist zu vergegenwärtigen, daß die wichtigsten Errungenschaften in der Theologie und Kirchengeschichte allemal einer wissenschaftlich »unreinen« Theologie entstammen, in welcher Biographie, Phantasie, akkumulierte Erfahrung, Konversionen, Visionen, Gebete unlöslich ins »System« verwoben waren.

Theologie ist auch heute nicht einfach Professorentheologie, ist nicht identisch mit Berufstheologie. Erst recht darf dann eine lebensgeschichtliche Theologie sich nicht in die Darstellungsmuster einer exakten und normierten Wissenschaftssprache einzwängen lassen. Die gelebte Überzeugung und gelehrte Erfahrung des Glaubens läßt sich nicht durch die metalogischen Regeln analytischen Argumentierens hinreichend begründen. Sie muß es sich daher auch selber verbieten, sich dem Vokabular der Exaktheit bedingungslos unterzuordnen. Theologie ist eben nicht – und nirgendwo – eine Naturwissenschaft des Göttlichen.

Die hier begegnende Einheit von Lehre und Leben, von theoretischer Dogmatik und praktischer Lebensgeschichte kann daher eigentlich nur einer Theologie als schlechthin unzeitgemäß, als archaisch und regressiv erscheinen, die sich ihrerseits selbst längst einem standardisierten Wissenschaftsbegriff unterworfen hat und ihre Gedanken domestizieren ließ und die deshalb kaum mehr weiß, wo ihr der eigene Kopf steht. Als ob sich Theologie die völlige theoretische Ächtung der Unmittelbarkeit, der Naivität gelebter Überzeugung oder überzeugten Lebens je leisten könnte, ohne ihre Identität preiszugeben! Freilich, wirkt die Sprache einer Theologie, die dem Rechnung trägt, nicht zu poetisch, zu lyrisch oder gar erdichtet, zu konfessorisch und zu emphatisch, um der Sache der Theologie noch allgemeine Verständlichkeit und Zustimmungsfähigkeit erhalten zu können?

Dagegen muß jedoch gefragt werden, warum narrativ-biographische Theologie sich dergestalt in sprachkritischer Kleinmütigkeit selber verleugnen und nicht den Mut haben soll, auf einer eigenen, anderen, situations- und sachgerechten Sprache mit aller Entschiedenheit zu beharren.

Wer es Heinrich Böll oder Peter Handke nicht glauben will, der kann es sich z.B. von Klopstock sagen lassen: »Es giebt Gedanken, die beynahe nicht anders als poetisch ausgedrückt werden können; oder vielmehr, es ist der Natur gewisser Gegenstände so gemäß, sie poetisch zu denken, und zu sagen, daß sie zuviel verlieren würden, wenn es auf eine andere Art geschähe. Betrachtungen über die Allgegenwart Gottes gehören, wie mich deucht, vornähmlich hierher.«[1]

Im deutschen Sprachraum tut man sich mit solchen Äußerungen besonders schwer – wegen unserer »deutschen Ideologie«, wegen unserer Monokultur der Verbindlichkeit, in der als verläßlich und der Beliebigkeit enthoben eigentlich nur gilt, was sich »wissenschaftlich« nennen kann. Entsprechend muß freilich hierzulande die Bezeichnung »Wissenschaft« auch mehr decken als sonst irgendwo in der Welt. Hätten wir, wie in angelsächsischen Ländern, in slawischen und romanischen, eine Kultur der öffentlichen Verbindlichkeit der Poesie, auch nur des Essayistischen, dann wäre nicht der Vorwurf des »Dilettantismus« so schnell bei der Hand. Dilettantisch im präzisen Sinn scheint aber eher die Ahnungslosigkeit jener zu sein, die fröhlich und ohne Skrupel die theologische Rede einer standardisierten Wissenschaftssprache unterwerfen.

Wenn im folgenden Karl Rahners Werk als Unternehmen einer lebensgeschichtlichen Dogmatik, als mystische Biographie eines Christenmenschen heute verstanden wird, wenn ihm also paradigmatische Bedeutung für die hier vertretene narrativ-biographische Theologie beigemessen wird, so nicht deshalb, weil sein Denken besonders markante und leicht identifizierbare Spuren eines solchen Ansatzes erkennen

[1] Zitiert nach D. Sölle, Realisation, Vorwort.

ließe. Da gibt es durchaus andere, deutlichere Beispiele einer lebensgeschichtlichen Theologie! Rahners Transzendentaltheologie wird dennoch als Paradigma behandelt, weil sie als nicht-tautologische Subjekttheologie, d.h. in ihrer theologischen Stimmigkeit und Evidenz nur dadurch verstanden (also überhaupt nur verstanden!) werden kann, daß sie als Existentialbiographie erscheint, die sich selbst narrativ, durch Besprechung religiöser Erfahrung einführt. Und insofern ist es gerade dieser streng dogmatisch scheinenden Theologie in wichtigen Ansätzen gelungen, das beklagte Schisma zwischen Dogmatik und Lebensgeschichte zu beenden – und dies in einer schöpferischen Vermittlungskraft, mit einem Einbewältigungsvermögen, das an die großen Vermittlungen in der abendländischen Theologiegeschichte denken läßt.

2. Das Paradigma

In Fachkreisen, so scheint es, ist eine erste Sortierung, Ortung und Wertung Rahnerscher Theologie nicht allzu schwer, auch wenn man das Außergewöhnliche, Immense und Beispiellose dieses theologischen Werks fühlt und anerkennt, das sich selbst selten anders bezeichnet denn als Fortführung der traditionellen Schultheologie, als Entbindung ihrer teilweise verschütteten und verdrängten Intuitionen und Intentionen, ihrer inneren Dynamik – mit den Mitteln transzendentaler Reflexion.

Was aber besagt bei Rahner »transzendentale Theologie«? Diese Theologie hat das System der Schultheologie auf »das Subjekt« hin aufgesprengt. Sie hat »das Subjekt« herausgebrochen aus dem Fels eines scholastischen Objektivismus, in den die Schultheologie allenthalben eingeschlossen war. »Subjekt« ist dabei keine reine Reflexionsbestimmung, die selbst wieder beliebig objektivierbar wäre. Es bezeichnet den Menschen in seiner Erfahrungsgeschichte, die selbst nicht ohne Erzählelemente identifiziert und mitgeteilt werden kann. In diesem Sinn hat Rahner die religiöse Lebensgeschichte zum objektiven Thema der Dogmatik erhoben.

Am augenfälligsten und deshalb immer auch zitiert ist die beispiellose Vielfalt der Themen dieses Werks. Ein beliebiger Blick auf beliebige Seiten der Rahnerschen Bibliographie kann das bestätigen. Gleichzeitig ist erkennbar, daß es sich hier nicht nur um eine Vielfalt von Themen handelt, sondern auch von Behandlungsweisen und Aussageformen quer durch die verschiedensten Bereiche des theologischen, kirchlichen und öffentlichen Lebens. Rahners Werk ist m.E. ganz einfach dies: ein theologisch substantieller Lebensbericht aus dem zeitgenössischen Christentum. Hier regiert nicht ein klassischer Fragekanon, hier

werden nicht nur Fragen behandelt, die vom System her zugelassen sind. Der Kanon ist das Leben, nicht das gewählte, sondern das aufgedrängte, das unbequeme Leben.
Rahner hat sich nicht einfach für das Interessante interessiert, sondern sich von der Not, den Fragen der anderen beispiellos verpflichten lassen. Die Vielfalt des Werkes ist deshalb nicht nervöse oder gar modisch-eitle Beliebigkeit, sie hat selbst System: Die große Reduktionsbewegung, die in diesem Werk steckt, gilt nicht, wie man oft meint, dem Versuch, eine theologische Lehre auf eine andere zurückzuführen, sie gilt vielmehr der einzigartigen Anstrengung, Lehre und Leben unter den heutigen Verhältnissen zusammenzuzwingen. Deshalb wird ihm auch das wissenschaftliche Leben zur Theologie – und nicht, wie üblicherweise, die Theologie zur Wissenschaft in einem bereits vorausformulierten, fremdbestimmten Sinn. Deshalb werden ihm schließlich auch Alltagsfragen zu theologischen Fragen (zum Greuel jener, die sich um der vermeintlichen Wissenschaftlichkeit der Dogmatik willen aus all diesen Fragen heraushalten und sich auf die »klassischen Fragen« beschränken, die freilich allemal die Lebensfragen von vorgestern sind, die Fragen aus einer Zeit, da die Dogmatik sich eben noch nicht darauf beschränkt hatte, bloß Begriffe früherer Erfahrungen zu formulieren, sondern jeweils auch neue Erfahrungen mit diesen Begriffen mitzuteilen und zu tradieren) opportune, importune, wissenschaftlich oder »dilettantisch«, wie Rahner seine Überbeanspruchtheit von Fragen und Erfahrungen des Lebens gern charakterisiert; doch wer eigentlich sind hier die Dilettanten?
Lebensgeschichtliche Dogmatik, biographisch, narrativ, konfessorisch, und in allem wie kaum eine zweite Theologie ins Lehrhaft-Objektive gewendet: dies läßt auch noch ganz andere Ahnen und historische Prototypen der Rahnerschen Theologie vermuten als die üblich aus Thomismus und Transzendentalphilosophie angeführten. Ich denke an Augustinus, an Bonaventura, an Newman, vielleicht an Pascal, an Kierkegaard, vielleicht an Bonhoeffer. Natürlich geht es dabei nicht um nachweisliche Abhängigkeiten (obwohl Rahner Wertvolles und Wichtiges auch zur patristischen Tradition geschrieben hat, obwohl er Thomas näher bei Augustinus als bei den Thomisten sieht, obwohl er Tauler immer schon mehr geliebt hat als Suarez und Molina), sondern um vermutete Verwandtschaften in Anlage, Eigenart und Rang des theologischen Werks. Eine Theologie wie die Rahners hat nicht nur unterschiedliche, oft gegensätzlich auseinanderlaufende Nachfahren, die sich alle gleichwohl zu Recht auf ihn berufen mögen; er hat zumeist auch sehr unterschiedlich verzweigte, ja widersprüchlich entzweite Ahnen; Klassiker sind am wenigsten reinrassig – in ihrer Vorgeschichte wie in ihrer Nachgeschichte. Und so gehört Rahners Theologie, die als religiöse Existentialbiographie gerade theologische Doxo-

graphie ist, beides in einem und ständig ganz, durchaus in die Nähe eines theologischen Typus, dem sie systemgeschichtlich praktisch nie zugeordnet wird: der großen lebensgeschichtlichen Theologie.

Für eine lebensgeschichtliche Dogmatik gilt: im unkalkuliert Vielfältigen allein kristallisiert sich auch die Einheit. Wer sich bloß auf die »Prinzipien« der Rahnerschen Theologie beschränken wollte, würde am Ende vielleicht nur erhabene Tautologien nach Hause tragen. Der Tenor, das Thema dieses Werks ist allein in seinenVariationen zu hören. Oder anders: das System ist nicht ohne die Geschichten, die Lehre nicht ohne die mitgeteilten Erfahrungen und die Doxographie nicht ohne die mystische Biographie zu verstehen.

Es ist hier nicht möglich, wohl auch nicht erforderlich, den Duktus lebensgeschichtlicher Dogmatik in den einzelnen theologischen Themen und Traktaten nachzuweisen, die Karl Rahner bislang behandelt hat. Es wäre, glaube ich, nicht schwer, das erzählende, auf religiöse Lebensgeschichte bezogene, mystisch-existentialbiographische Element in seinen christologischen, soteriologischen, eschatologischen, geschichtstheologischen Arbeiten herauszustellen, von anderen Themenbereichen der Theologie zu schweigen.

Die stärkste Vermutung gegen eine lebensgeschichtliche Behandlungsart provoziert wohl die Trinitätstheologie. Darum sei im Blick auf sie wenigstens aus der Einleitung zu Rahners Traktat »Der Dreifaltige Gott als transzendenter Urgrund der Heilsgeschichte« zitiert: »daß das Geheimnis der Trinität das letzte Geheimnis unserer eigenen Wirklichkeit ist und eben in dieser Wirklichkeit auch erfahren wird ... Von da aus aber läßt sich ein methodisches Prinzip gewinnen für den ganzen Trinitätstraktat. Die Trinität ist ein Geheimnis, dessen paradoxaler Charakter schon in dem des Daseins des Menschen anklingt. Darum ist es ... sinnlos, diesem Charakter auszuweichen, ihn verschleiern zu wollen durch eine gewaltsame Subtilität von Begriffen und Begriffsunterscheidungen, die das Geheimnis nur scheinbar weiter erhellen, in Wahrheit aber nur Verbalismen bieten, die für naiv scharfsinnige Geister wie Analgetika wirken zur Betäubung des Schmerzes, das Geheimnis undurchschaut verehren zu müssen.«[2]

»Geheimnis« ist ein Grund- und Schlüsselwort dieser lebensgeschichtlichen Dogmatik. In ihm ist beides, der Begriff des unbegreiflichen Gottes und die Erfahrung des sich selbst in diese Unbegreiflichkeit hinein entzogenen Menschen, beziehungsreich zusammengeschlossen. Die ignatianische Mystik der Allgegenwart Gottes, des »Gott in Welt« schlägt hier durch. Doxographie und mystische Biographie sind ineinander verschränkt. Rahners Selbstverständnis von Theologie – Theologie als Einübung, als Initiation, als Mystagogie, als »Einweisung des

[2] Vgl. Mysterium Salutis II, Einsiedeln 1967, 346.

Lebens in die Erfahrung des Geheimnisses schlechthin« – bestätigt diese Einheit.
In einem Punkt freilich unterscheidet sich Rahners biographische Dogmatik von ihren Prototypen ganz wesentlich und entscheidend. Rahners Theologie ist die lebensgeschichtlich angelegte Dogmatik des einfachen, ich wage zu sagen: des durchschnittlichen Christenmenschen – die mystische Biographie eines undramatischen Lebens. Rahners biographische Dogmatik ist die eines ausgesprochen antibiographischen Typs. Darin unterscheidet sich also dieses Werk von den genannten lebensgeschichtlichen Theologien eines Augustinus, eines Newman oder eines Bonhoeffer. Doch dieser Unterschied ist nicht einfachhin ein Nachteil; er kennzeichnet die Eigenart und den Vorzug der Rahnerschen Theologie. Er macht diese Theologie auch geistes- und religionssoziologisch in einem spezifischen Sinn »heutig«, gegenwärtig.
Rahners leidenschaftlicher Versuch, Schultheologie, gewöhnliche Theologie für alle zu treiben – »und sonst nichts«, hat seine genaue Entsprechung in der Absicht, die religiöse Lebensgeschichte des Alltagschristen, gewissermaßen des Volkes, dogmatisch ins Spiel zu bringen. Und was sich in manchen seiner Theologoumena »elitär« ausnehmen mag – etwa seine Ausweitung der Lehre von der Fides implicita, seine Anwendung des bona-fides-Prinzips, manches an seiner Theorie vom »anonymen Christentum« – ist in der Absicht jedenfalls vom genauen Gegenteil bestimmt. Rahner hat eine geradezu proletarische Abneigung gegen alles Elitäre und Esoterische. Nie hat er das Arkanum der Religion mit quasi-aristokratischem Gehabe simuliert. Darum ist er – trotz seiner »schwierigen« Sprache – den vielen nahegekommen, nicht nur den binnentheologisch, binnenkirchlich Auserlesenen. Darum hat er, ohne Anpassungskunst, breite Bedürfnisse erraten und angesprochen.
Gewiß, an dieses Beispiel einer biographischen Theologie können nochmals jene kritischen Fragen gestellt werden, die heute überhaupt der unmittelbaren theologischen Orientierung am »Subjekt« und damit jeder biographischen Theologie entgegenstehen; Fragen, die die Vorherrschaft der Anthropologie in der Theologie gegenüber Geschichte und Gesellschaft nicht problemlos gelten lassen wollen. Speziell im Gesamtansatz einer praktischen Fundamentaltheologie wäre diese lebensgeschichtliche Konzeption dogmatischer Theologie aufzubrechen in Richtung jener theologischen Biographie des Christentums, in der die mystisch-politische Doppelverfassung, d.h. die gesellschaftlich verantwortete Gestalt christlichen Glaubens konsequenter noch in Rechnung gestellt und zum Movens der theologischen Reflexion geworden wäre.[3]

[3] In »Zeit der Orden? Zur Mystik und Politik der Nachfolge« ist ausführlicher

Indes mag das Paradigma Rahner hinlänglich verdeutlicht haben, welcher Typ von Theologie der narrativen Grundverfassung des christlichen Glaubens entspricht. Dies der Neuscholastik abgerungen, d.h. Dogmatik als begrifflich abgekürzte und verdichtete Erzählung der Lebensgeschichte vor Gott konzipiert zu haben – dies ist ein Stück Identitätsgeschichte der Theologie in der Neuzeit, hinter die niemand mehr zurück kann: Mystische Biographie in dogmatischer Absicht.

über die Doppelstruktur christlicher und theologischer Existenz gehandelt. Zum Projekt einer lebensgeschichtlichen Theologie und den damit zusammenhängenden hermeneutischen Problemen vgl. T.R. Peters, Die Präsenz des Politischen in der Theologie D. Bonhoeffers.

§ 13 Solidarität

1. Allgemeine Bestimmung im Zusammenhang einer praktischen Fundamentaltheologie

»Solidarität« ist in Teil I dieses Bandes zentral bei der Bestimmung der praktischen Fundamentaltheologie als politischer Theologie des Subjekts, die geleitet ist vom Gedanken des Subjektwerdens aller vor Gott. In der Gestalt der Erinnerungssolidarität mit den Toten und Besiegten – als gefährliche Erinnerung eben nicht nur des sieghaft Gewordenen, sondern des Verlorenen, nicht nur des Gelungenen, sondern des Untergegangenen – durchzieht sie, in gleitender Funktion, sämtliche thematischen Entfaltungen in Teil II: geschichtliche Solidarität ist hier nicht nur als Solidarität »nach vorn«, auf die künftigen Geschlechter hin, verstanden und ausgeweitet, sondern auch als Solidarität »nach rückwärts«, um so auch das Spezifische an der humanen Bestimmung und den humanitären Reserven des Christentums und der Theologie zu unterstreichen und gerade mit diesem »Spezifischen« sich einzuschalten in die geschichtlich-gesellschaftlichen Auseinandersetzungen.[1]
Solidarität als Kategorie einer praktischen Fundamentaltheologie ist eine Kategorie des Beistands, der Stützung und Aufrichtung des Subjekts angesichts seiner akuten Bedrohungen und Leiden. Sie gehört, wie Erinnerung und Erzählung, zu den fundamentalen Bestimmungen einer Theologie und Kirche, die inmitten der Leidensgeschichte der Menschen ihre erlösende und befreiende Kraft nicht über die Köpfe der Menschen hinweg und an ihrer leidvollen Nichtidentität vorbei zur Geltung bringen will. Daß Christen in Christus das Leid des Todes und der Schuld überwunden glauben, entbindet sie keineswegs davon, das Leid der Unterdrückung und des Unrechts – des noch nicht oder nicht mehr Subjektseinkönnens – im solidarischen Engagement immer mehr zu überwinden. Erinnerung und Erzählung des Heils gewinnen in solcher Solidarität ihre spezifische, mystisch-politische Praxis. Erinnerung und Erzählung sind ohne Solidarität keine praktischen Kategorien der Theologie, so wenig wie Solidarität ohne sie ihre

[1] In der Diskussion um die politische Theologie wurde diese ausgeweitete Gestalt geschichtlicher Solidarität erstmals für mich wichtig in der Auseinandersetzung mit den Kritikern dieses Ansatzes im Diskussionsband zur politischen Theologie (1969); dann, mit zunehmender systematischer Bedeutung, in den Arbeiten ab § 5 (vgl. vor allem die Betonung dieser universalen geschichtlichen Solidarität als Fundament der Kritik an abstrakt-totaler Emanzipation in § 7).

praktisch humanisierende Gestalt des Christentums zum Ausdruck bringt. Nur gemeinsam können Erinnerung, Erzählung, Solidarität die Kategorien einer praktischen Fundamentaltheologie sein.

Theologische Geltung scheint Solidarität vor allem in den Systemen personalistischer oder existentialer Theologie zu haben. Nicht zwar unbedingt unter eben dieser Bezeichnung, aber doch verborgen und ständig mitgemeint in der Betonung der Ich-Du-Beziehung oder des Interpersonalen.[2]

Schon die ersten Überlegungen zu einer politischen Theologie haben diesen Ansatz selbst noch einmal kritisiert und als das herausgestellt, als was er innerhalb einer praktischen Fundamentaltheologie angesehen werden muß: als Form privatisierter Theologie, für die »alle Phänomene des Zwischenmenschlichen ... von vornherein und wie selbstverständlich nur in ihrer privaten, entpolitisierten Gestalt zur Geltung« kommen: »als Ich-Du-Beziehung, als interpersonales Begegnungsverhältnis oder als Nachbarschaftsverhältnis«.[3] Politische Theologie identifiziert an diesem Ich-Du-Nachbarschaftssyndrom in der Theologie nicht nur die anhaltende Vorherrschaft eines dörflich-romantischen Bewußtseins, in dem Solidarität (falls sie gedacht wird) entweder nur als naturhafter Sympathiezusammenhang gedacht werden kann oder als ein Leben von Angesicht zu Angesicht, das die komplexen Kommunikations- und vor allem Isolationsverhältnisse der städtischen Gesellschaft kaum erreicht. Politische Theologie erkennt in der Vorherrschaft des Privaten vor allem jene theologisch reproduzierte Privatheit, wie sie die spätbürgerliche Tauschgesellschaft kennzeichnet und die den Gedanken christlicher Solidarität von vornherein halbiert[4]: Innerhalb einer durch Tauschprozesse geprägten Gesellschaft ist Solidarität – falls sie überhaupt thematisch wird – nur als Bündnissolidarität gleichwertiger Partner (die es entweder bereits sind oder zu werden trachten) denkbar: »ich unterstütze deine Belange, du die meinen«. Das gemeinsame Äquivalent heißt Kompetenz, das Interesse ist auf den Tausch zum Zwecke gegenseitigen Erfolgs und Fortkommens gerichtet. Daß der solidarische Einsatz nicht nur »umsonst« ist, sondern

[2] Die Überlegungen zu einer politischen Theologie setzten deshalb mit einer auf »Intersubjektivität« abhebenden Kritik an der Transzendentaltheologie ein. Vgl. hierzu die Hinweise in »Unglaube als theologisches Problem«: Concilium 1965, H. 6/7.

[3] Vgl. Zur Theologie der Welt, 101.

[4] Die Kritik an dieser (bürgerlichen) »Halbierung« hat ihre Entsprechung in jenem Vorwurf der »Halbierung« von Geschichte und Gerechtigkeit, den eine politische Theologie des Subjekts gegen jenen nachbürgerlichen Sozialismus erhebt, der zwar an der Idee einer universalen Solidarität und Gerechtigkeit festhalten will, der aber den diese Universalität qualifizierenden Gedanken einer »Gerechtigkeit für die Toten« meint ohne humanes Defizit preisgeben zu können. Vgl. dazu die einschlägigen Überlegungen in Teil I.

Verlust implizieren kann, daß im solidarischen Engagement in der Regel gerade keine gemeinsamen Äquivalente bestehen, daß Solidarität also qualitativ mehr ist als ein Zweckbündnis gleicher Partner und Humanismus allemal mehr als Zweckhumanismus, unkalkulierter Einsatz nämlich im beschädigten Leben: dieser christliche Gedanke tritt hier immer mehr zurück.

Der neuzeitliche, evolutiv unterströmte Rationalisierungsprozeß und eine auf dem Liebesgebot basierende christliche Religion scheinen schwerlich oder nicht vereinbar, wie die soziologischen Analysen besonders Max Webers deutlich gezeigt haben und wie das Wort vom »Liebesverbot« in der Welt des Tausches drastisch unterstreicht.[5] Zumindest hat eine Solidarität, die eben nicht nur und prinzipiell mit den Vernünftigen, sondern – radikaler – mit den Bedürftigen paktiert, in der rationalisierten Tauschgesellschaft ein verschwindendes Dasein.

Ist einmal dieser Antagonismus zwischen Tauschprinzip und Solidarität in Rechnung gestellt, dann wird klar, daß sich eine praktische Fundamentaltheologie jedem idyllisch-affirmativen Gebrauch des Solidaritätsgedankens kritisch widersetzt. Sie wird also, wie sie es bezüglich der Erinnerung oder der Erzählung tat, auf das Herausfordernde dieses Gedankens hinweisen: nicht nur für die, die ihm folgen, sondern auch für die, die sich (und falls sie sich) diesem Gedanken systematisch verweigern. Ihnen, die Solidarität nur als sympathischen Kontakt unter Verbündeten bzw. als gleichsam protektionistischen Altruismus realisieren, erwächst aus der Logik des christlichen Solidaritätsgedankens ein Gegenbündnis, das sich in der Parteilichkeit der Nachfolge realisiert. Dabei bleibt zu bedenken, daß Kirche erst dann eine solidarische Kirche ist, wenn sie – wie auch in diesem Band wiederholt gefordert wird – übergeht von einer protektionistisch anmutenden Kirche für das Volk zu einer »Kirche des Volkes«.

Gleichwohl und in eins damit hat Solidarität für praktische Fundamentaltheologie einen strikt universalen Zug. Sie erstreckt sich auch auf die Besiegten und »in the long run« Überrollten, ja auf die im Stufengang des Fortschritts prinzipiell Zurückgelassenen, auf die Toten. Die theologische Kategorie der Solidarität erweist ihre mystisch-universale Geltung als Erinnerungssolidarität für die Toten. Auch und gerade Solidarität besitzt im Kontext praktischer Fundamentaltheologie also den Stachel der Apokalyptik.[6]

Die Spannung allerdings zwischen mystisch-universaler und empirisch-parteilicher Solidarität vermag Theologie rein argumentativ nicht mehr zu lösen. Zu mißtrauen ist deshalb den zahlreichen Versuchen, das Parteiliche an der christlichen Solidarität in pseudouniversalen Syn-

[5] Vgl. Horkheimer/Adorno, Dialektik der Aufklärung, 91.
[6] Vgl. § 10.

thesen und abwägendem Proporz zu entspannen (und konkrete Solidarität bereits semantisch auszuschließen), genauso wie denjenigen Ansätzen, die Solidarität von vornherein und bedenkenlos als begrenzt ansetzen und so von der faktischen Unmöglichkeit universaler Solidarität nicht einmal mehr irritiert werden.
Eine praktische Fundamentaltheologie sucht Solidarität festzuhalten in ihrer unauflöslichen mystisch/universalen und politisch/partikularen Doppelstruktur, die den Universalismus vor Apathie und die Parteilichkeit der Solidarität vor Vergeßlichkeit und Haß bewahren will. Sie setzt ständig neu die Frage auf die Tagesordnung: Solidarität mit wem? Solidarität in welcher Form?
Die christliche Erinnerungssolidarität mit den Toten ist nicht bestimmt von einem abstrakten Interesse und auch nicht primär von der Sorge: was ist »mit mir« im Tod?, sondern: was ist »mit dir« im Tod?, also mit den anderen, speziell mit den Leidenden (und nur im Zusammenhang damit von der Sorge um die eigene Identität im Tode). In ihrer mystisch-politischen Doppelstruktur ersteht Solidarität daher als Kategorie der Rettung des Subjekts, dort, wo dieses bedroht ist: vom Vergessen, von der Unterdrückung, vom Tode; als Kategorie des Engagements für den Menschen, Subjekt zu werden und Subjekt zu bleiben.
Um diesem Gedanken noch eine etwas präzisere Gestalt zu geben, sind – ansatzweise – wenigstens zwei Typen von Solidarität zu prüfen und mit dem Konzept einer praktischen Fundamentaltheologie in Beziehung zu setzen: die in zeitgenössischen Wissenschafts- und Handlungstheorien enthaltenen Solidaritätstheoreme (2) und die politischen Tendenzen zu einer weltweiten Solidarität (3).

2. Solidarität allein unter Vernünftigen?

Es gibt eine Fülle akademisch-theoretischer Konzepte von Solidarität, die hier (in rigoroser Kürze und nicht ohne die Gefahr der Verkürzung) erwähnt werden, weil sie in den Zusammenhang einer fundamentaltheologisch-kritischen Vergewisserung über Solidarität gehören.[7]
Im Hintergrund der hier gemeinten Ansätze dürfte allemal – verbunden mit einer subtilen Evolutionslogik – jener Hegelsche Idealismus stehen, der die Vernünftigkeit der Subjekte transzendental präsumiert und dort, wo er die Ungleichheit der in Kontakt Tretenden wahrnimmt, diese reflexiv kompensiert und aufwertet: transzendentale Simulation der Gleichrangigkeit der Partner! Sowohl die Habermassche

[7] Vgl. hierzu besonders H. Peukert, Wissenschaftstheorie – Handlungstheorie – fundamentale Theologie (stw 231, Frankfurt/M 1978).

»Universalpragmatik« wie auch Apels »Kommunikationsgemeinschaft« scheinen mir schließlich diesen Idealismus zu implizieren – in der Art, wie sie beide die »reziproke Anerkennung« der in ihren universalen Regeln anvisierten Subjekte voraussetzen. Alle in diesen und vergleichbaren Theorien kommunikativen Handelns entwickelten Beziehungen, sowohl die postulierte unbegrenzte Kommunikationsgemeinschaft als auch die intendierte universale Solidarität, haben – tendenziell – den Charakter einer Tauschrelation.
Den auf universale solidarische Freiheit gerichteten Diskurs der Vernünftigen und Gleichberechtigten, um den alle gegenwärtig relevanten Wissenschafts- und Handlungstheorien zu kreisen scheinen, kritisiert deshalb praktische Fundamentaltheologie als scheinsolidarisch – angesichts der objektiven Leidensgeschichte der Menschen, die solidarisches Handeln von Anfang an begleitet hat: »Die normativen Implikationen einer Theorie kommunikativen Handelns für die Identität von Subjekten, wie für die Struktur einer Gesellschaft werden aporetische, wo man die historische Konstitution der einen, solidarischen Menschheit zu denken versucht.«[8]
Praktische Fundamentaltheologie führt gegen die reziproke Solidarität eine von den Kategorien der gefährlichen Erinnerung und Erzählung begleitete christliche Solidarität ins Spiel. In ihr wäre nicht die Siegergeschichte, die sich in höchster Verdichtung in der Hegelschen Idee und vor allem in der Evolutionslogik des heutigen Wissenschaftsdenkens behauptet, in ihr wäre vielmehr die Leidensgeschichte der Menschen Horizont und Korrektiv des Handelns und Sprechens. Fundamentaltheologie vollzieht sich insofern als praktische Wissenschaftskritik: sie sucht den »elitären Zirkel der argumentativen Kompetenz« zu durchbrechen. Ihre aus dem christo-logischen Nachfolgegedanken resultierende Logik besteht darin, daß nicht einfach Vernünftigkeit, sondern mehr noch »Bedürftigkeit zur entscheidenden Voraussetzung der Anerkennung der Subjektivität des anderen gemacht wird[9]«.

3. Weltweite Solidarität?

Sowohl die in § 1 dieses Bandes geforderte Situationsanalyse als Weltanalyse, also die Berücksichtigung jener »globalen« Zusammenhänge, die heute das »konkrete« Schicksal der Menschen bestimmen, wie auch die in § 4 weitläufig entfaltete theologische Basisaussage, nämlich das Wort von dem Gott, der alle Menschen ins Subjektsein ruft

[8] H. Peukert, a.a.O. 283.
[9] K. Füssel, Das praktische Fundament der Glaubenssätze, in: Ordnung und Konflikt (Dokumente der Alpbacher Hochschulwochen 1977), Wien 1978. – Wenn der theologisch eingesetzte Begriff der Solidarität in einem unauflösli-

vor seinem Angesicht: beides drängt der Theologie heute weltweite Perspektiven auf (und sie müßte sich lieber den Vorwurf des Pauschalen und Unbescheidenen gefallen lassen als daß sie sich jener Abstraktheit schuldig machte, in der man Konkretheit und Übersicht dadurch gewinnt, daß man von diesen Zusammenhängen absieht. Liegt aber die Gefahr der Unbescheidenheit und Unbestimmtheit, der Lern- und Erfahrungsunwilligkeit nicht eher bei jenen Theologien, die sich einer solchen weltweiten Perspektive verweigern und die fortfahren, ihren – womöglich mitteleuropäischen – Standpunkt für »den« theologischen und christlichen zu halten?).
Auch die theologische Kategorie der Solidarität gewinnt ihre Spannbreite erst in dieser weltweiten Sicht. So wird zum Beispiel erst heute, da die Menschen sich immer mehr als Menschheit präsent werden – nicht nur gedanklich, sondern in ihren Abhängigkeiten, in ihren Bedürfnissen und Leiden – das Ausmaß der Verpflichtung anschaulich, das in einem scheinbar so selbstverständlichen Satz steckt wie dem von der Gleichheit aller Menschen als Geschöpfe Gottes. Die im Konzeptteil angestellten Überlegungen verbieten es, diese theologische Wahrheit von der Geschöpflichkeit und Gottebenbildlichkeit aller strikt zu verinnerlichen und sie beziehungslos gelten zu lassen neben den bestehenden tiefgreifenden Ungleichheiten, die es vielen unmöglich machen, aus Elend und Unterdrückung Subjekte zu werden. Diese Überlegungen gebieten der Theologie auch die praktische Kritik an allen Gleichheitsideologien, in denen mit der folgenlosen Rede von der Gleichheit aller allzu offensichtlich nur partikulare Interessen getarnt und durchgesetzt werden sollen.
Eine Theologie, die sich von diesen Gesichtspunkten nicht mehr trennen kann, sieht sich besonders vom sozialistischen Grundgedanken einer »internationalen Solidarität der Arbeiterklasse« und von dem Versuch, auf diesem Wege schließlich weltweite Solidarität zu realisieren, herausgefordert. Hier ist nicht erneut auf die inneren Gefahren und Antagonismen dieses Gedankens einzugehen, die sich nicht zuletzt im Streit darüber offenbaren, wer diese Solidarität politisch repräsentiert. Christen hätten diese Solidaritätsform ohnehin nicht einfach zu kopieren bzw. dort, wo sie in Geltung gesetzt ist (oder scheint), einfach zu bestätigen. Ihre solidarische Praxis wird sich *immer* an der

chen Zusammenhang steht mit Erinnerung und Erzählung – und wenn dies die Kategorien sind, die eine Bestimmung von Geschichte als Siegergeschichte verhindern, dann drängt dieser Zusammenhang auf eine theologische Hermeneutik, die das vergessene Subjekt zu retten sucht – gegen einen den »Tod des Subjekts« einkalkulierenden Evolutionismus ebenso wie gegen eine Utopie als »Paradies der Sieger«. Hier wäre einer der wichtigen Ansatzpunkte für eine Auseinandersetzung der politischen Theologie mit den Protagonisten einer materialistischen Hermeneutik.

einen Nachfolge zu orientieren haben. Die freilich würde auch ihre eigene Mystik verraten, wenn sie der Parteilichkeit politischer Herausforderung auswiche oder die Radikalität des Nachfolgehandelns einfach verinnerlichte.[10] Darum steht das Christentum nicht optionsfrei-neutralistisch außerhalb oder oberhalb des geschichtlichen Ringens um weltweite Solidarität der Benachteiligten und Bedürftigen. Es hat sich mit seiner Devise vom solidarischen Subjektwerden aller Menschen vor Gott und mit seiner Weigerung, ein gesellschaftlich bereits ermächtigtes Subjekt einfach als »das« religiöse auszugeben[11], in dieses Ringen einzuschalten.

Solche Fragen und Aufgaben lassen sich auf die Dauer nicht mehr marginalisieren – etwa als »typisches« Gedankengut von versprengten Linksgruppen in der Kirche. Die Situation der Weltkirche – dies wurde in diesem Band bereits mehrfach betont – macht sie zu christlichen und theologischen Agenda erster Ordnung. Wie etwa reagiert die eine Weltkirche auf »ihr« Klassenproblem, nämlich den Gegensatz zwischen den Nord- und Südkirchen, den sie in Einklang zu bringen hat mit ihrem Selbstverständnis als der einen Tischgemeinschaft des Herrn, als dem aufgerichteten Zeichen eschatologischer Einheit –?[12] Wo die Kirche von solchen Fragen unirritiert bliebe und tatenlos hinnähme, daß sie in sich die sozialen Gegensätze der Welt nur widerspiegelt, leistete sie verantwortungslos jenen Vorschub, für die Religion und Kirche ohnehin als reiner Überbau gelten.[13]

Ob speziell die deutsche Kirche ihre – im Synodenbeschluß »Kirche und Arbeiterschaft« beklagten – Versäumnisse aus dem letzten Jahrhundert überwinden kann; ob es ihr gelingen wird, »in die Arbeitswelt hineinzuwachsen«, nachdem diese, »anstatt in die Kirche hineinzuwachsen, zum sehr großen Teil ihr entwachsen ist«[14], dürfte vor allem davon abhängen, ob und inwieweit sie bereit ist, die Herausforderung durch die Arbeiterfrage in der Welt(-kirche) anzunehmen – und zwar nicht in der bisherigen einseitigen Fixierung auf Theorie und Wirklichkeit unserer nördlichen Welt.

Nur wenn das Christentum sich selbst in das Entstehen einer Weltgesellschaft einschaltet, kann es in ihr und für sie sein Verständnis einer haß- und gewaltfreien Solidarität zur Geltung bringen. Doch Feindesliebe, Widerstand gegen Haß und Gewalt dispensieren das Christen-

[10] Zum Nachfolge-Thema vgl. J.B. Metz, Zeit der Orden?

[11] Vgl. vor allem die Überlegungen in § 3 zur theologischen Kritik der bürgerlichen Religion.

[12] Daß Theologie und Kirche sich diesem Problem konsequent stellen, würde auch bedeuten, daß sie keine Theoriearbeit scheuen – etwa in der Diskussion um die sog. Dependenztheorie.

[13] Vgl. Synodenbeschluß »Unsere Hoffnung« IV 3.

[14] Vgl. vor allem Teil I des Synodenbeschlusses »Kirche und Arbeiterschaft«.

tum nicht vom Kampf um das Subjektsein aller. Sonst verfehlte es seinen Auftrag: Heimat einer Hoffnung zu sein – jener Hoffnung auf den Gott der Lebenden und der Toten, der *alle* Menschen ins Subjektsein vor seinem Angesicht ruft.

Namenregister

Sachregister